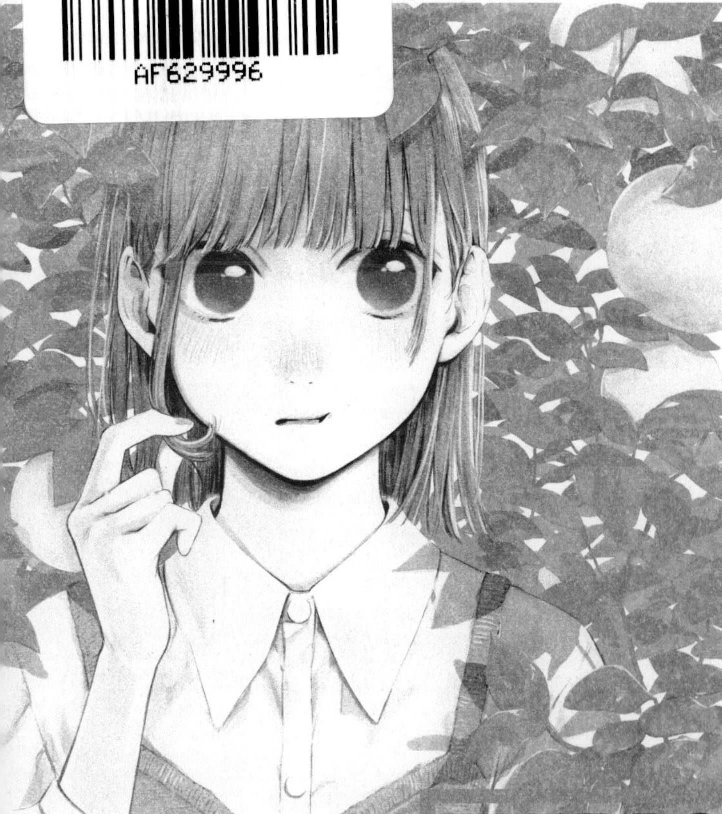

BLUE BOX

4

presented by KOUJI MIURA

Chancen

Blue Box

Charaktere

Chinatsu Kano

Ass des Mädchen-Basketballteams. Da ihr Vater ins Ausland versetzt wurde, wohnt sie zurzeit bei den Inomatas.

Taiki Inomata

Mitglied des Badminton-Clubs. Verliebt in Chinatsu.

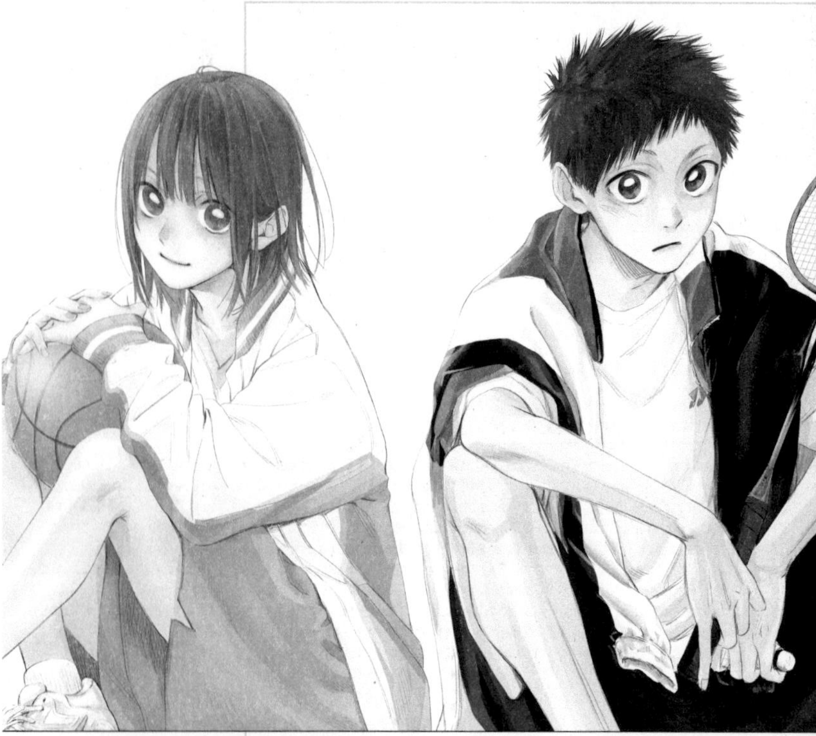

Characters

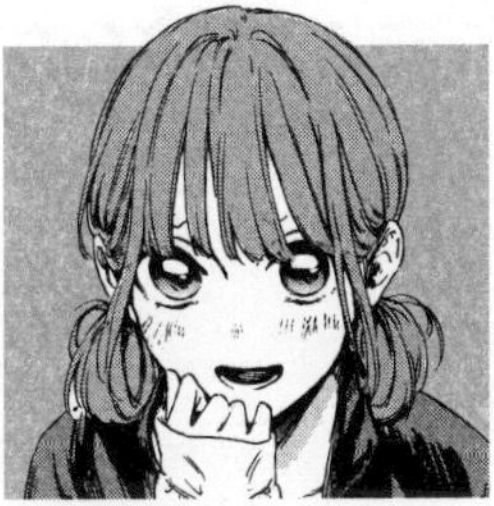

Hina Chono

Hoffnungsvoller Neuling im Rhythmische-Sportgymnastik-Club. Zieht Taiki oft auf.

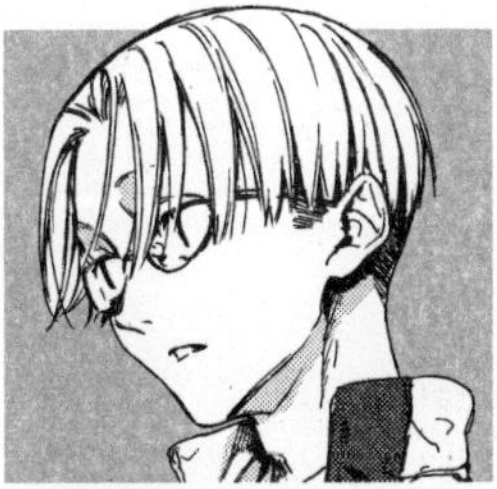

Kyo Kasahara

Taikis Freund aus dem Badminton-Club. Ruhiger und gelassener Typ, der Taiki oft mit Ratschlägen zur Seite steht.

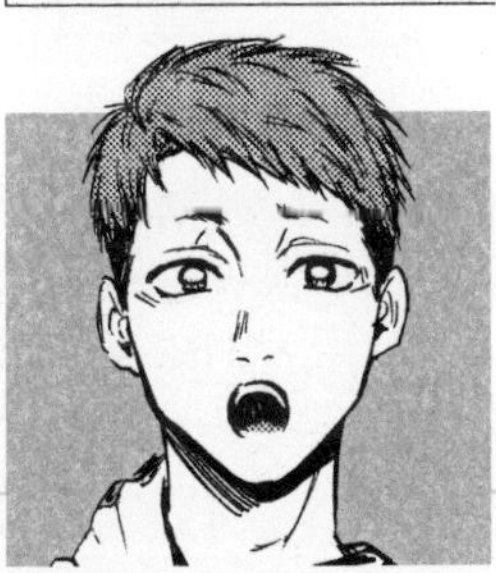

Haryu-Senpai

Senpai im Badminton-Club. Gut mit Chinatsu befreundet.

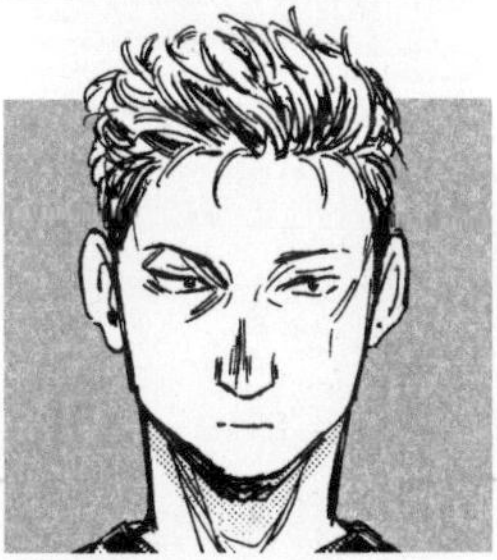

Hyodo

Mitglied des Badminton-Clubs der Sajikawa Oberschule. Hat beim Inter High schon mal gewonnen.

Was bisher geschah

Taiki Inomata ist Mitglied im Badminton-Club. Als er beim Morgentraining zufällig seine Senpai Chinatsu Kano aus dem Mädchen-Basketballteam trifft, verliebt er sich in sie. Eines Tages erfährt Taiki, dass Chinatsus Eltern ins Ausland ziehen werden. Er rennt Hals über Kopf zu ihr, doch zu seiner Erleichterung erzählt sie ihm, dass sie in Japan bleiben wird, um am Inter-High-Turnier teilnehmen zu können. Allerdings wartet noch ein Schock auf Taiki: Chinatsu soll für diese Zeit bei seiner Familie wohnen!! Und so beginnt das Leben unter einem Dach...

Chinatsu und Taiki trainieren beide hart, um sich für die Teilnahme am IH zu qualifizieren. Chinatsu erreicht ihr Ziel, doch Taiki trifft auf einen extrem starken Gegner von der Sajikawa-Oberschule und muss sich dem erdrückenden Leistungsunterschied geschlagen geben. Er wird damit nicht gut fertig und ist wegen seines Versagens am Boden zerstört. Doch Chinatsu steht ihm in dieser Situation zur Seite...

Story

Inhalt

4

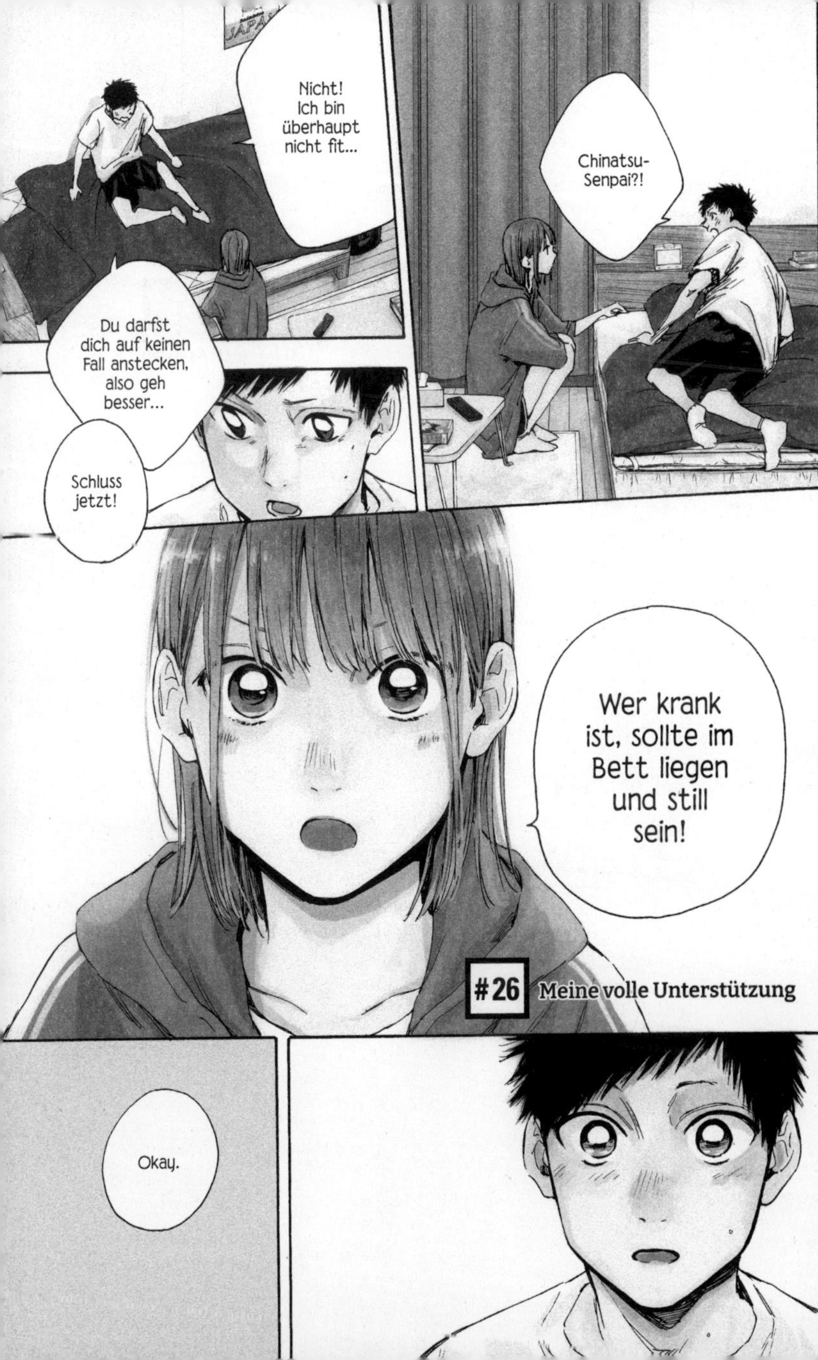
Chinatsu-Senpai?!
Nicht! Ich bin überhaupt nicht fit...
Du darfst dich auf keinen Fall anstecken, also geh besser...
Schluss jetzt!
Wer krank ist, sollte im Bett liegen und still sein!
#26 Meine volle Unterstützung
Okay.

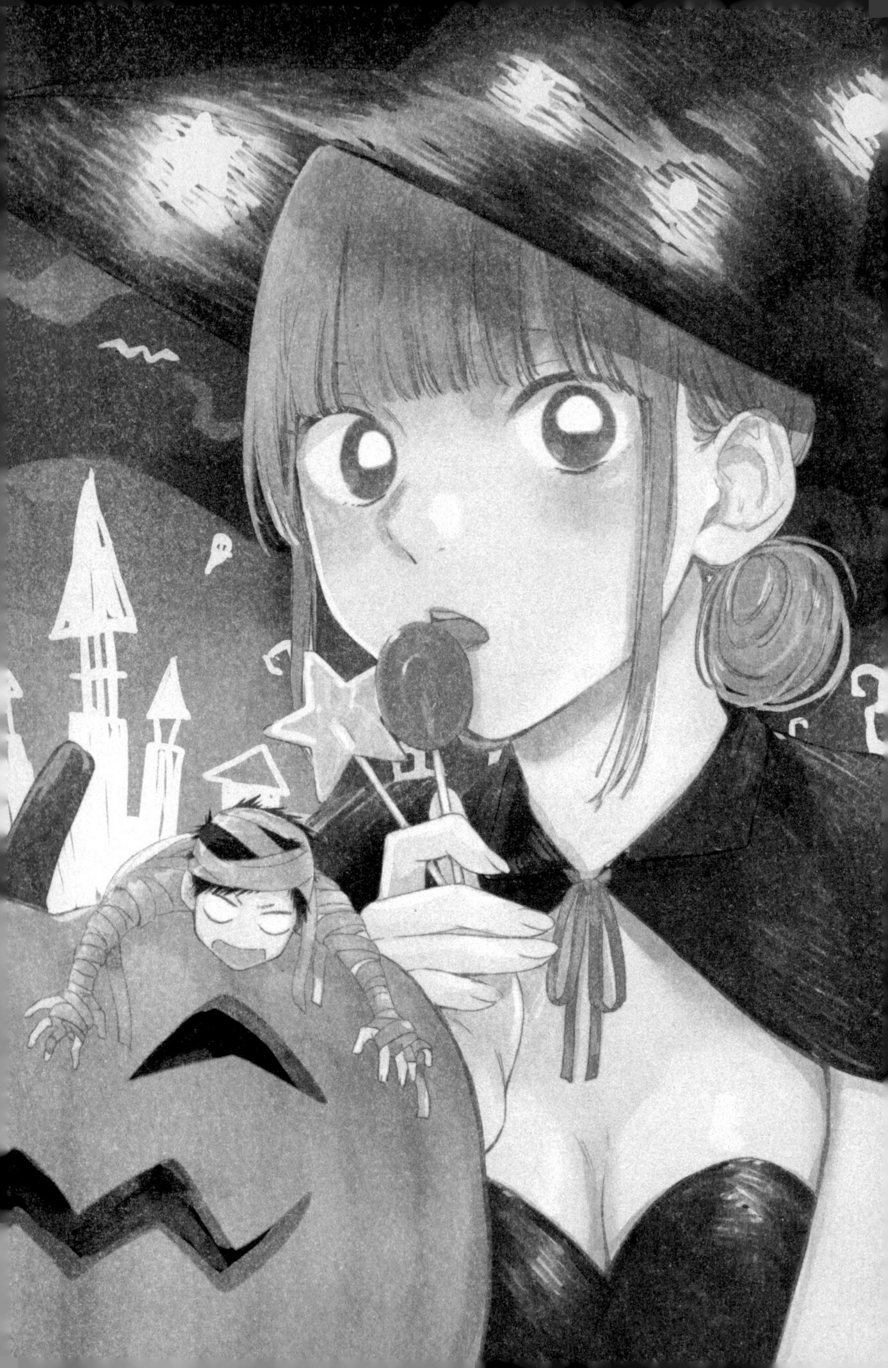

#26 Meine volle Unterstützung

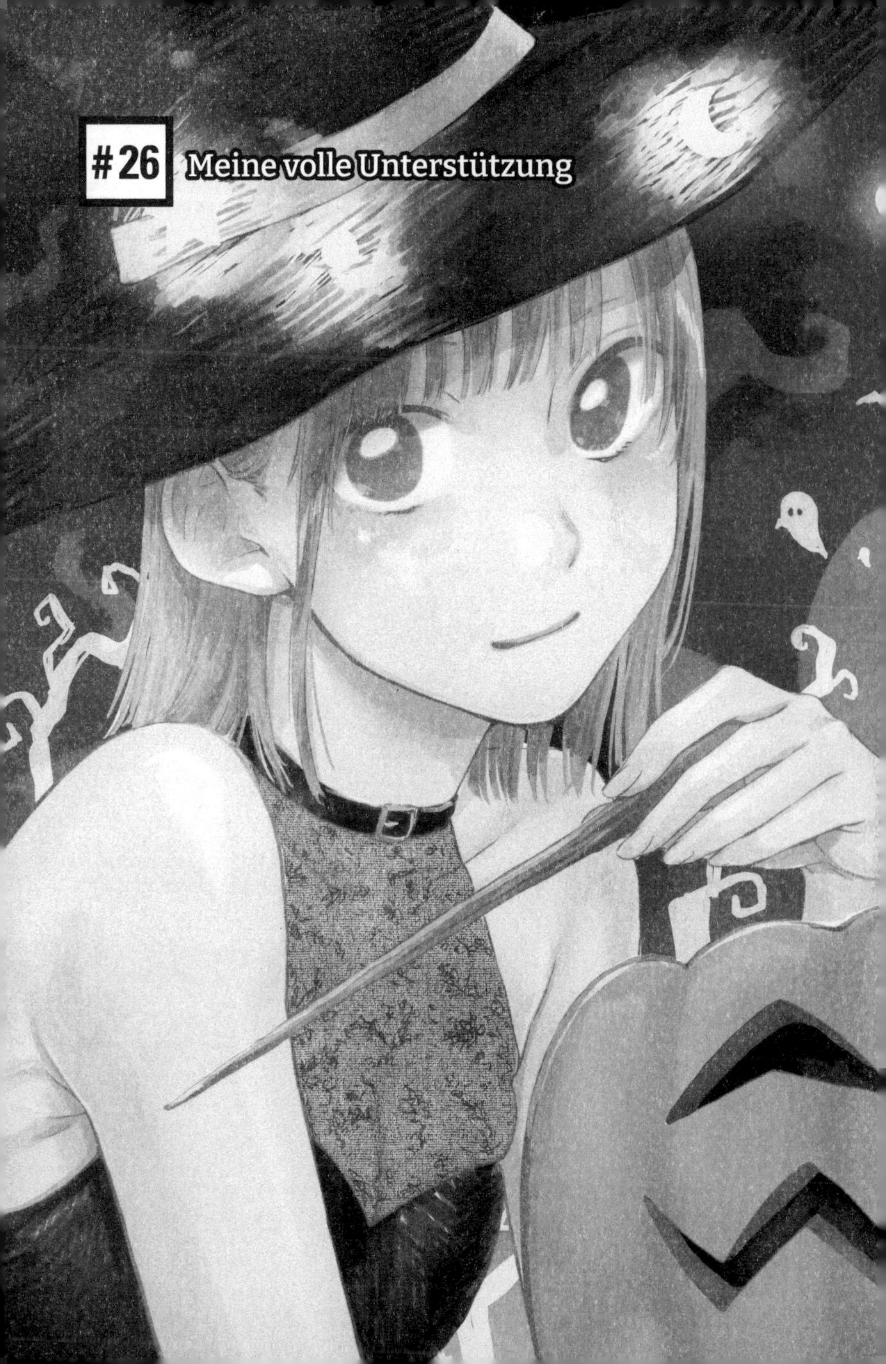

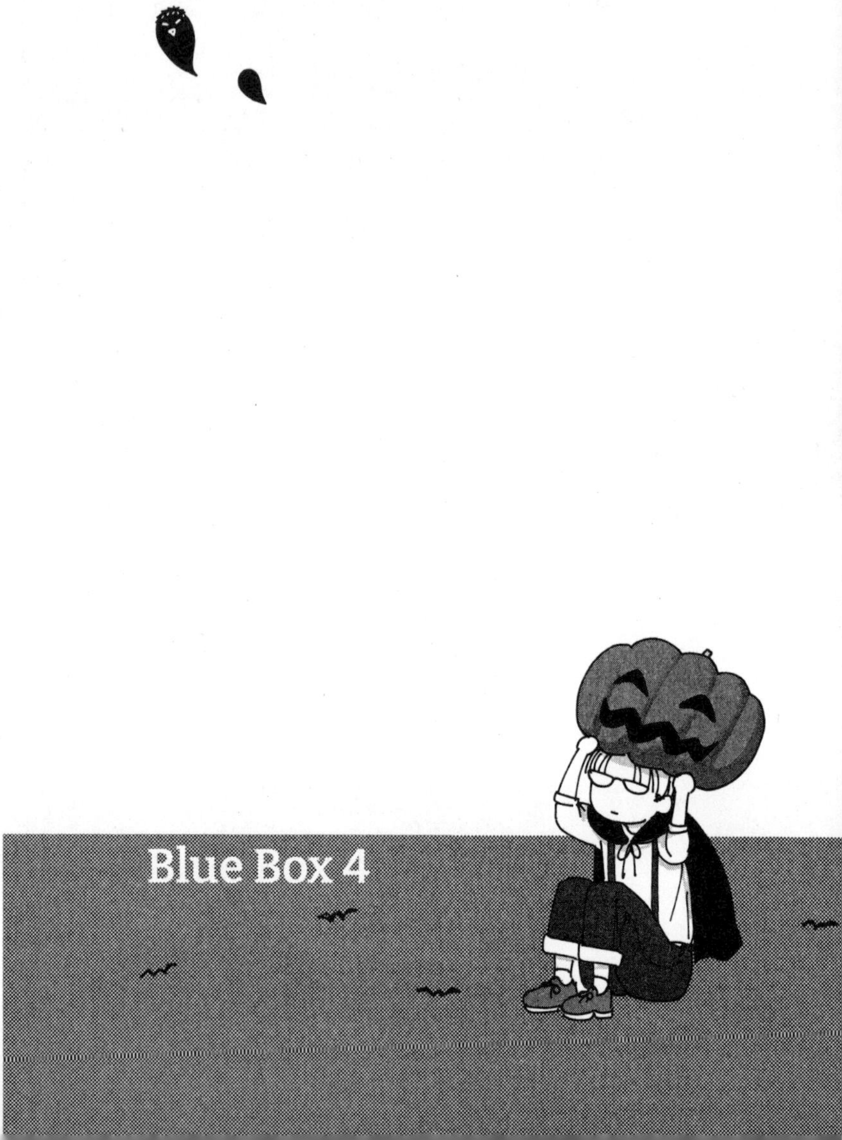
Blue Box 4

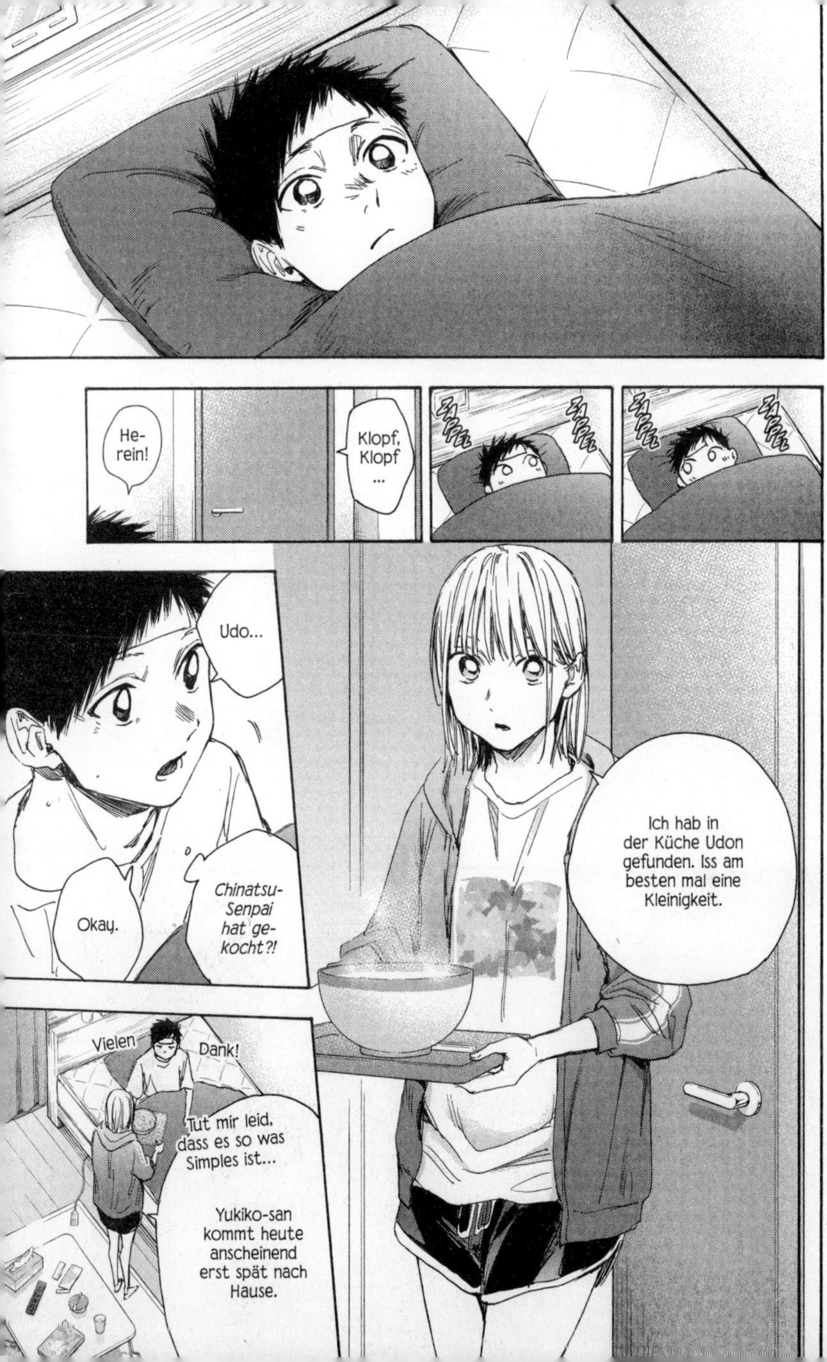
ZAPPEL
ZAPPEL
ZAPPEL
ZAPPEL
Klopf, Klopf ...
He- rein!
Ich hab in der Küche Udon gefunden. Iss am besten mal eine Kleinigkeit.
Udo...
Chinatsu-Senpai hat gekocht?!
Okay.
Vielen
Dank!
Tut mir leid, dass es so was Simples ist...
Yukiko-san kommt heute anscheinend erst spät nach Hause.

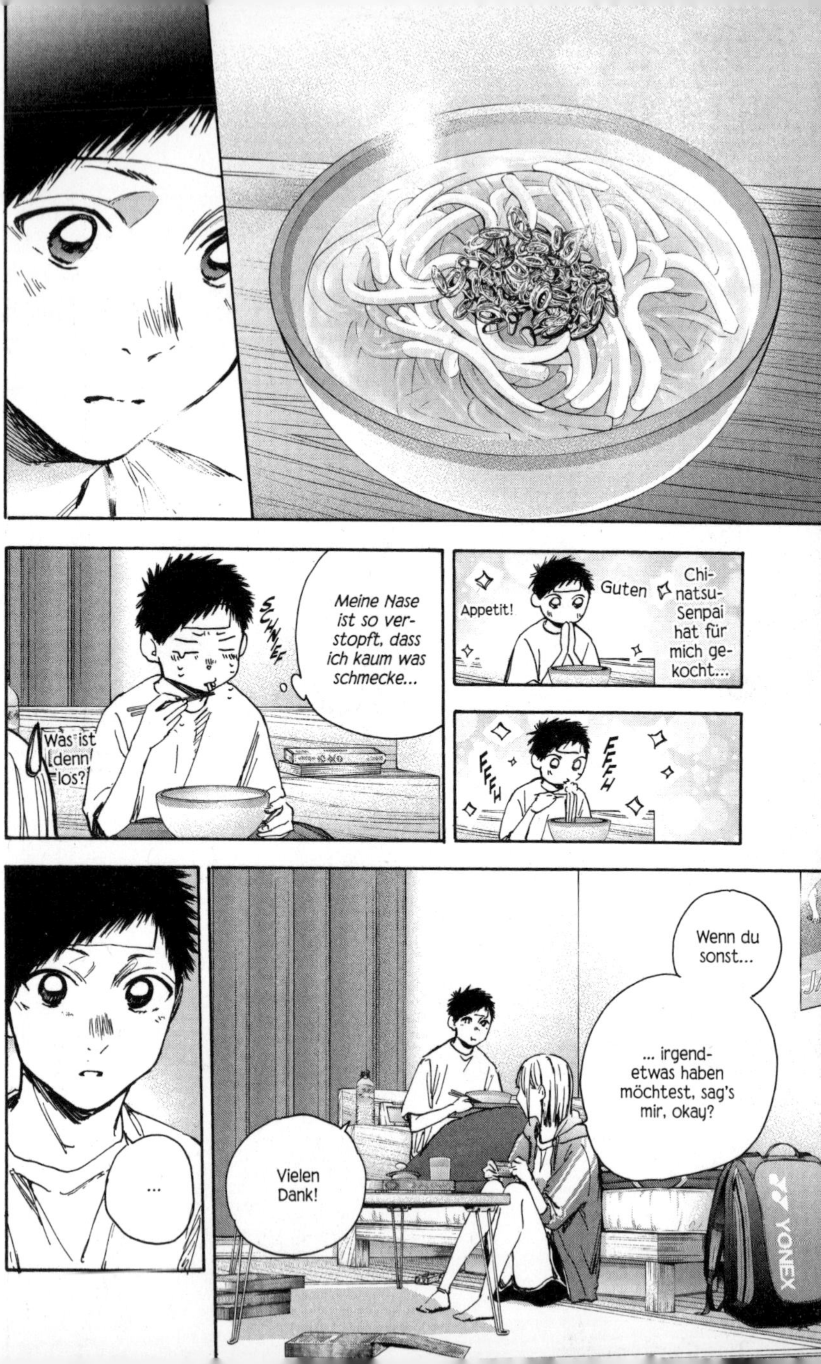

Chinatsu-Senpai hat für mich gekocht...
Guten Appetit!
FFFH
FFFH
Meine Nase ist so verstopft, dass ich kaum was schmecke...
SCHNIEF
Was ist denn los?
Wenn du sonst...
... irgendetwas haben möchtest, sag's mir, okay?
Vielen Dank!
YONEX
...

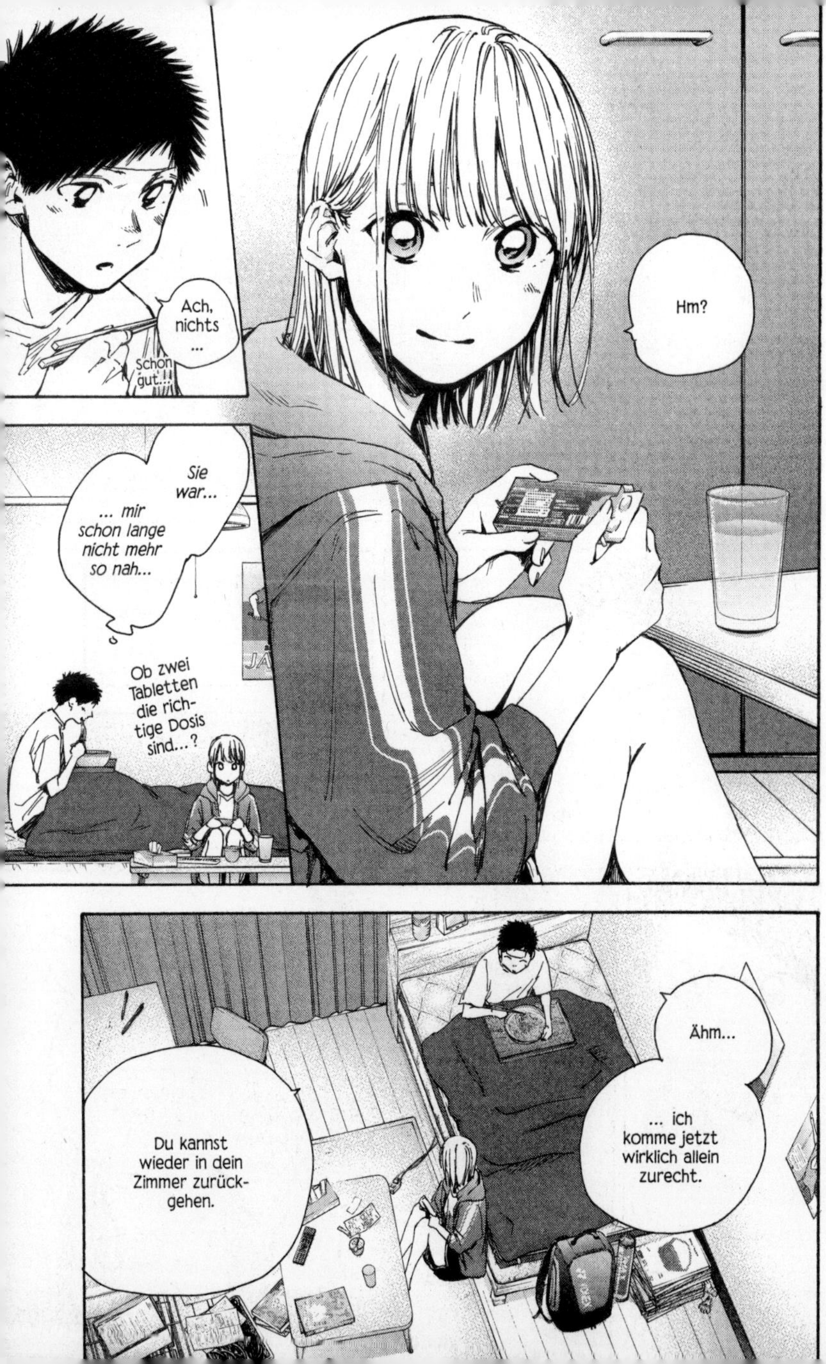
Hm?
Ach, nichts ...
Schon gut...
Sie war...
... mir schon lange nicht mehr so nah...
Ob zwei Tabletten die richtige Dosis sind...?
Ähm...
... ich komme jetzt wirklich allein zurecht.
Du kannst wieder in dein Zimmer zurückgehen.

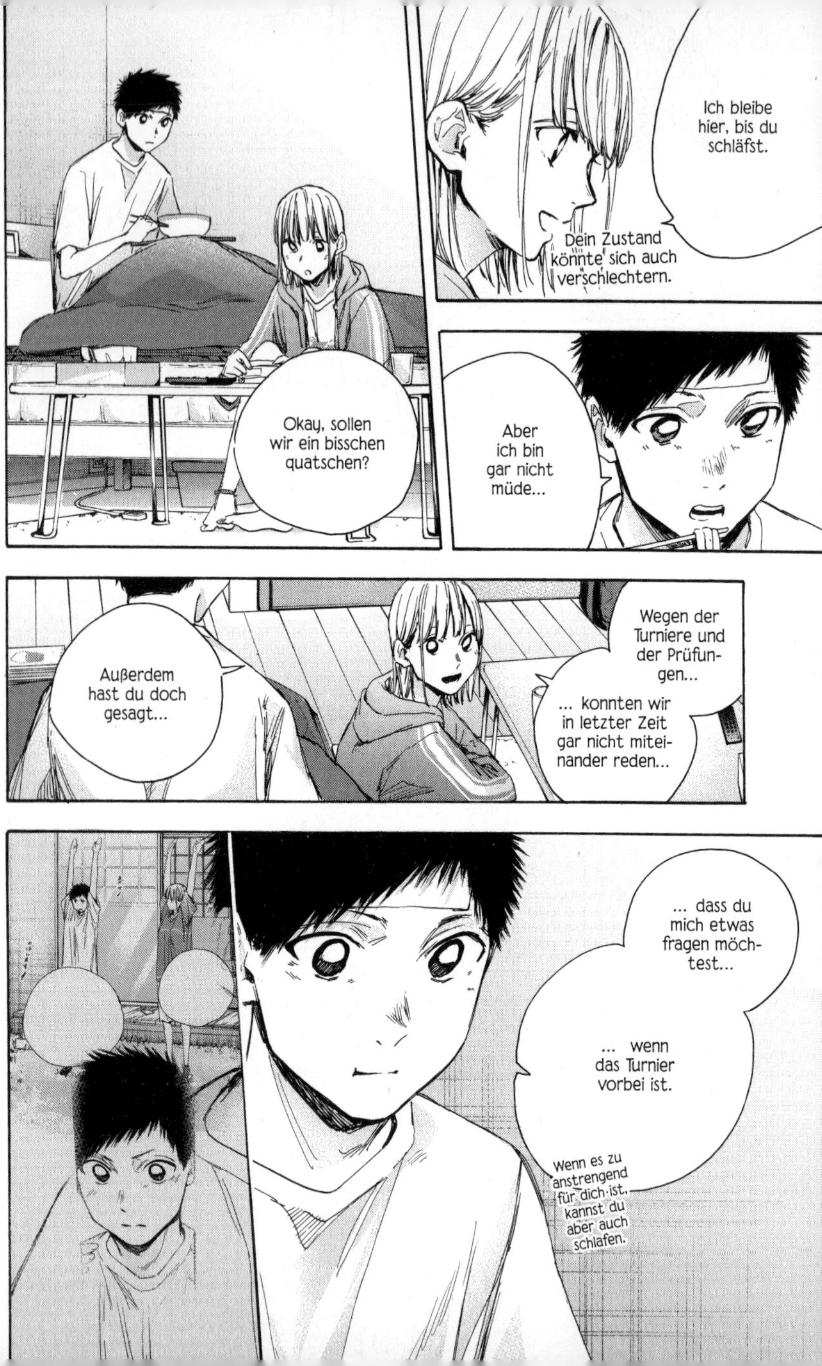
Ich bleibe hier, bis du schläfst.
Dein Zustand könnte sich auch verschlechtern.
Aber ich bin gar nicht müde...
Okay, sollen wir ein bisschen quatschen?
Wegen der Turniere und der Prüfungen...
... konnten wir in letzter Zeit gar nicht miteinander reden...
Außerdem hast du doch gesagt...
... dass du mich etwas fragen möchtest...
... wenn das Turnier vorbei ist.
Wenn es zu anstrengend für dich ist, kannst du aber auch schlafen.

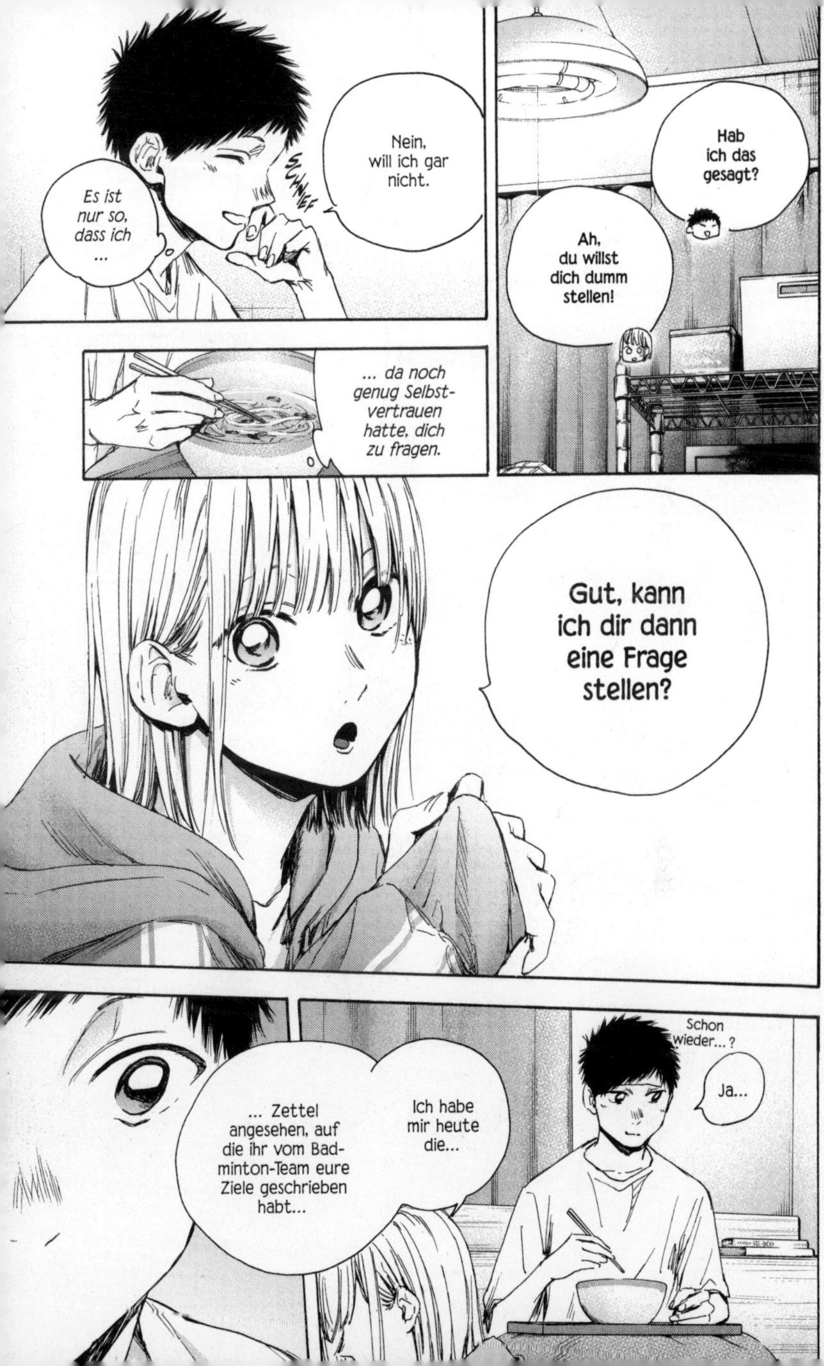

Hab ich das gesagt?
Ah, du willst dich dumm stellen!
Nein, will ich gar nicht.
SCHNIEF
Es ist nur so, dass ich ...
... da noch genug Selbstvertrauen hatte, dich zu fragen.
Gut, kann ich dir dann eine Frage stellen?
Schon wieder... ?
Ja...
Ich habe mir heute die...
... Zettel angesehen, auf die ihr vom Badminton-Team eure Ziele geschrieben habt...

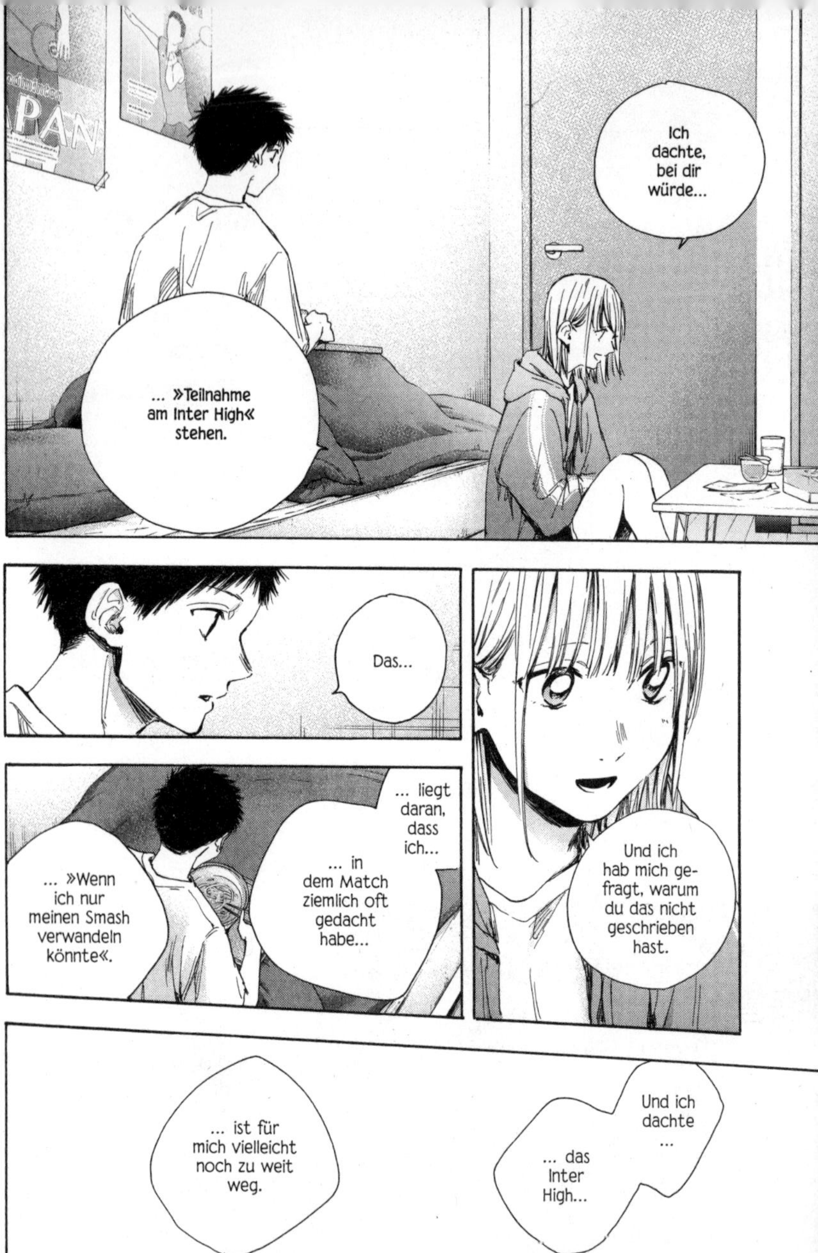
Ich dachte, bei dir würde...
... »Teilnahme am Inter High« stehen.
Und ich hab mich gefragt, warum du das nicht geschrieben hast.
Das...
... liegt daran, dass ich...
... in dem Match ziemlich oft gedacht habe...
... »Wenn ich nur meinen Smash verwandeln könnte«.
Und ich dachte ...
... das Inter High...
... ist für mich vielleicht noch zu weit weg.

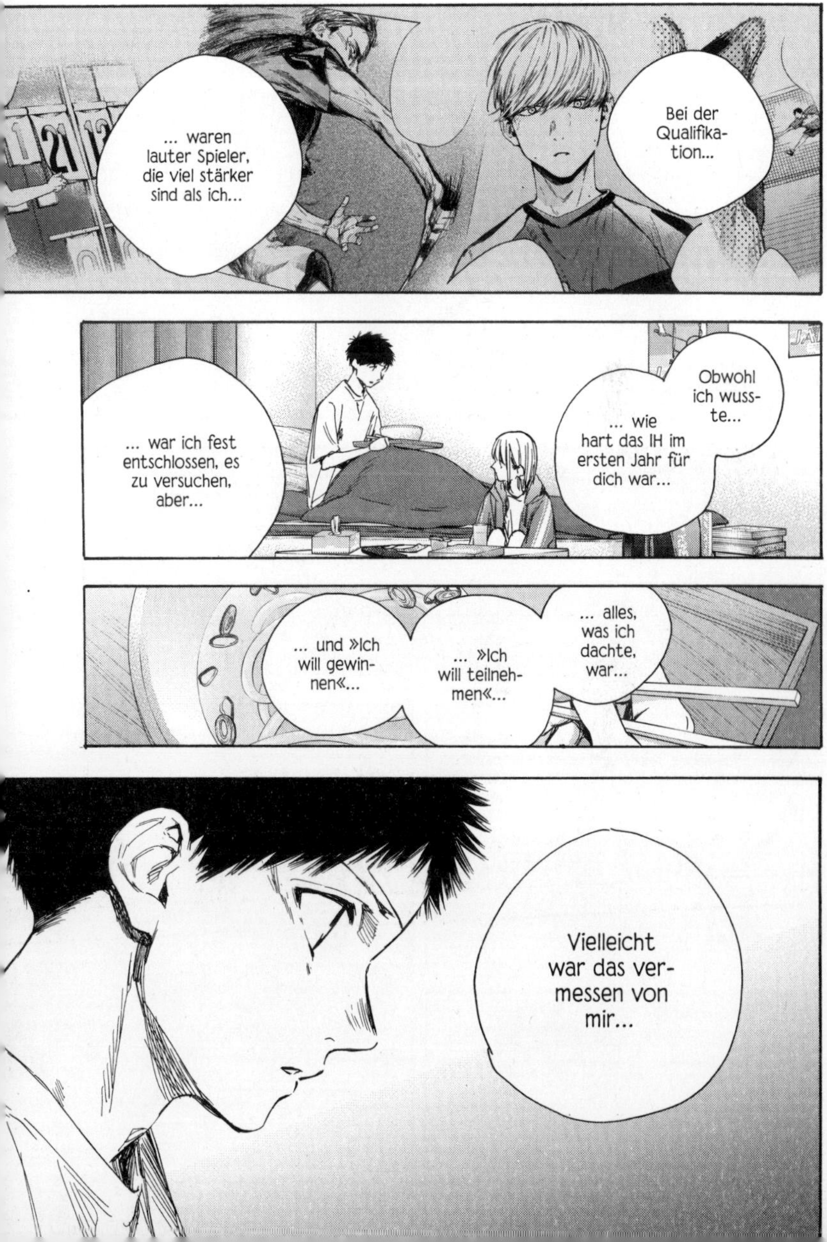
Bei der Qualifikation...
... waren lauter Spieler, die viel stärker sind als ich...
Obwohl ich wusste...
... wie hart das IH im ersten Jahr für dich war...
... war ich fest entschlossen, es zu versuchen, aber...
... alles, was ich dachte, war...
... »Ich will teilnehmen«...
... und »Ich will gewinnen«...
Vielleicht war das vermessen von mir...

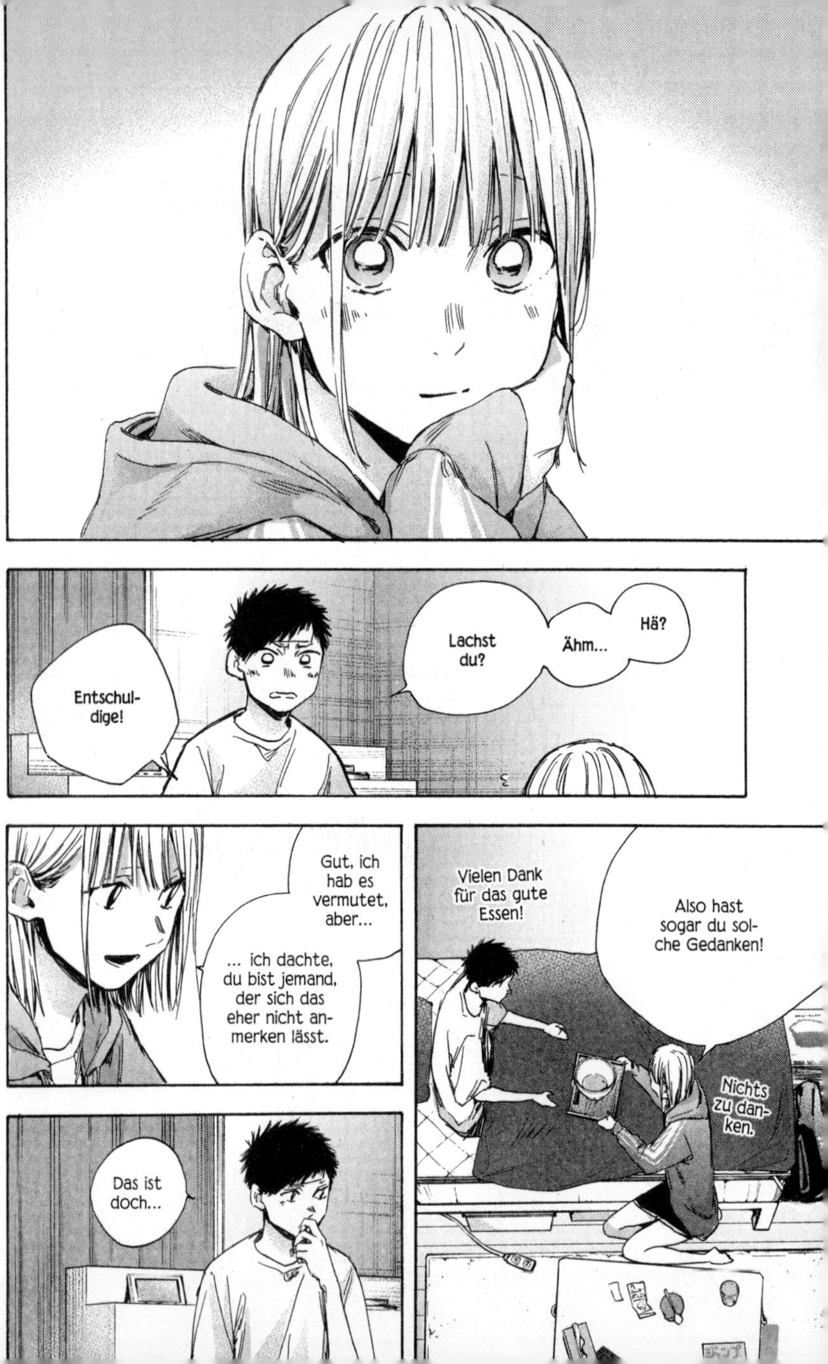
Hä?
Ähm...
Lachst du?
Entschuldige!
Also hast sogar du solche Gedanken!
Vielen Dank für das gute Essen!
Nichts zu danken.
Gut, ich hab es vermutet, aber...
... ich dachte, du bist jemand, der sich das eher nicht anmerken lässt.
Das ist doch...

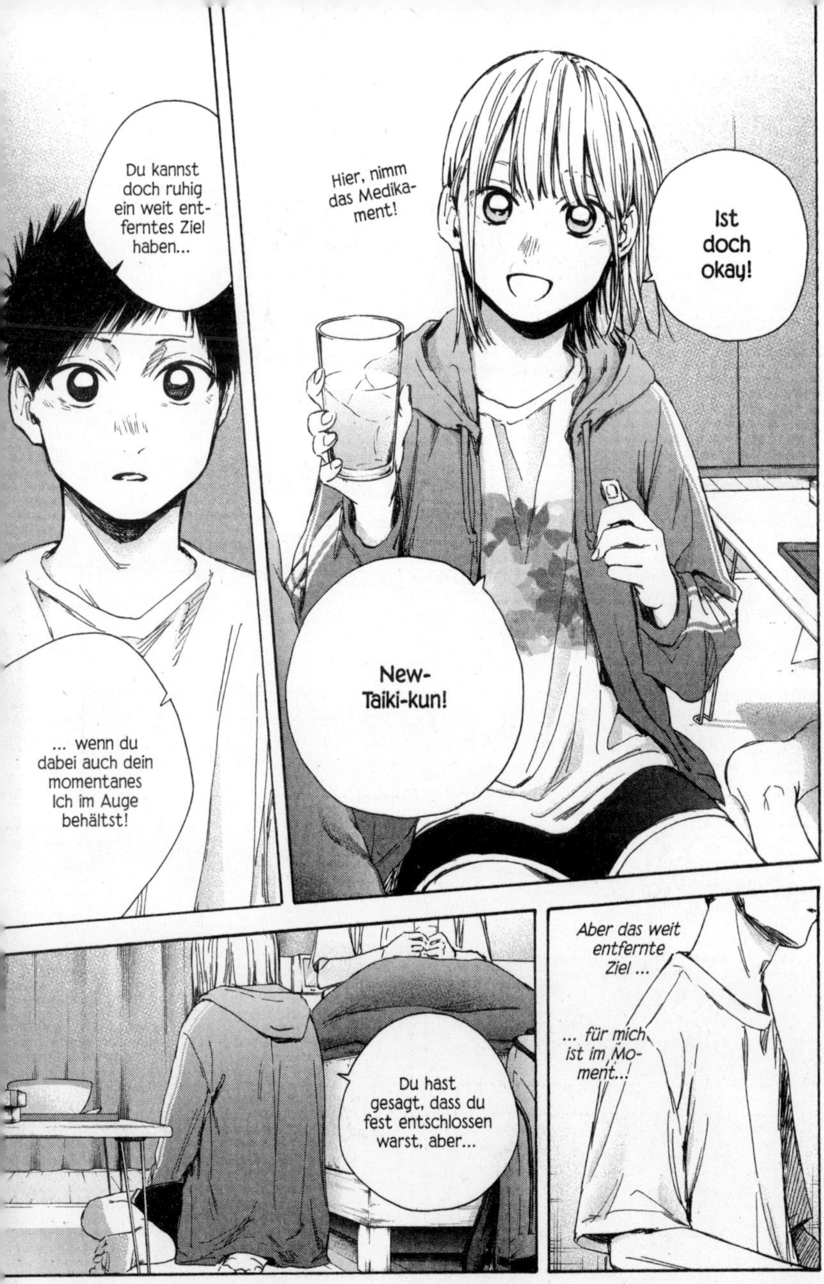
Ist doch okay!
Hier, nimm das Medikament!
New-Taiki-kun!
Du kannst doch ruhig ein weit entferntes Ziel haben...
... wenn du dabei auch dein momentanes Ich im Auge behältst!
Aber das weit entfernte Ziel ...
... für mich ist im Moment...!
Du hast gesagt, dass du fest entschlossen warst, aber...

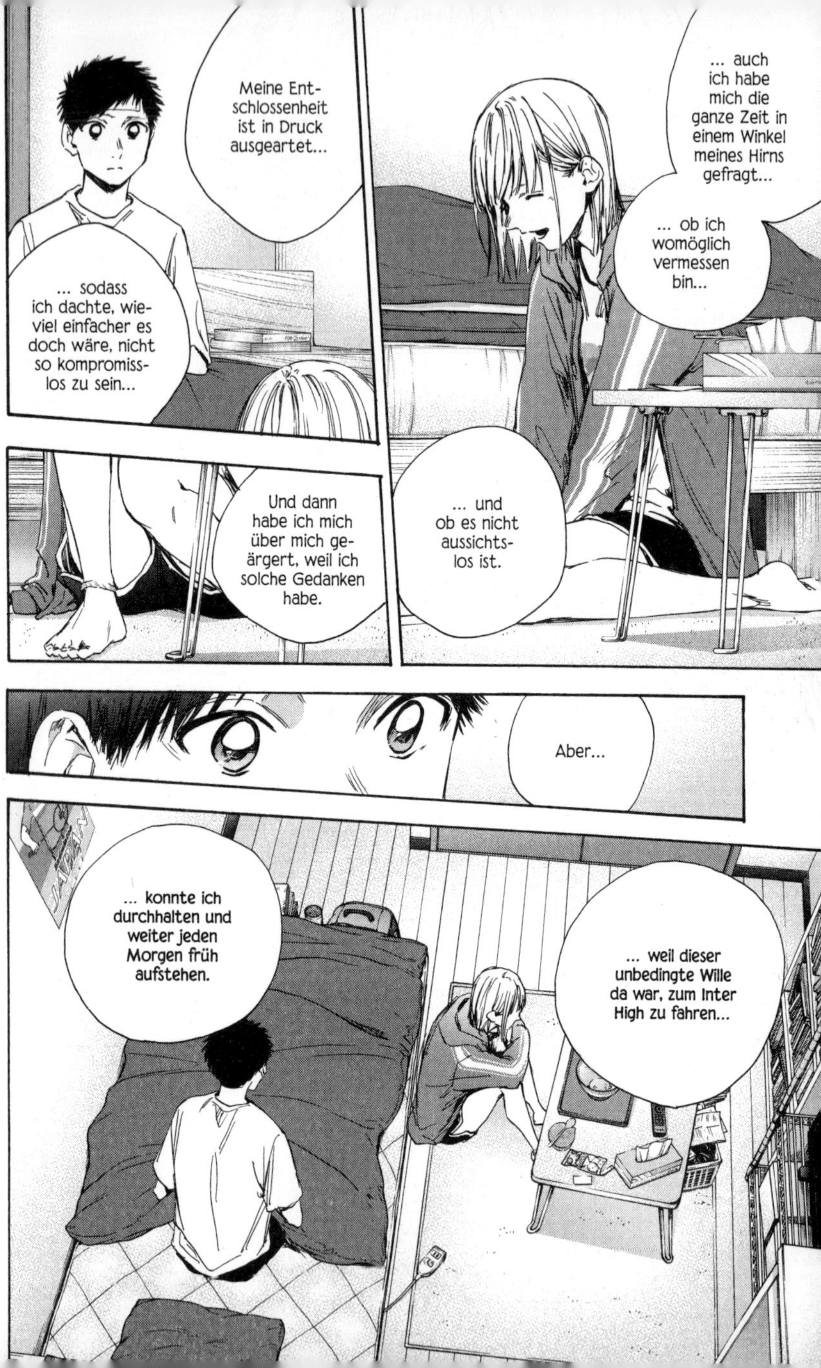
... auch ich habe mich die ganze Zeit in einem Winkel meines Hirns gefragt...
... ob ich womöglich vermessen bin...
Meine Entschlossenheit ist in Druck ausgeartet...
... sodass ich dachte, wieviel einfacher es doch wäre, nicht so kompromisslos zu sein...
... und ob es nicht aussichtslos ist.
Und dann habe ich mich über mich geärgert, weil ich solche Gedanken habe.
Aber...
... weil dieser unbedingte Wille da war, zum Inter High zu fahren...
... konnte ich durchhalten und weiter jeden Morgen früh aufstehen.

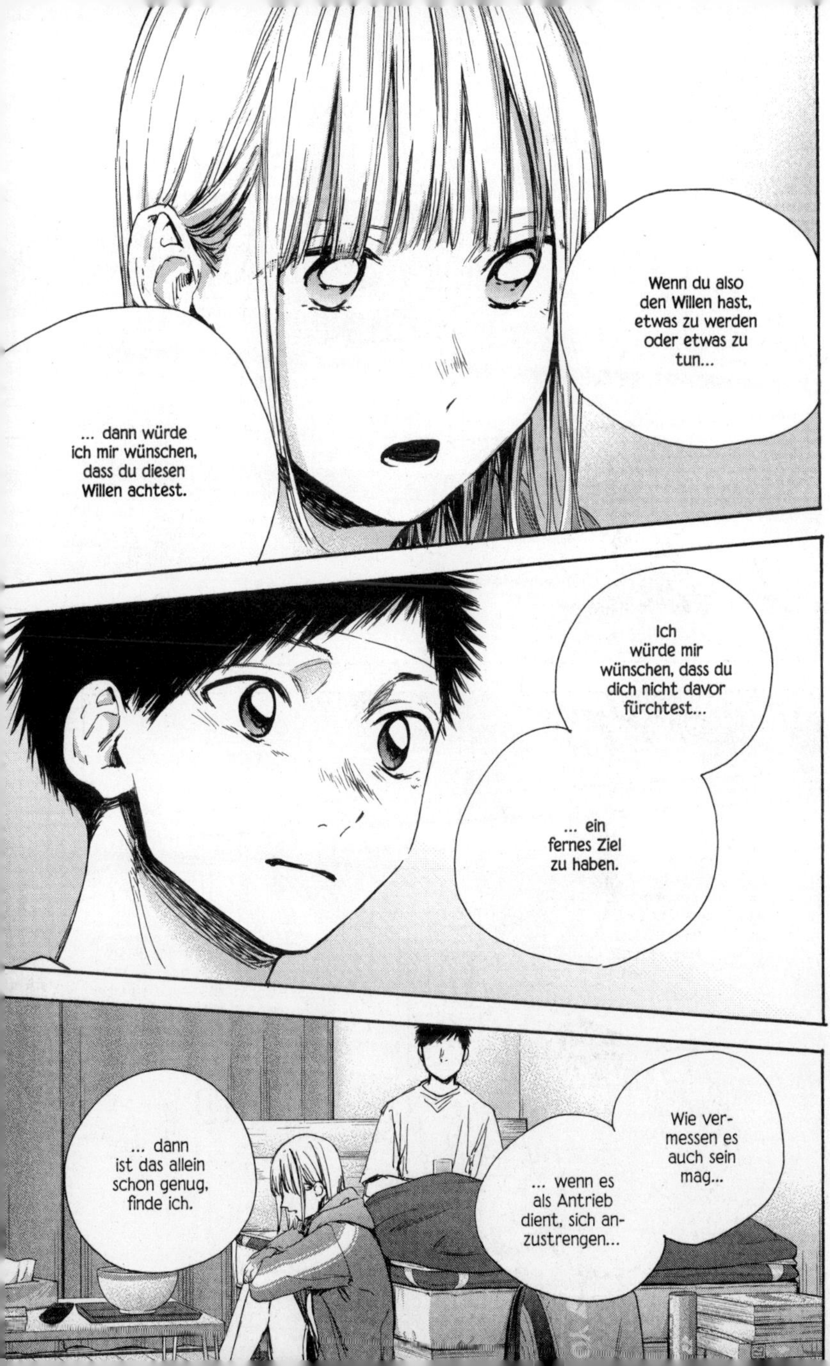
Wenn du also den Willen hast, etwas zu werden oder etwas zu tun...
... dann würde ich mir wünschen, dass du diesen Willen achtest.
Ich würde mir wünschen, dass du dich nicht davor fürchtest...
... ein fernes Ziel zu haben.
Wie vermessen es auch sein mag...
... wenn es als Antrieb dient, sich anzustrengen...
... dann ist das allein schon genug, finde ich.

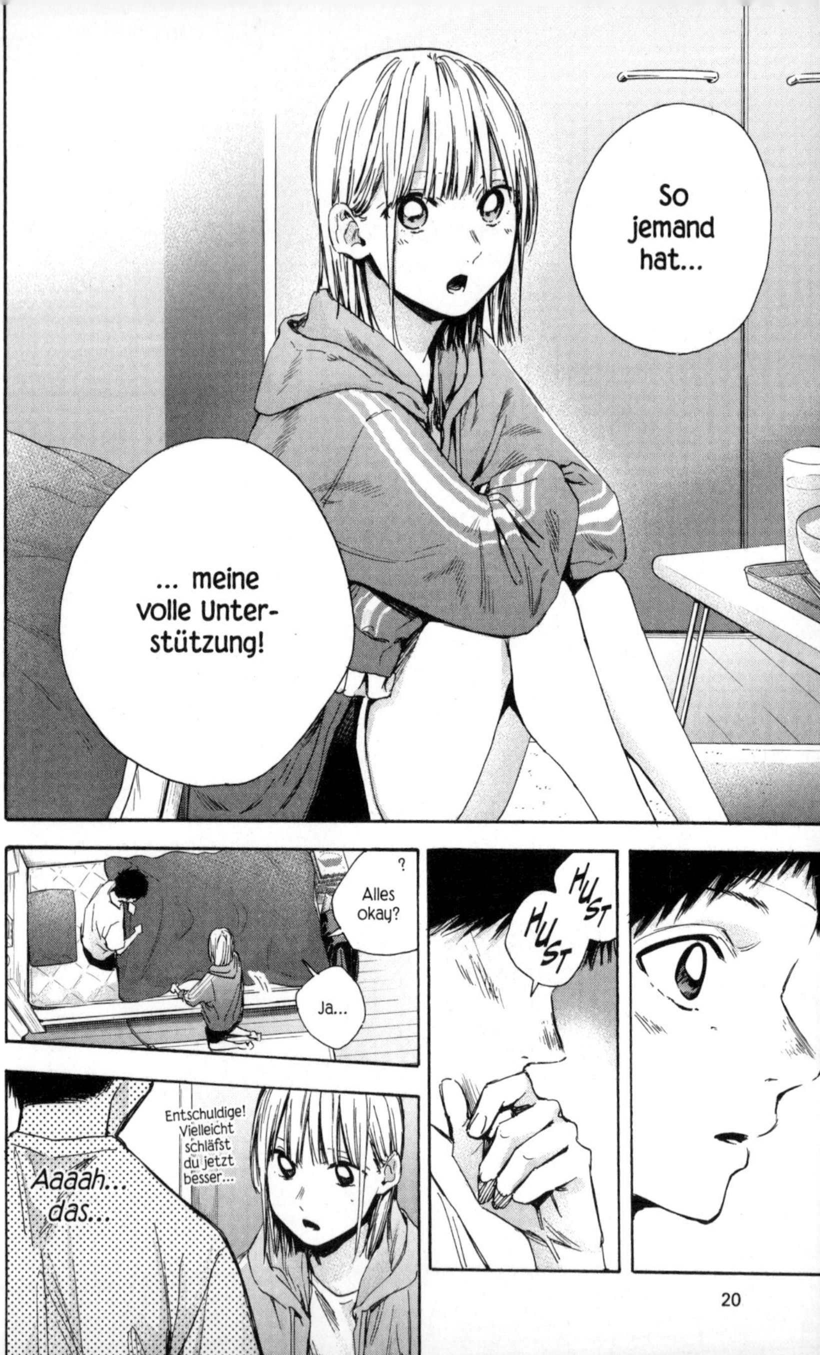
So jemand hat...
... meine volle Unterstützung!
HUST HUST
?
Alles okay?
Ja...
Entschuldige! Vielleicht schläfst du jetzt besser...
Aaaah... das...

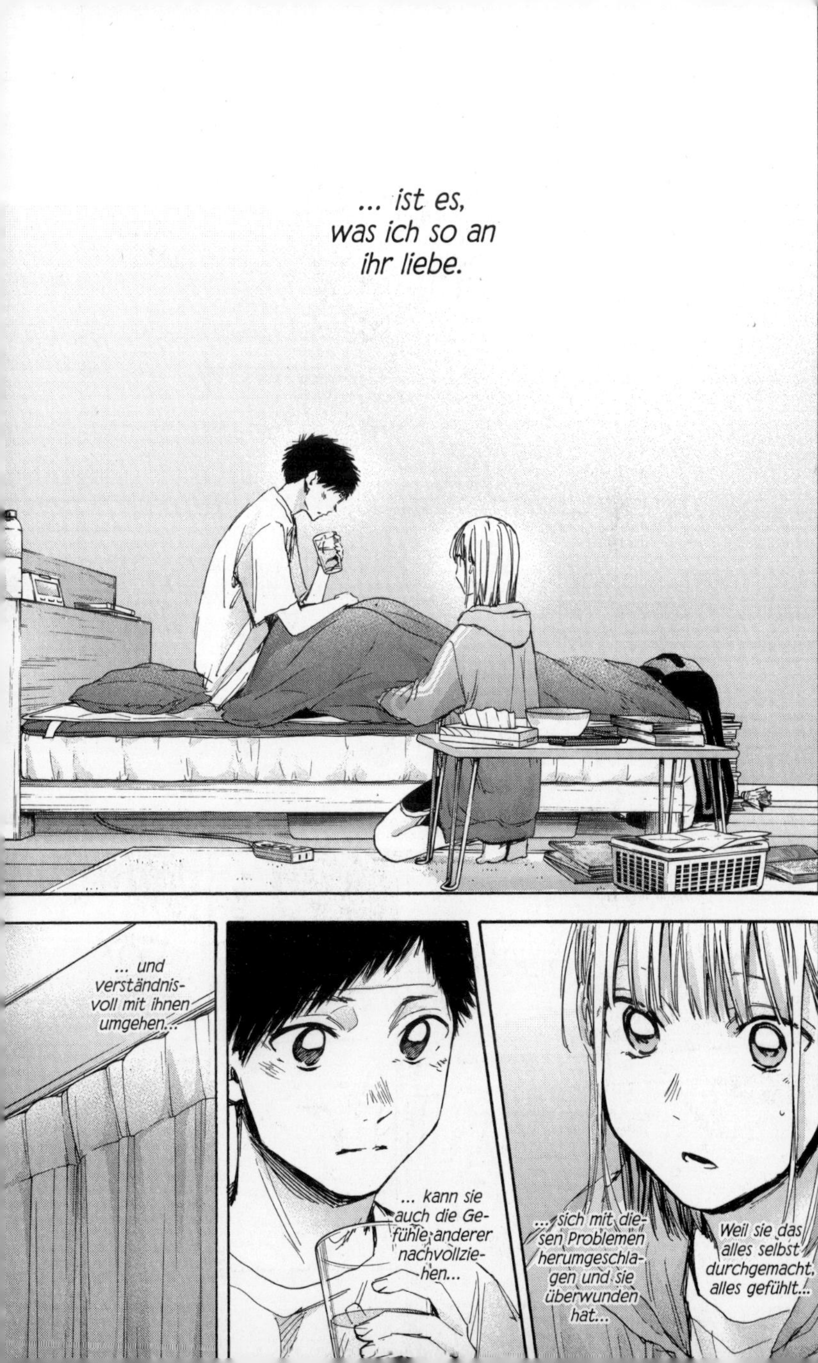
... ist es, was ich so an ihr liebe.
Weil sie das alles selbst durchgemacht, alles gefühlt...
... sich mit diesen Problemen herumgeschlagen und sie überwunden hat...
... kann sie auch die Gefühle anderer nachvollziehen...
... und verständnisvoll mit ihnen umgehen...

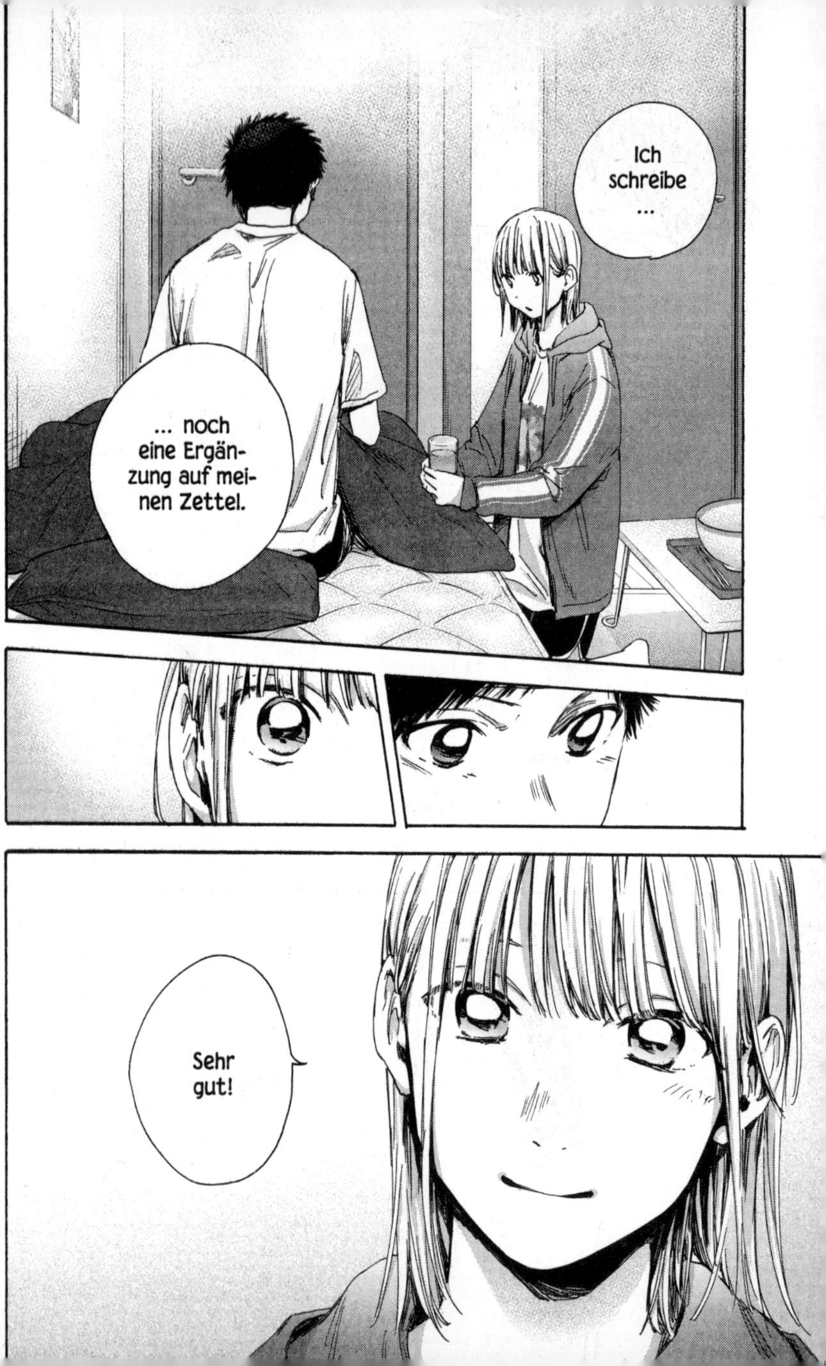
Ich schreibe ...
... noch eine Ergänzung auf meinen Zettel.
Sehr gut!

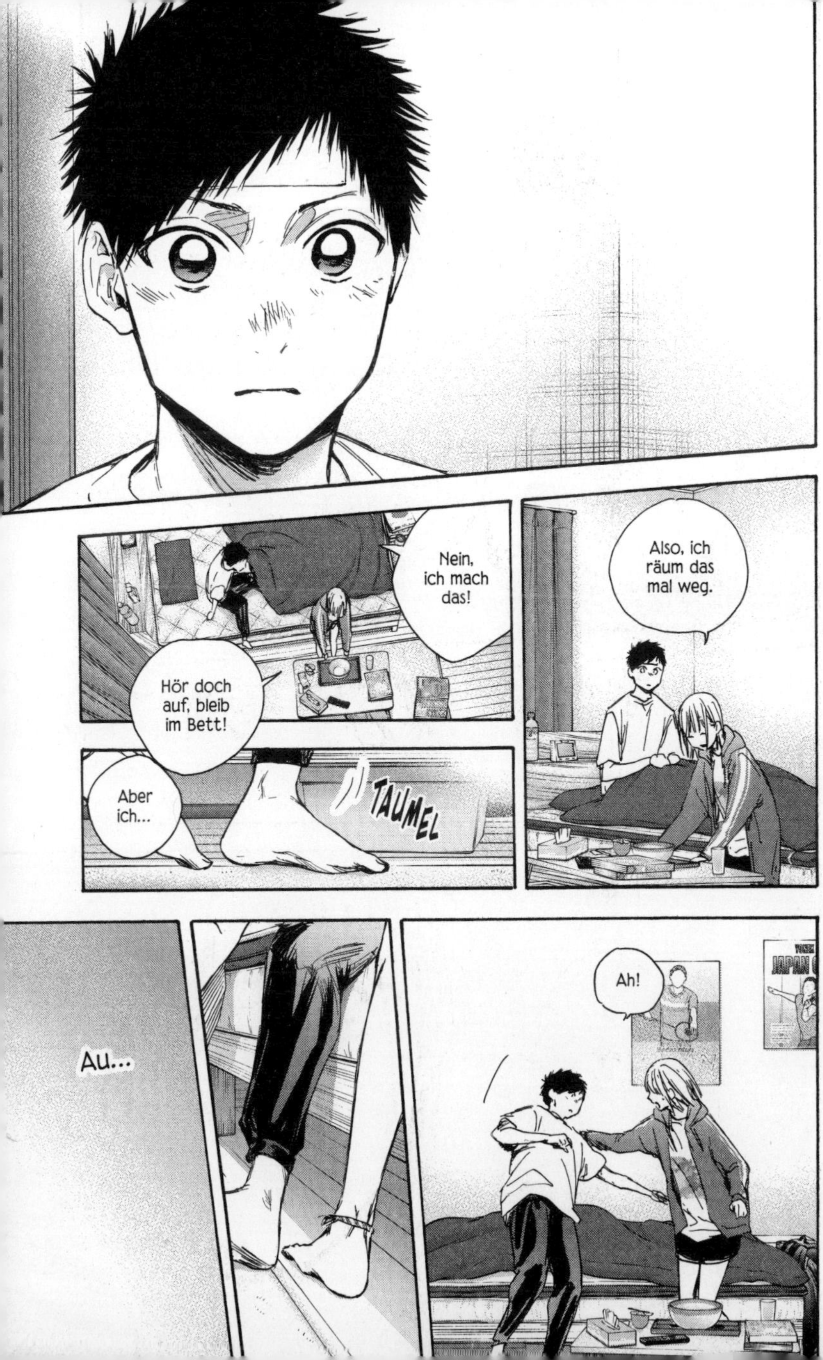
Also, ich räum das mal weg.
Nein, ich mach das!
Hör doch auf, bleib im Bett!
Aber ich...
TAUMEL
Ah!
Au...

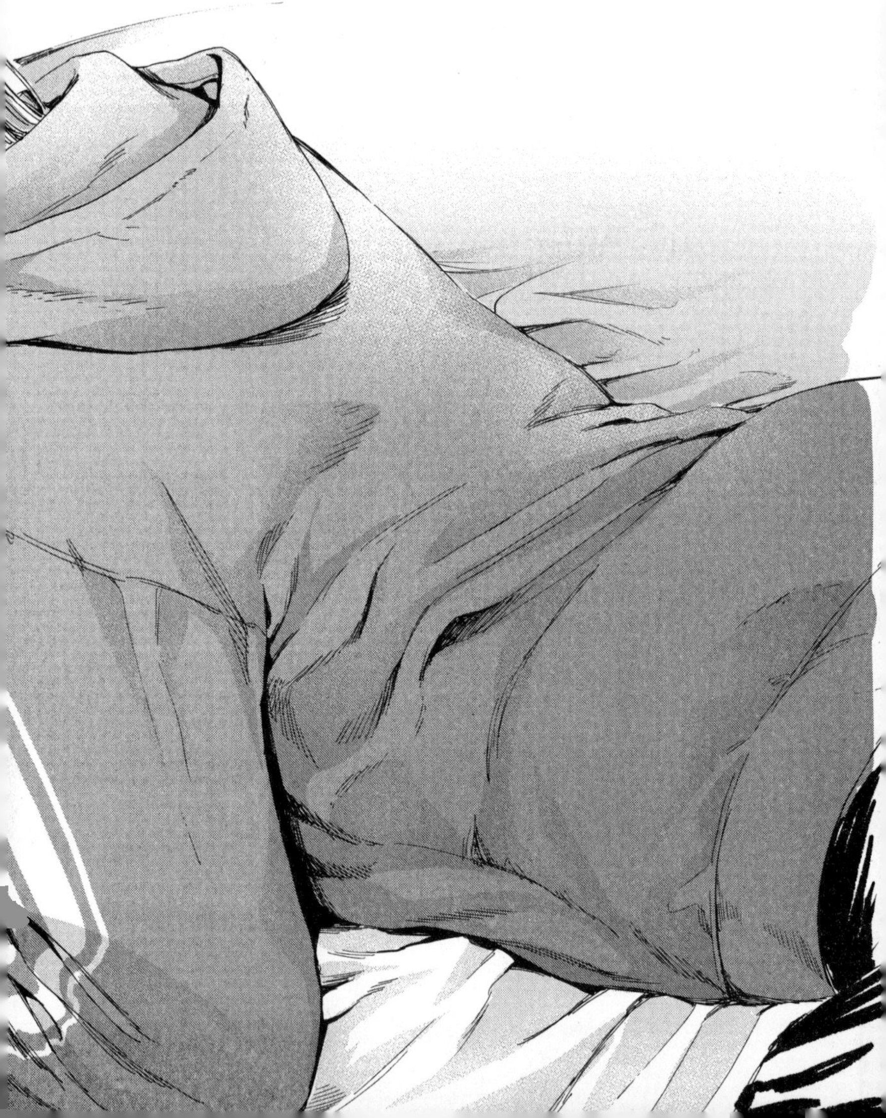

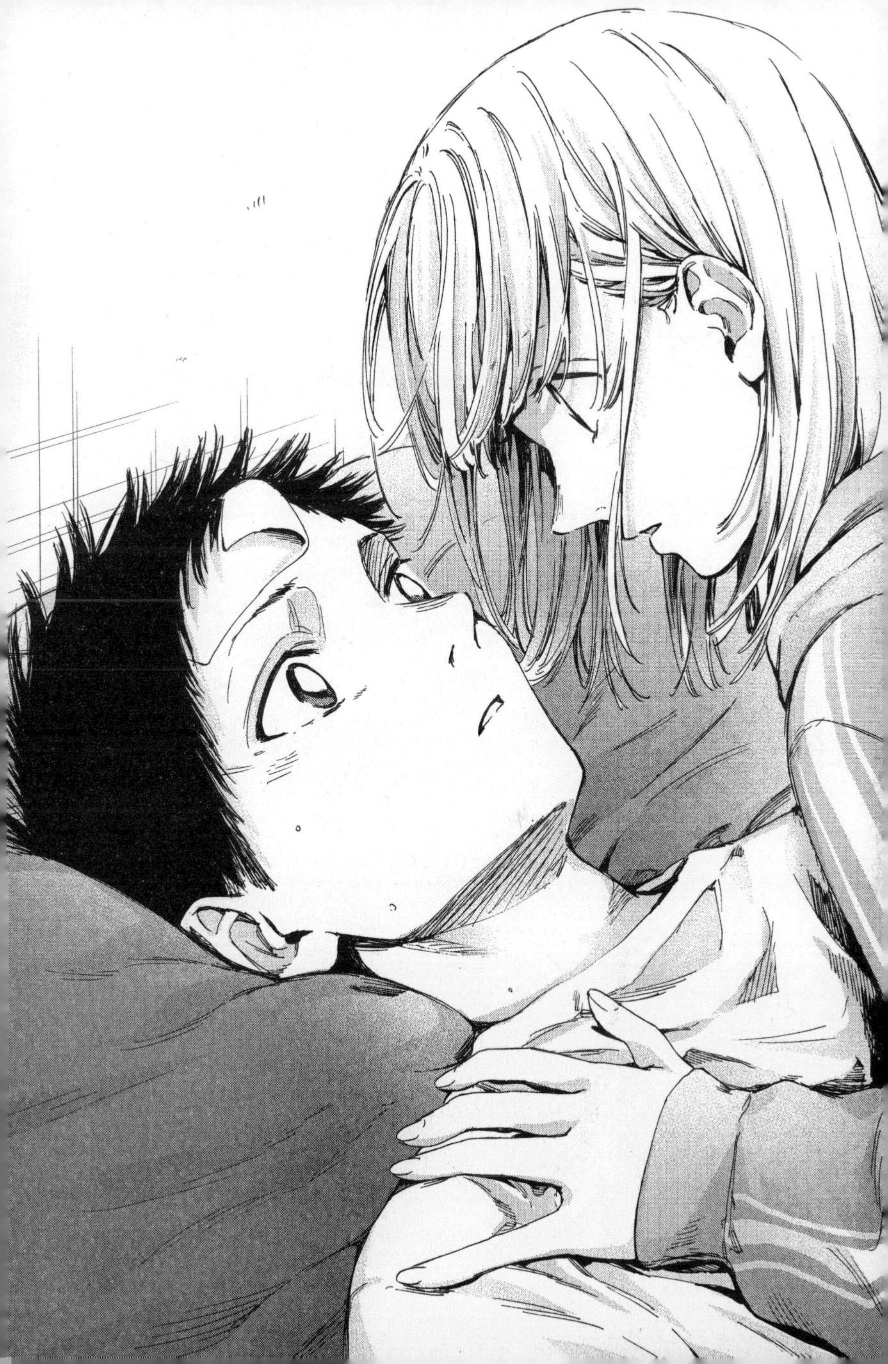

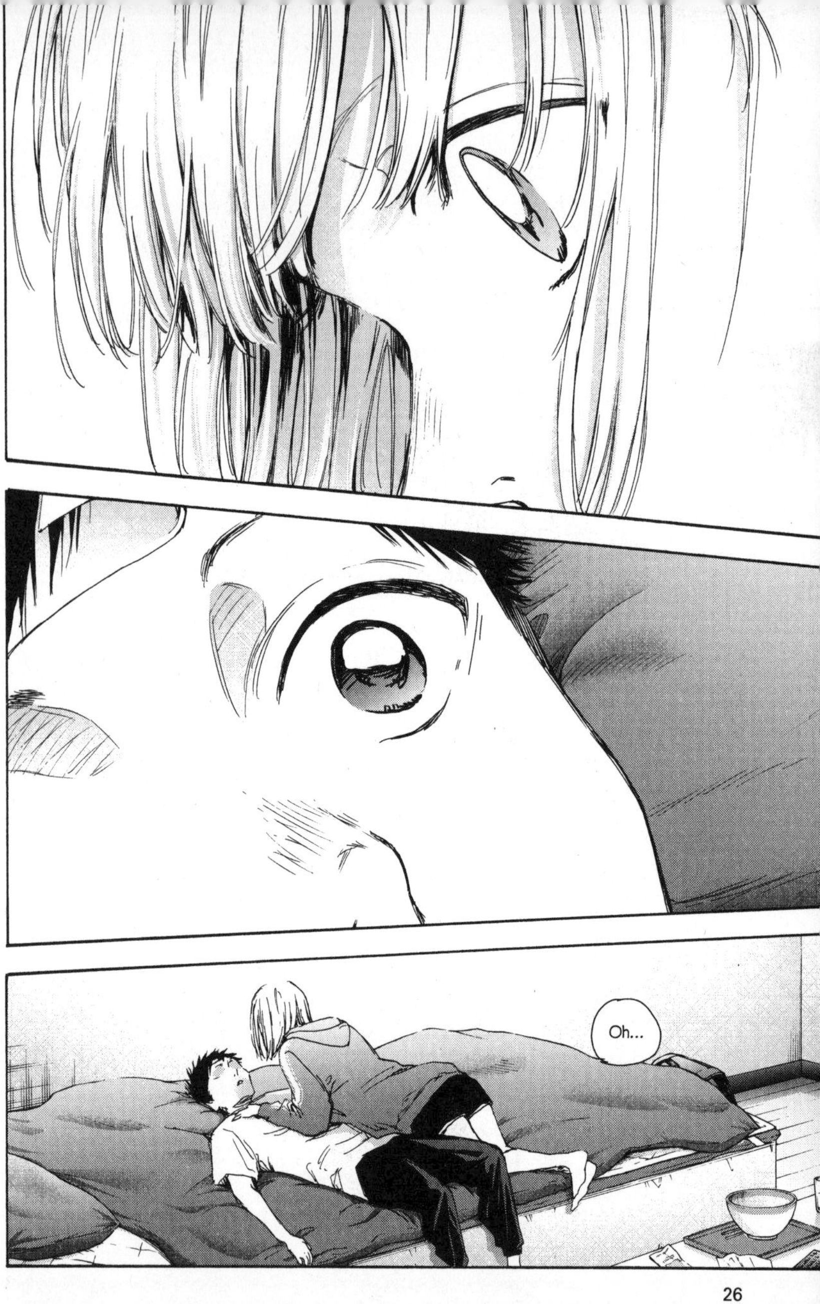
Oh...

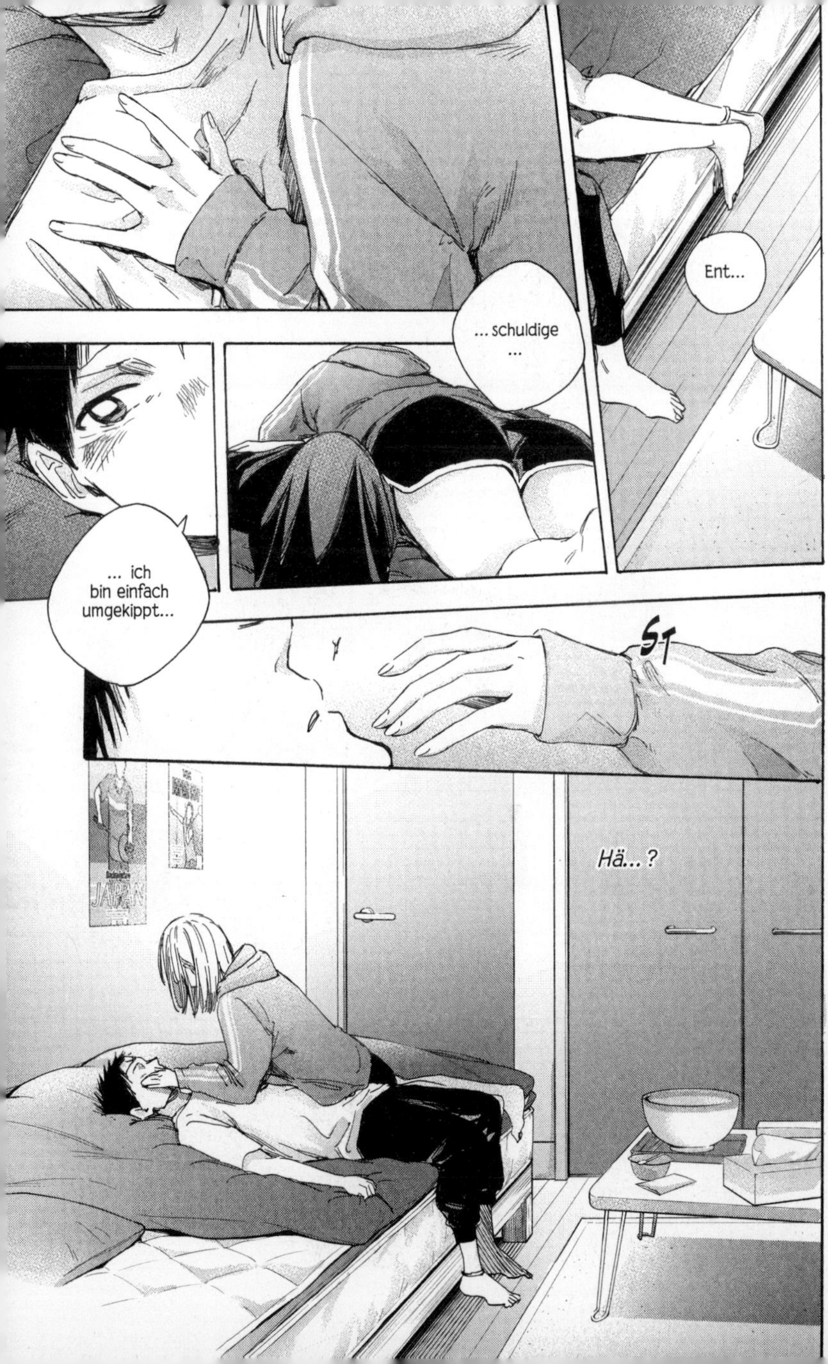
Ent...
... schuldige ...
... ich bin einfach umgekippt...
ST
Hä... ?

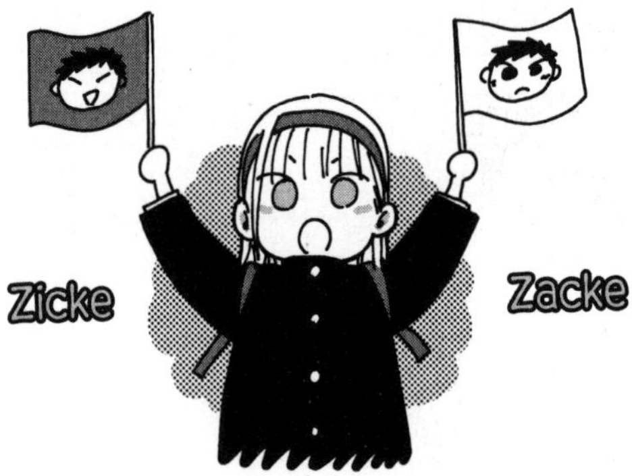
Zicke
Zacke

#27 Chancen

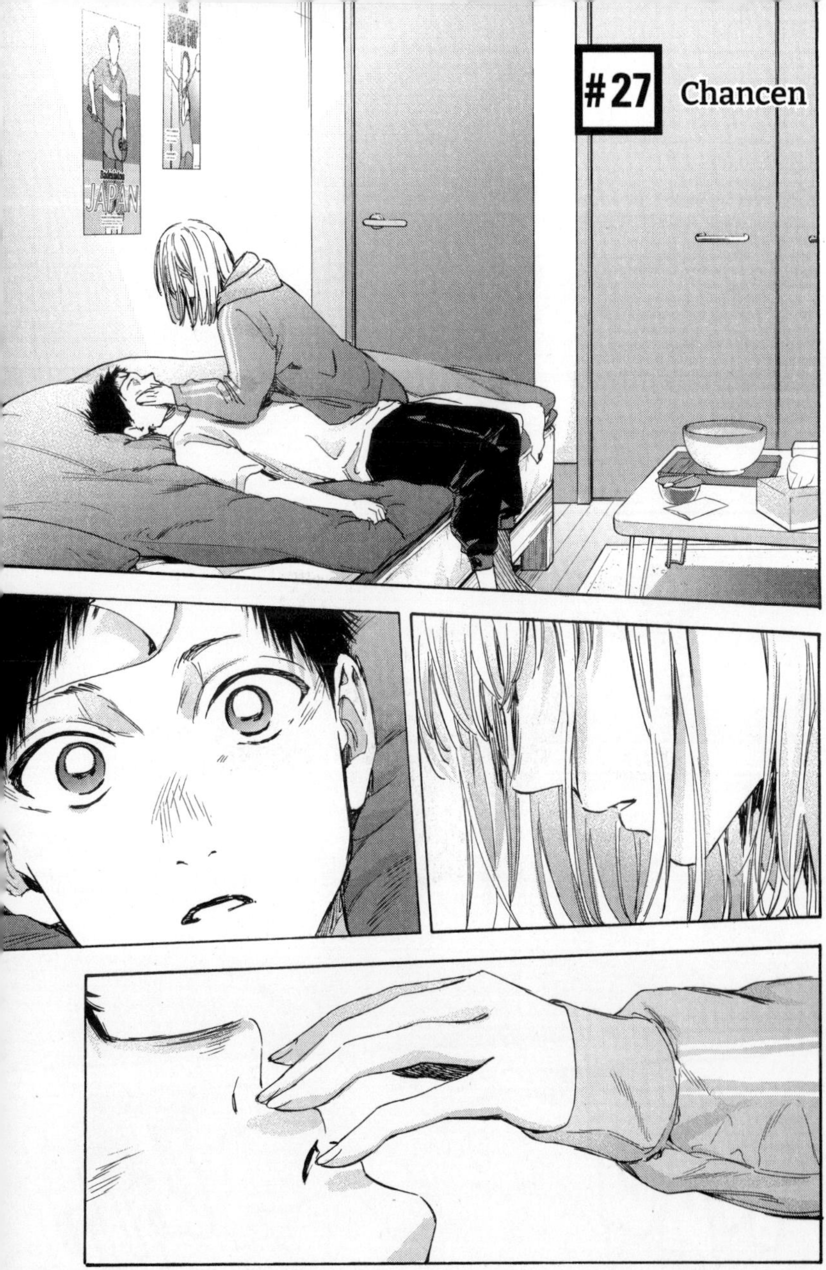

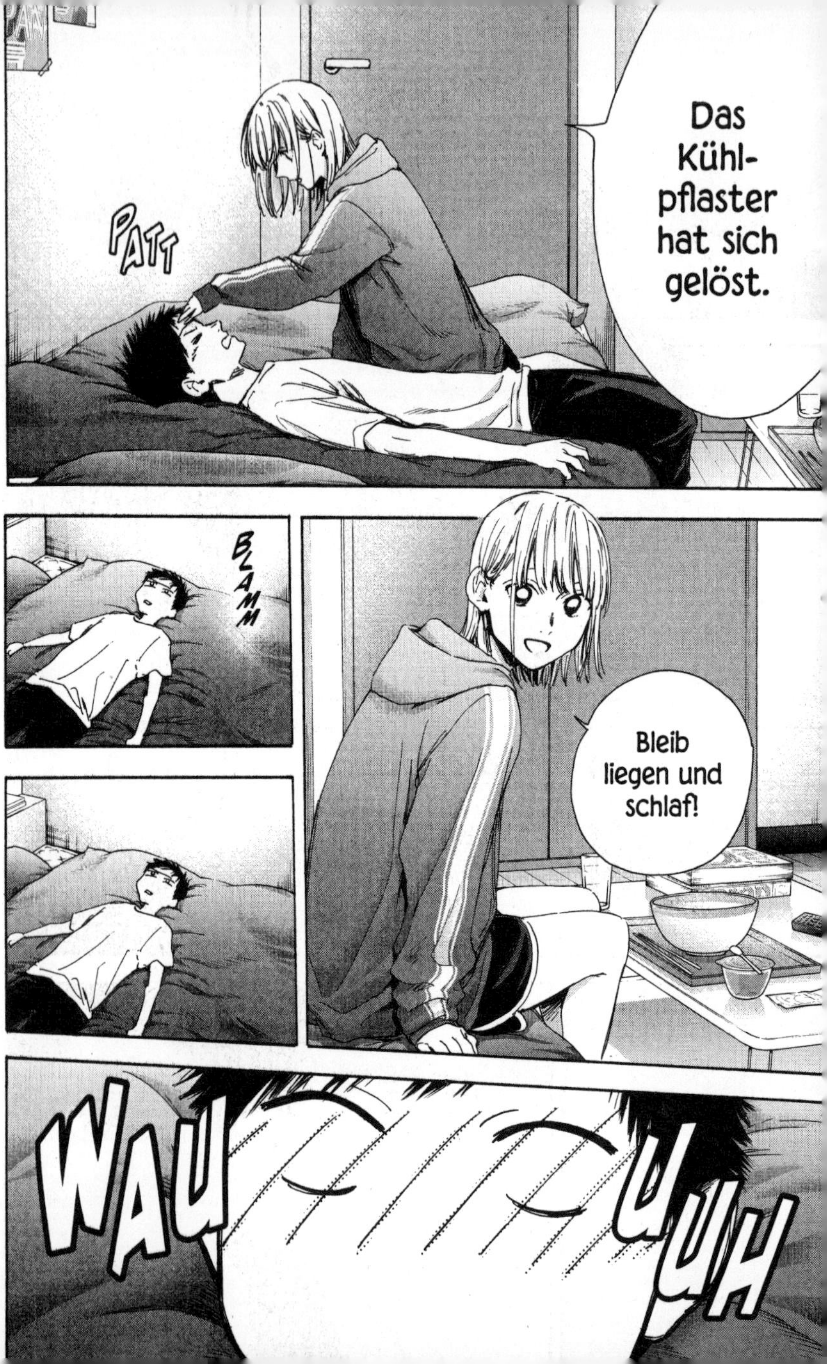
Das Kühl-pflaster hat sich gelöst.
PATT
Bleib liegen und schlaf!
BLAMM
WAUUUH

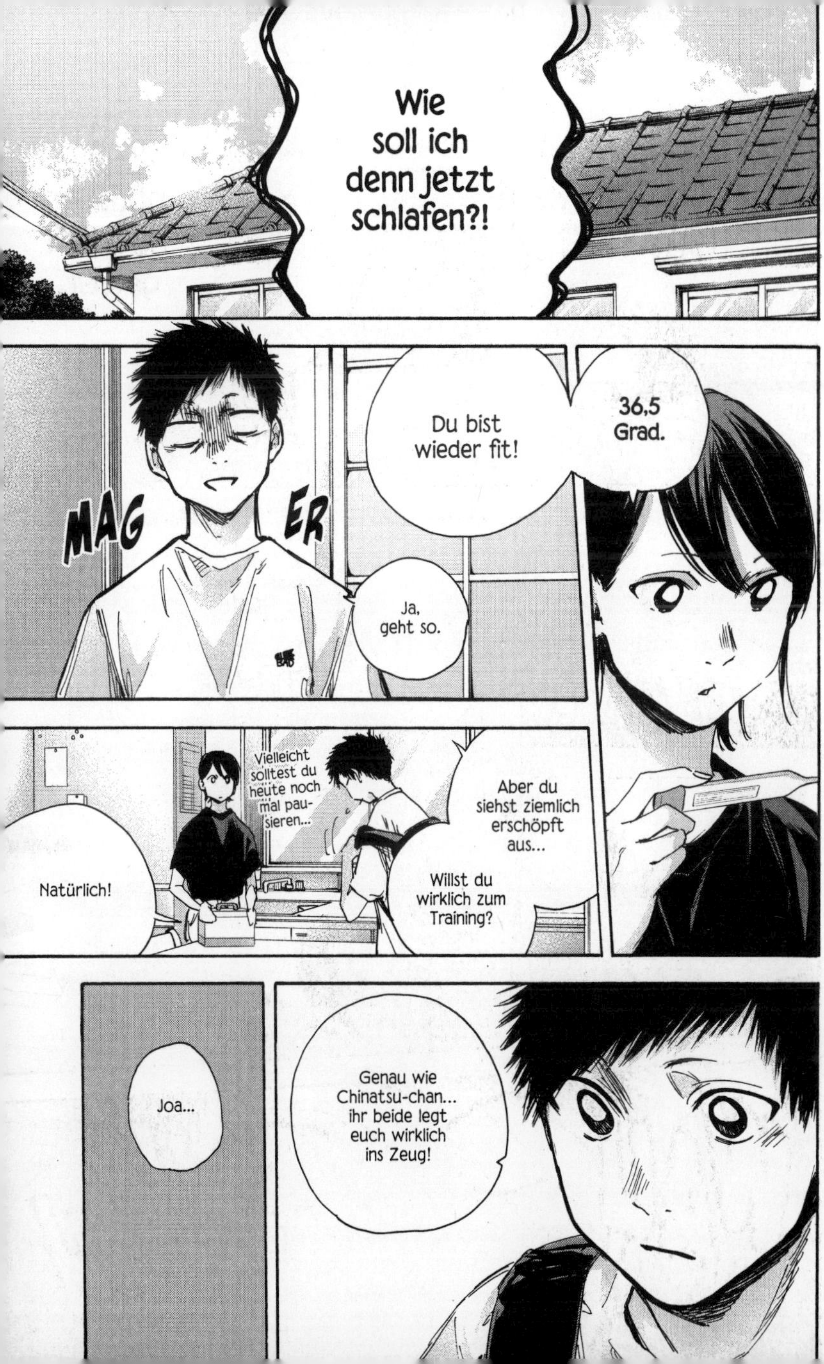
Wie soll ich denn jetzt schlafen?!
36,5 Grad.
Du bist wieder fit!
MAGER
Ja, geht so.
Aber du siehst ziemlich erschöpft aus...
Willst du wirklich zum Training?
Vielleicht solltest du heute noch mal pausieren...
Natürlich!
Genau wie Chinatsu-chan... ihr beide legt euch wirklich ins Zeug!
Joa...

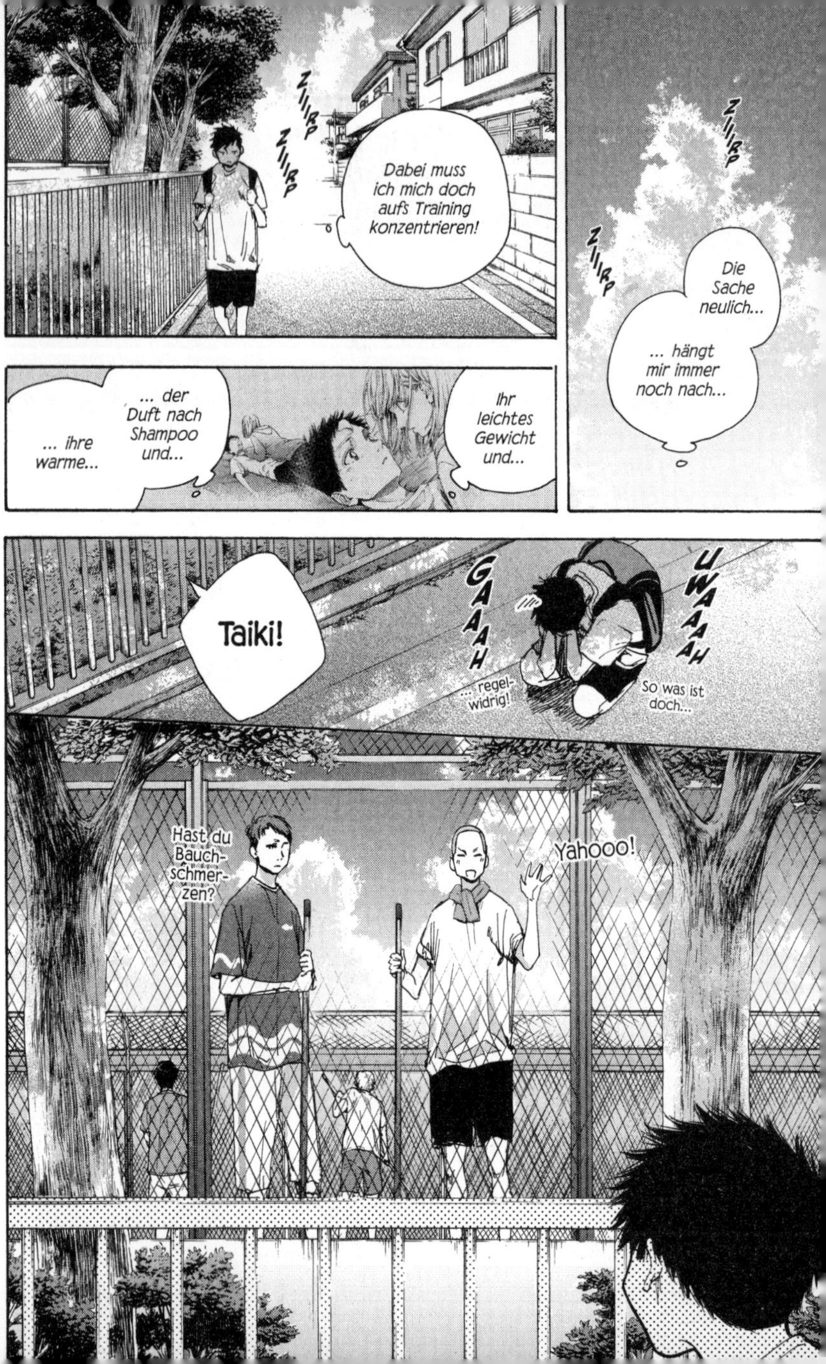
ZIIIRP
ZIIIRP
ZIIIRP
ZIIIRP
Die Sache neulich...
... hängt mir immer noch nach...
Dabei muss ich mich doch aufs Training konzentrieren!
Ihr leichtes Gewicht und...
... der Duft nach Shampoo und...
... ihre warme...
UWAAAAAH
So was ist doch...
GAAAAH
... regelwidrig!
Taiki!
Yahooo!
Hast du Bauchschmerzen?

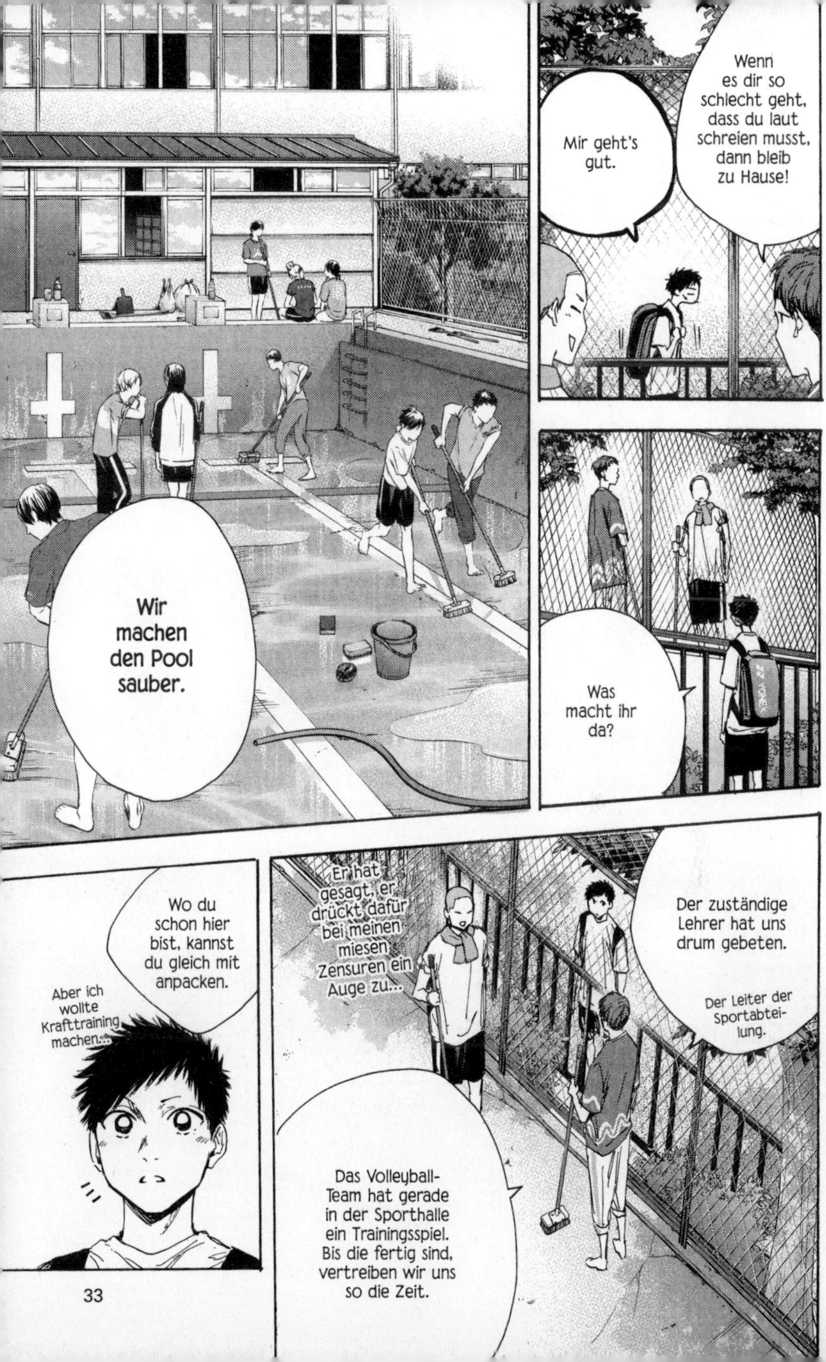
Wenn es dir so schlecht geht, dass du laut schreien musst, dann bleib zu Hause!
Mir geht's gut.
Was macht ihr da?
Wir machen den Pool sauber.
Der zuständige Lehrer hat uns drum gebeten.
Der Leiter der Sportabtei-lung.
Er hat gesagt, er drückt dafür bei meinen miesen Zensuren ein Auge zu…
Das Volleyball-Team hat gerade in der Sporthalle ein Trainingsspiel. Bis die fertig sind, vertreiben wir uns so die Zeit.
Wo du schon hier bist, kannst du gleich mit anpacken.
Aber ich wollte Krafttraining machen…

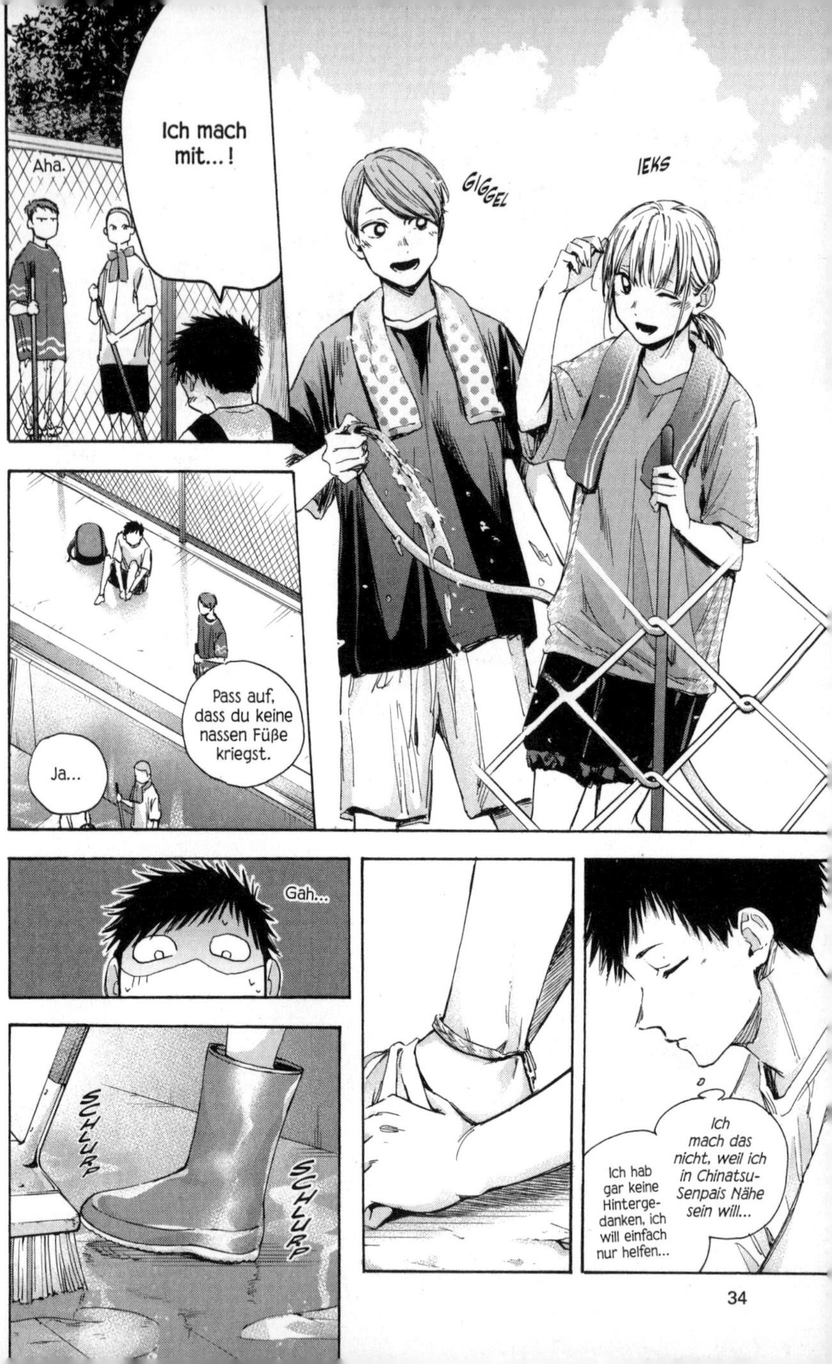
Ich mach mit...!
Aha.
GIGGEL
IEKS
Pass auf, dass du keine nassen Füße kriegst.
Ja...
Gah...
Ich mach das nicht, weil ich in Chinatsu-Senpais Nähe sein will...
Ich hab gar keine Hintergedanken, ich will einfach nur helfen...
SCHLURP
SCHLURP

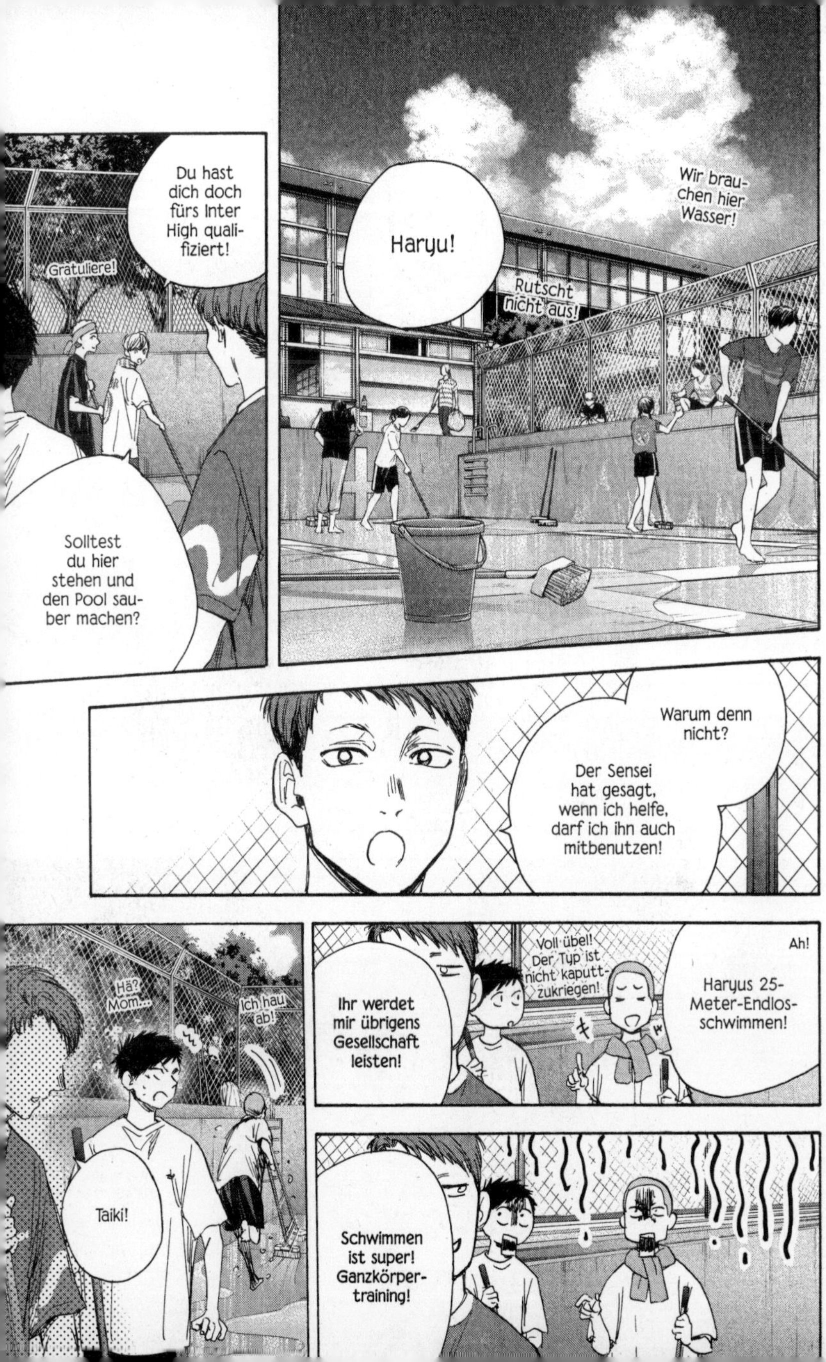
Wir brauchen hier Wasser!
Rutscht nicht aus!
Haryu!
Du hast dich doch fürs Inter High qualifiziert!
Gratuliere!
Solltest du hier stehen und den Pool sauber machen?
Warum denn nicht?
Der Sensei hat gesagt, wenn ich helfe, darf ich ihn auch mitbenutzen!
Ah!
Haryus 25-Meter-Endlosschwimmen!
Voll übel! Der Typ ist nicht kaputtzukriegen!
Ihr werdet mir übrigens Gesellschaft leisten!
Schwimmen ist super! Ganzkörpertraining!
Ich hau ab!
Hä? Mom...
Taiki!

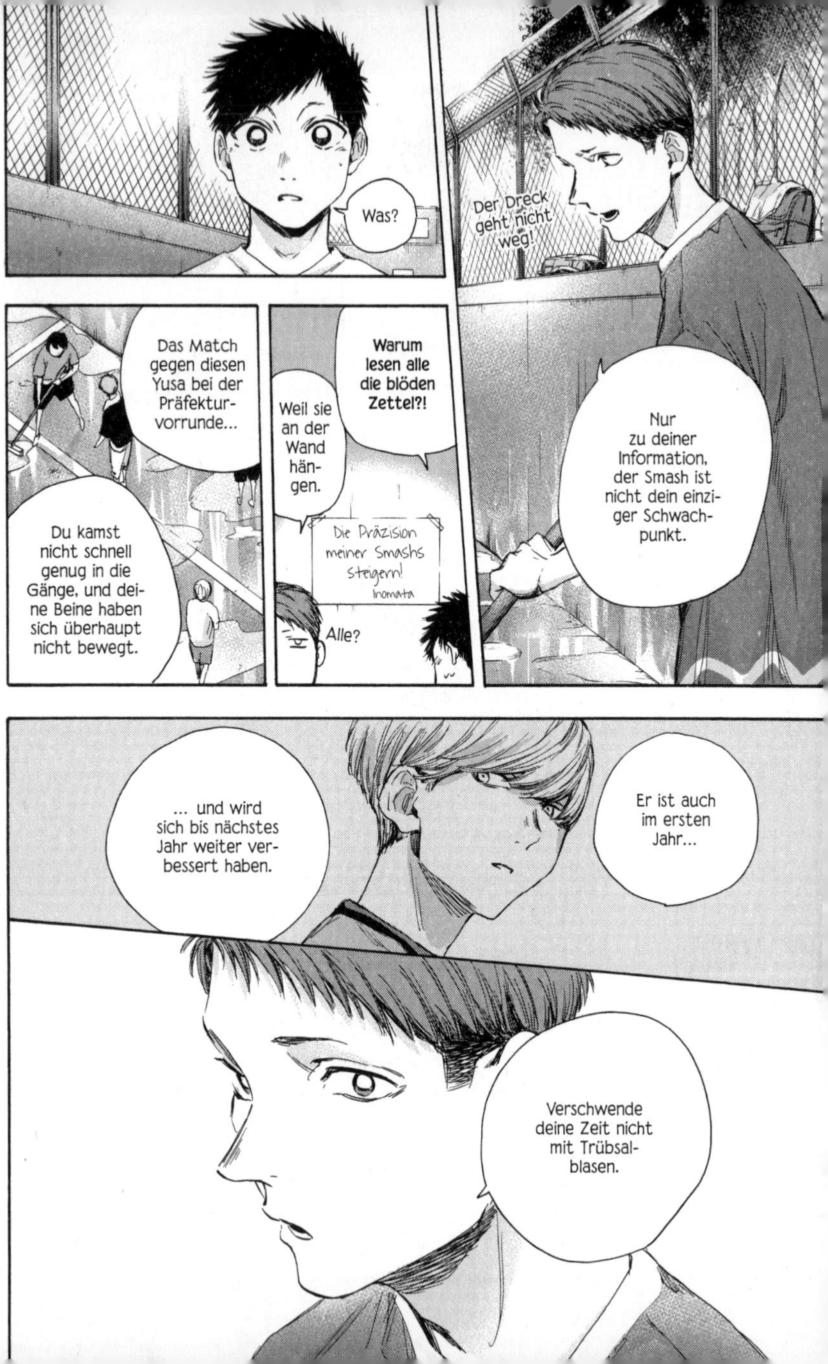
Der Dreck geht nicht weg!
Was?
Nur zu deiner Information, der Smash ist nicht dein einziger Schwachpunkt.
Warum lesen alle die blöden Zettel?!
Weil sie an der Wand hängen.
Die Präzision meiner Smashs steigern! Inomata
Alle?
Das Match gegen diesen Yusa bei der Präfekturvorrunde...
Du kamst nicht schnell genug in die Gänge, und deine Beine haben sich überhaupt nicht bewegt.
Er ist auch im ersten Jahr...
... und wird sich bis nächstes Jahr weiter verbessert haben.
Verschwende deine Zeit nicht mit Trübsalblasen.

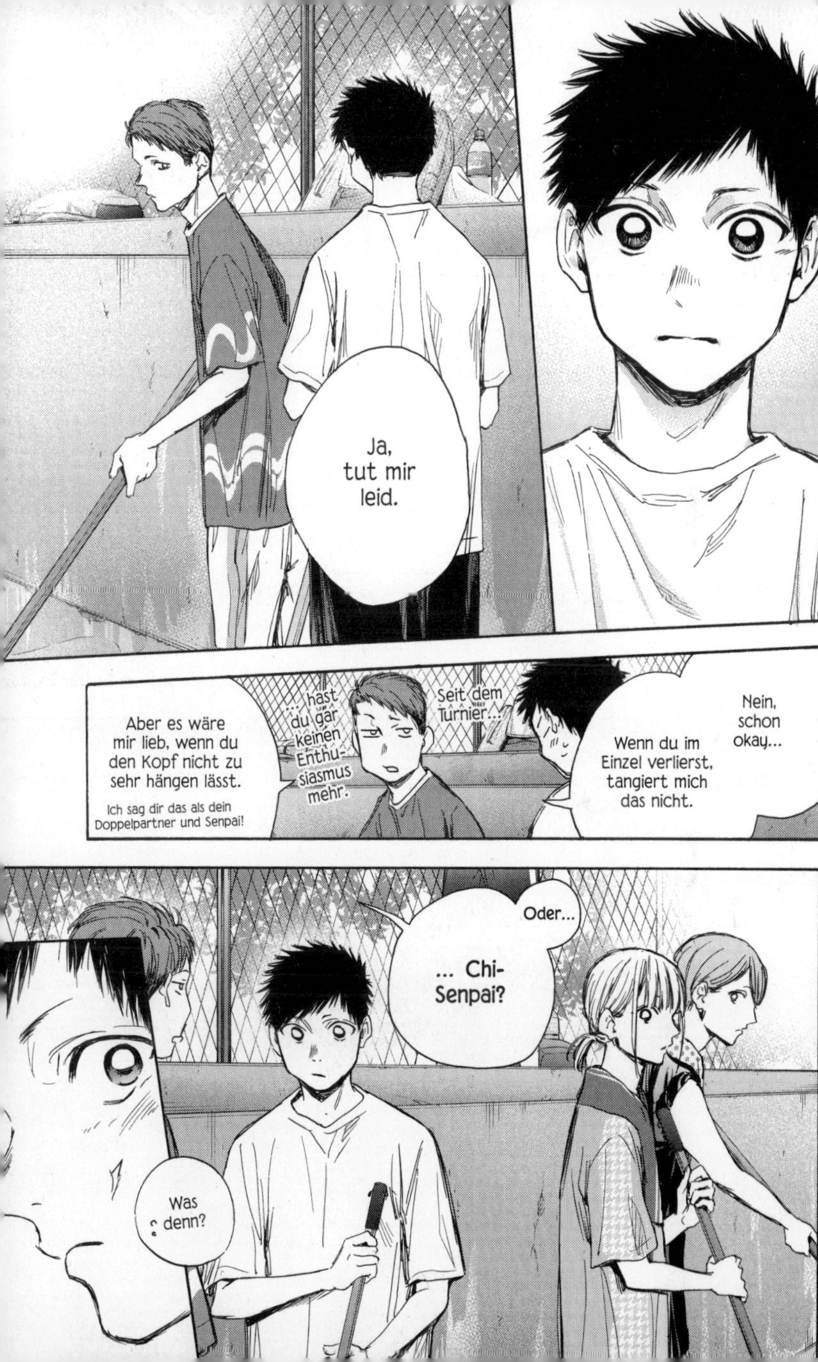
Ja, tut mir leid.
Nein, schon okay...
Wenn du im Einzel verlierst, tangiert mich das nicht.
Seit dem Turnier...
... hast du gar keinen Enthusiasmus mehr.
Aber es wäre mir lieb, wenn du den Kopf nicht zu sehr hängen lässt.
Ich sag dir das als dein Doppelpartner und Senpai!
Oder...
... Chi-Senpai?
Was denn?

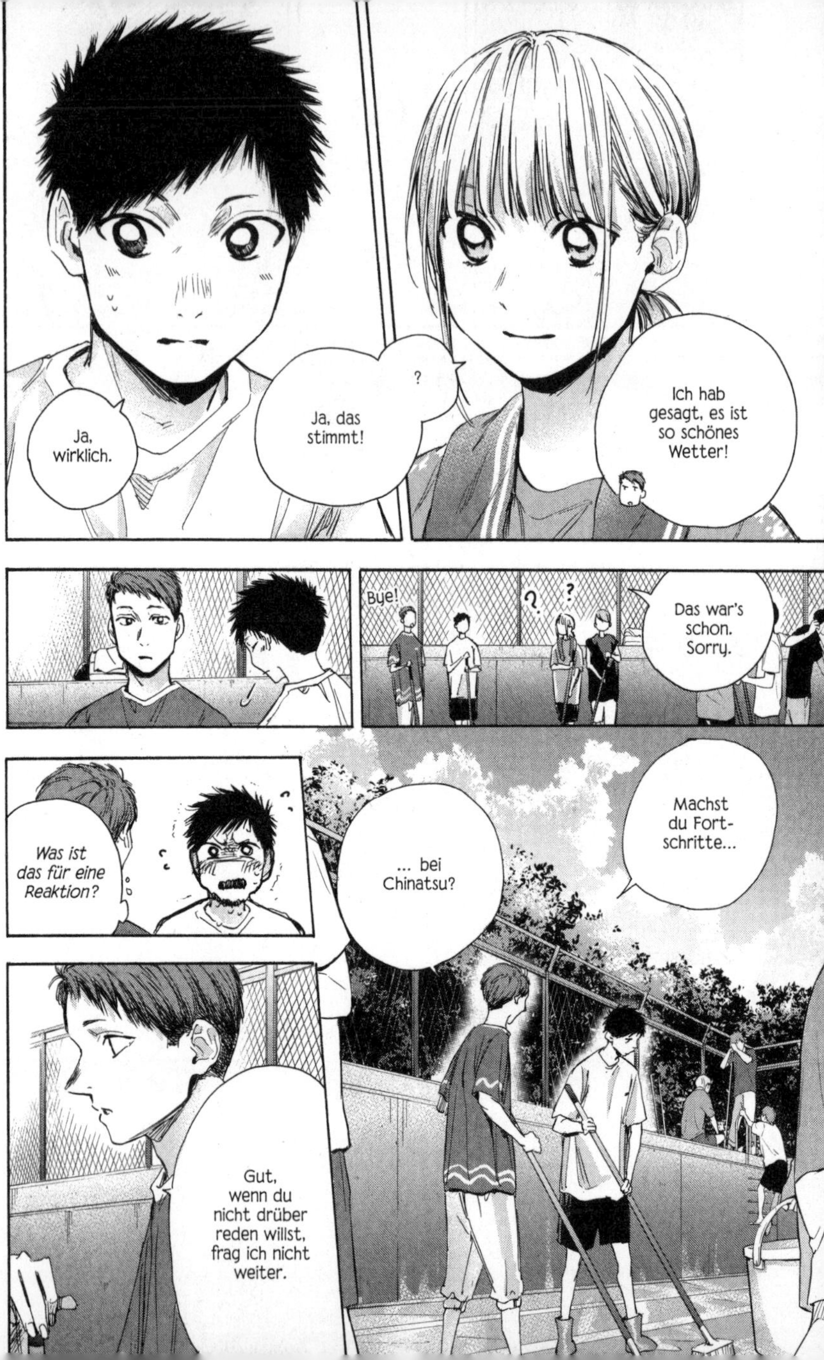
Ich hab gesagt, es ist so schönes Wetter!
?
Ja, das stimmt!
Ja, wirklich.
Das war's schon. Sorry.
? ?
Bye!
Machst du Fort-schritte...
... bei Chinatsu?
Was ist das für eine Reaktion?
Gut, wenn du nicht drüber reden willst, frag ich nicht weiter.

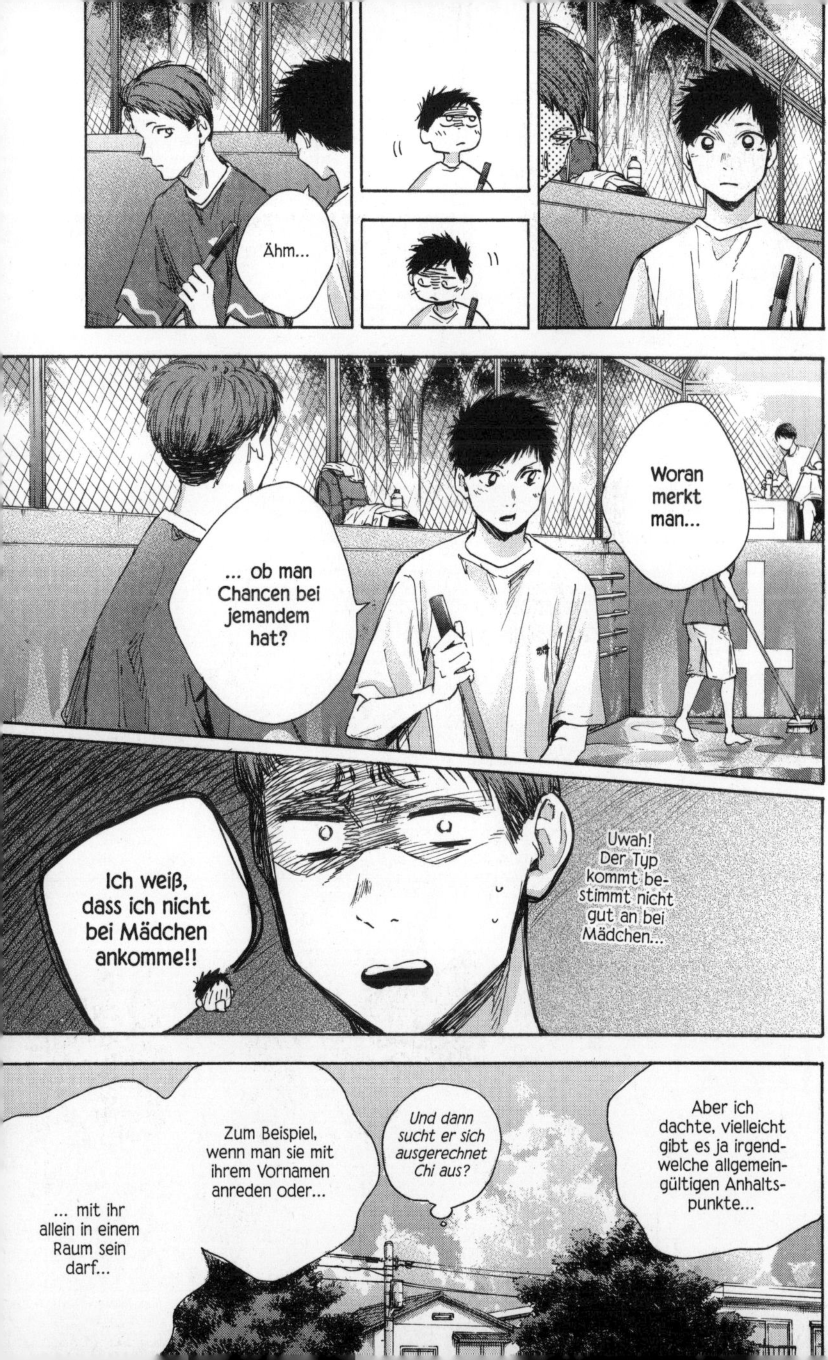

Ähm...
Woran merkt man...
... ob man Chancen bei jemandem hat?
Uwah! Der Typ kommt bestimmt nicht gut an bei Mädchen...
Ich weiß, dass ich nicht bei Mädchen ankomme!!
Aber ich dachte, vielleicht gibt es ja irgendwelche allgemeingültigen Anhaltspunkte...
Und dann sucht er sich ausgerechnet Chi aus?
Zum Beispiel, wenn man sie mit ihrem Vornamen anreden oder...
... mit ihr allein in einem Raum sein darf...

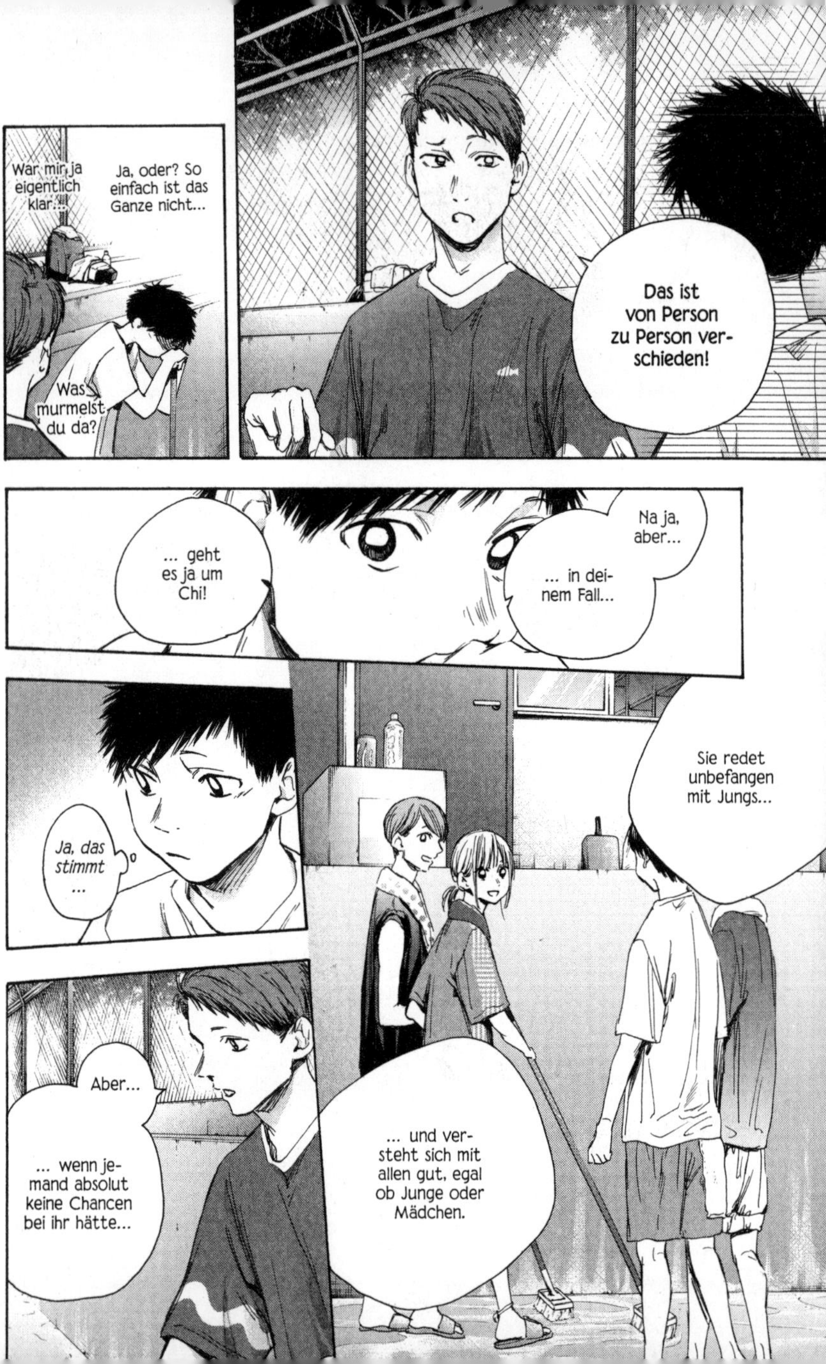
Das ist von Person zu Person verschieden!
Ja, oder? So einfach ist das Ganze nicht...
War mir ja eigentlich klar...
Was murmelst du da?
Na ja, aber...
... in deinem Fall...
... geht es ja um Chi!
Sie redet unbefangen mit Jungs...
Ja, das stimmt ...
... und versteht sich mit allen gut, egal ob Junge oder Mädchen.
Aber...
... wenn jemand absolut keine Chancen bei ihr hätte...

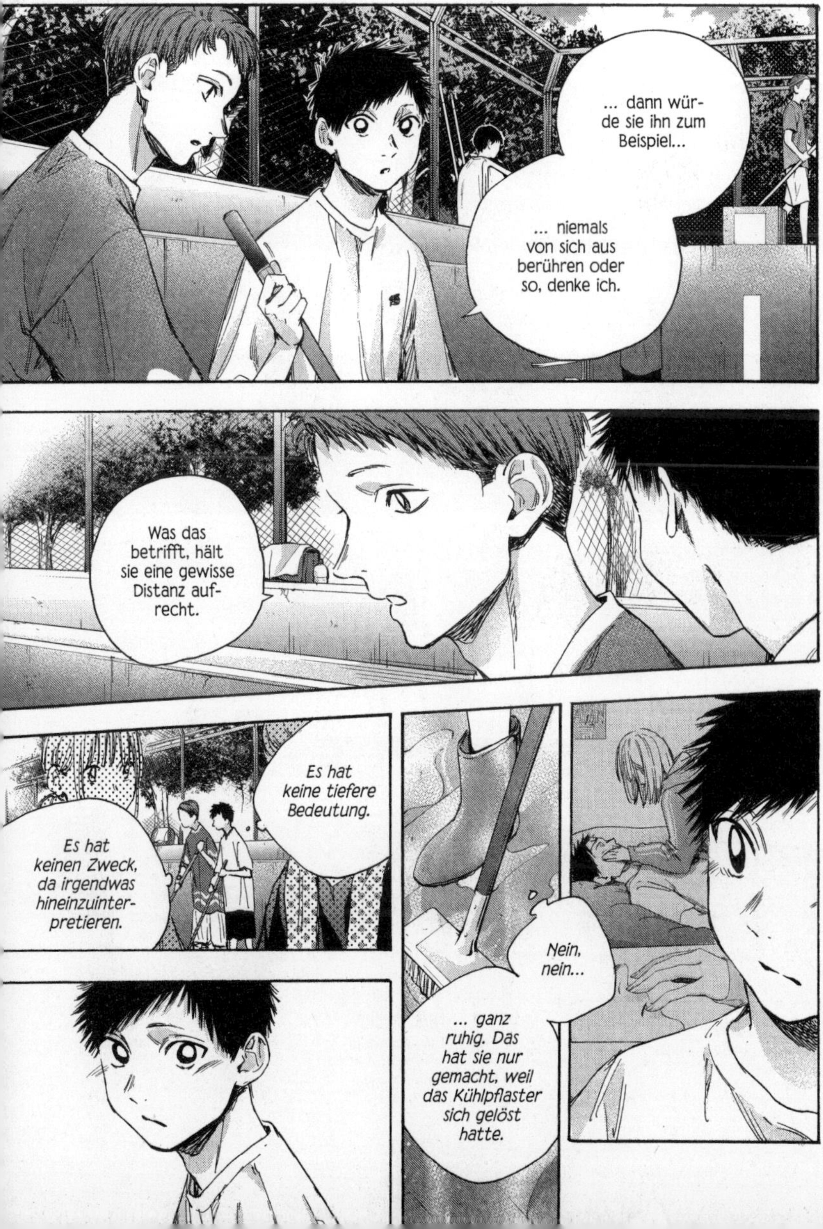
... dann würde sie ihn zum Beispiel...
... niemals von sich aus berühren oder so, denke ich.
Was das betrifft, hält sie eine gewisse Distanz aufrecht.
Nein, nein...
... ganz ruhig. Das hat sie nur gemacht, weil das Kühlpflaster sich gelöst hatte.
Es hat keine tiefere Bedeutung.
Es hat keinen Zweck, da irgendwas hineinzuinterpretieren.

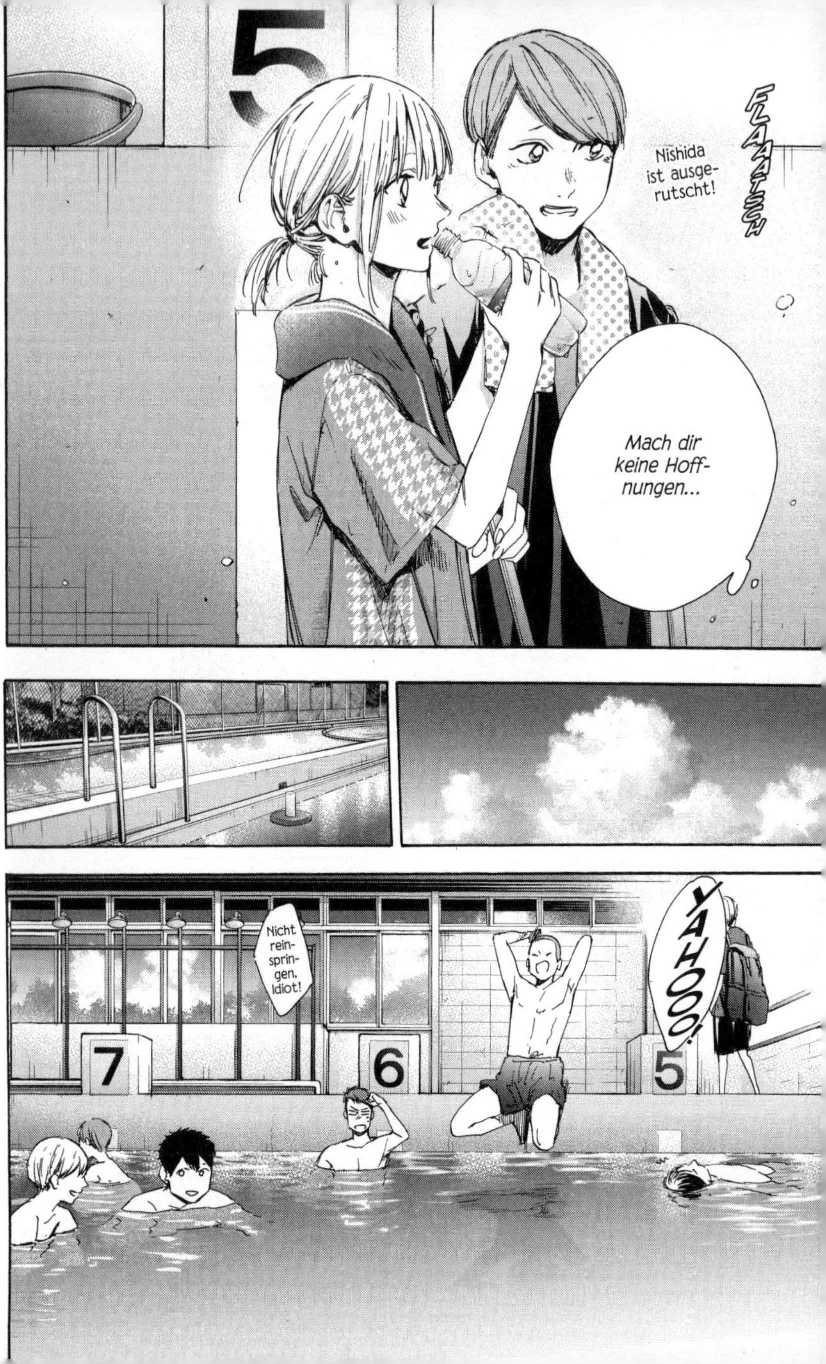
FLAAATSCH
Nishida ist ausgerutscht!
Mach dir keine Hoffnungen...
YAHOOO!
Nicht reinspringen, Idiot!

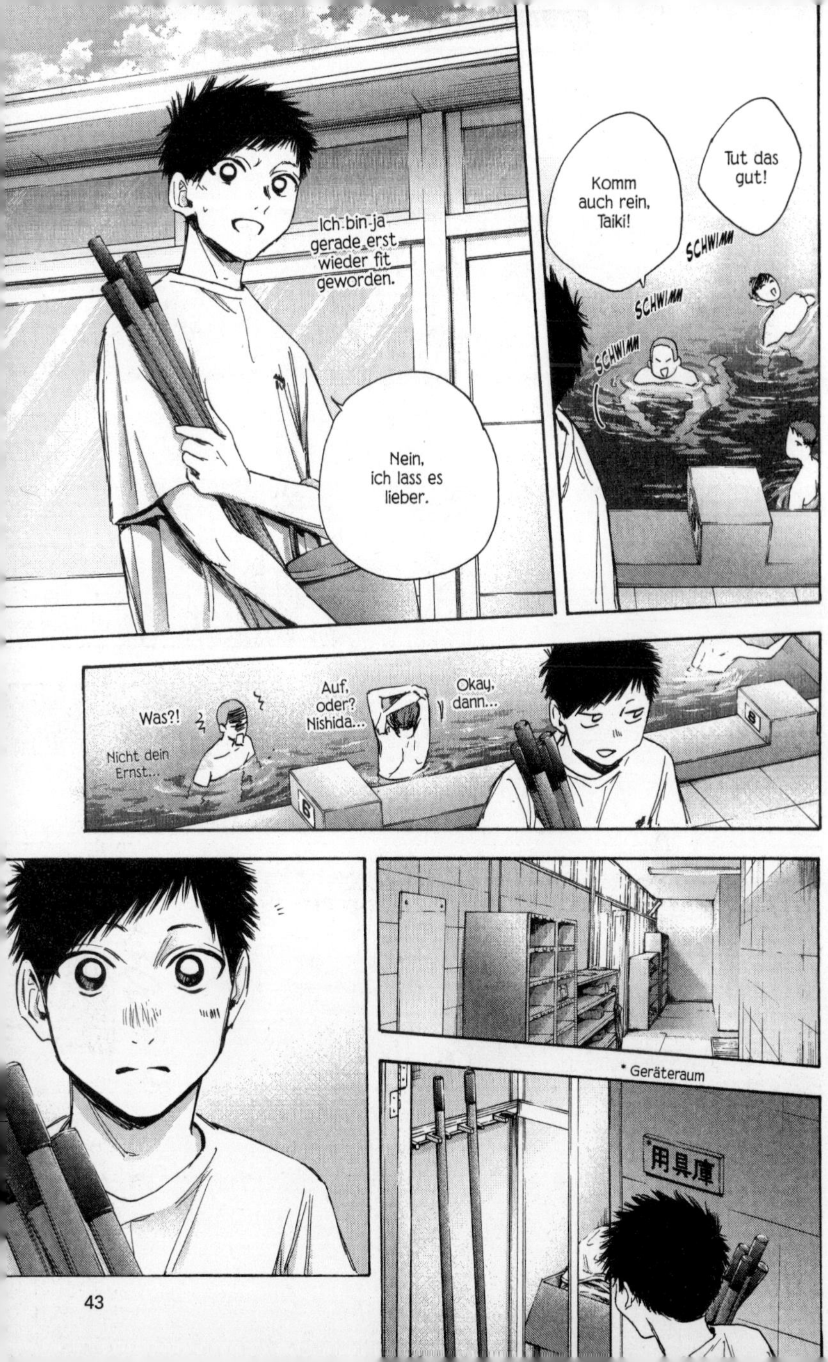

Tut das gut!
Komm auch rein, Taiki!
SCHWIMM
SCHWIMM
SCHWIMM
Ich bin ja gerade erst wieder fit geworden.
Nein, ich lass es lieber.
Okay, dann...
Auf, oder? Nishida...
Was?!
Nicht dein Ernst...
用具庫
* Geräteraum

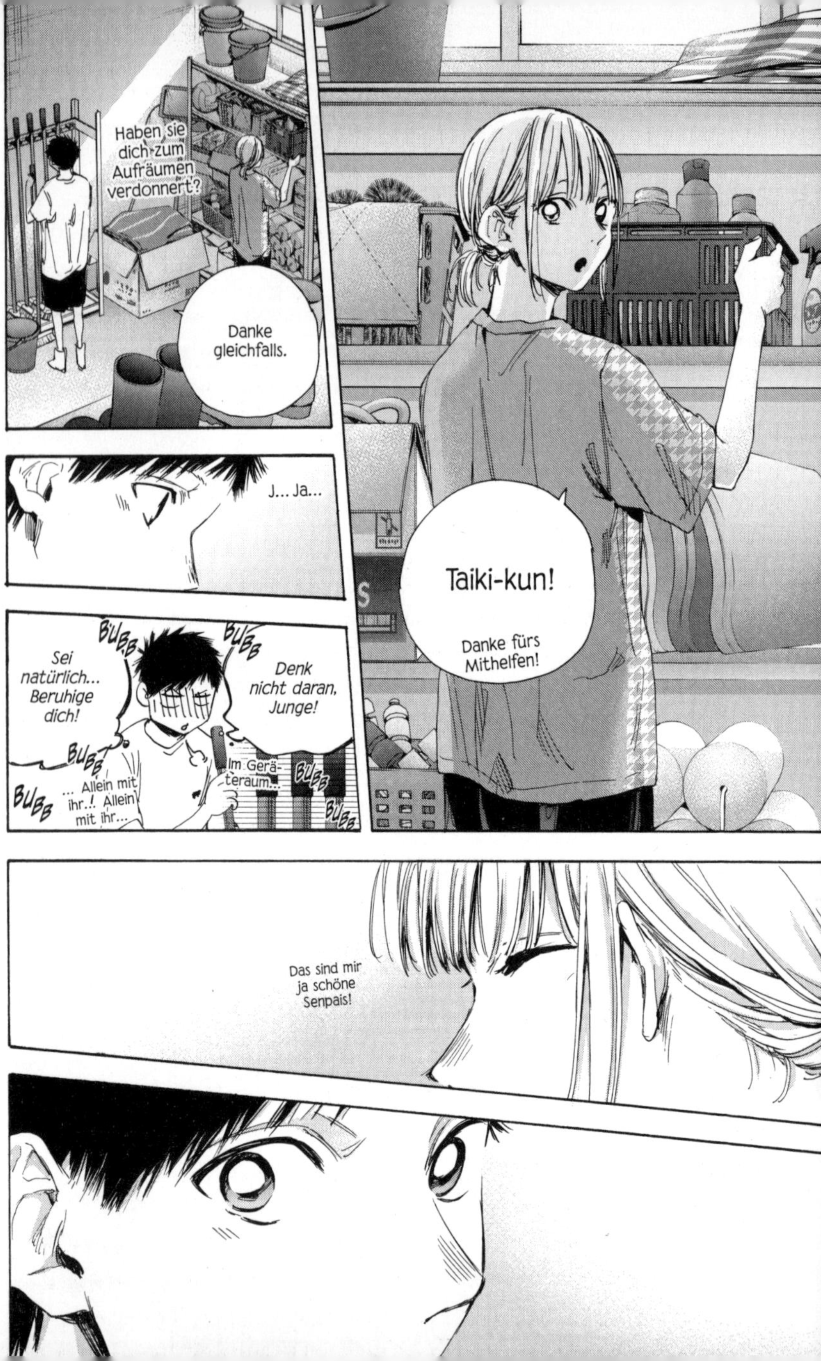

Taiki-kun!
Danke fürs Mithelfen!
Haben sie dich zum Aufräumen verdonnert?
Danke gleichfalls.
J... Ja...
Denk nicht daran, Junge!
Sei natürlich... Beruhige dich!
BUBB
BUBB
Im Geräteraum...
... Allein mit ihr..! Allein mit ihr...
BUBB
BUBB
BUBB
BUBB
Das sind mir ja schöne Senpais!

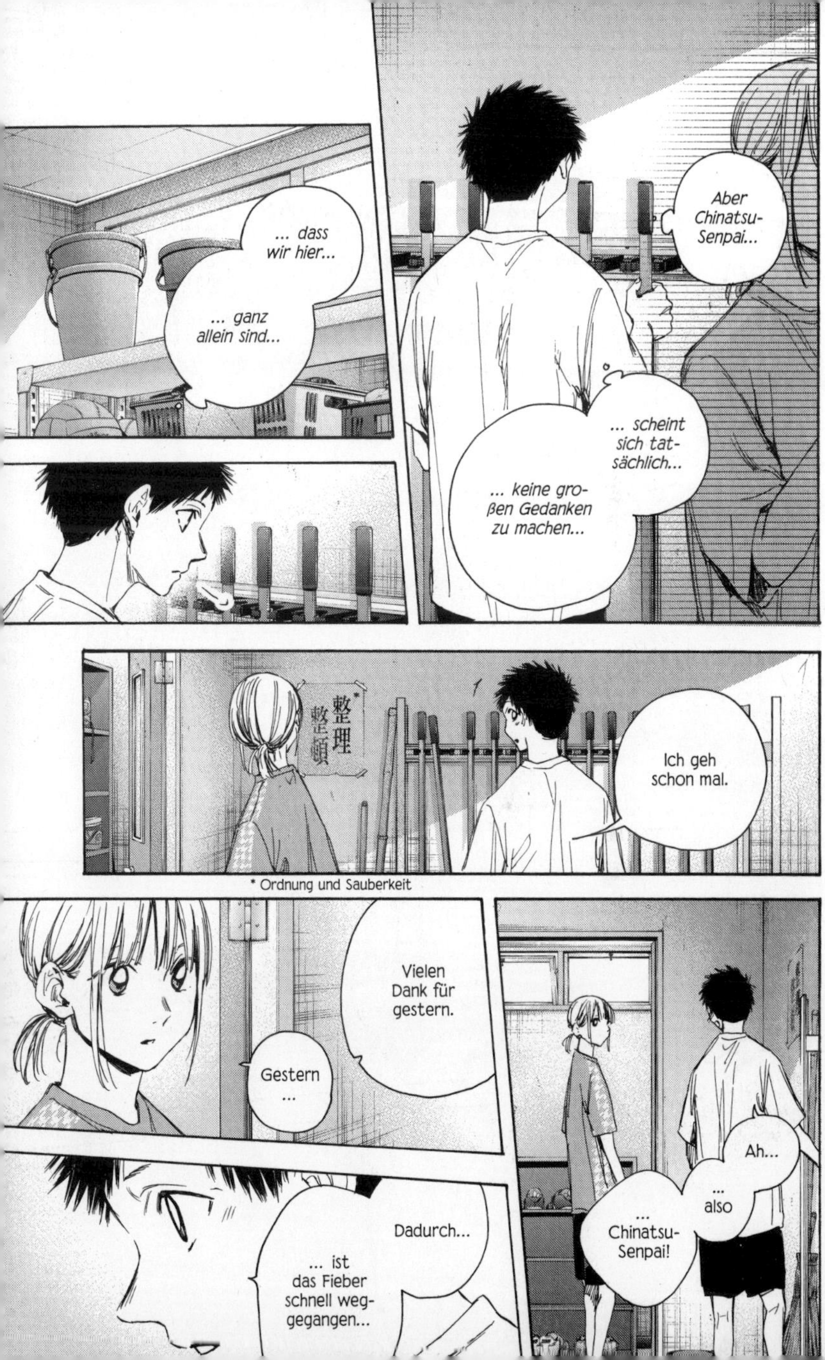

* Ordnung und Sauberkeit

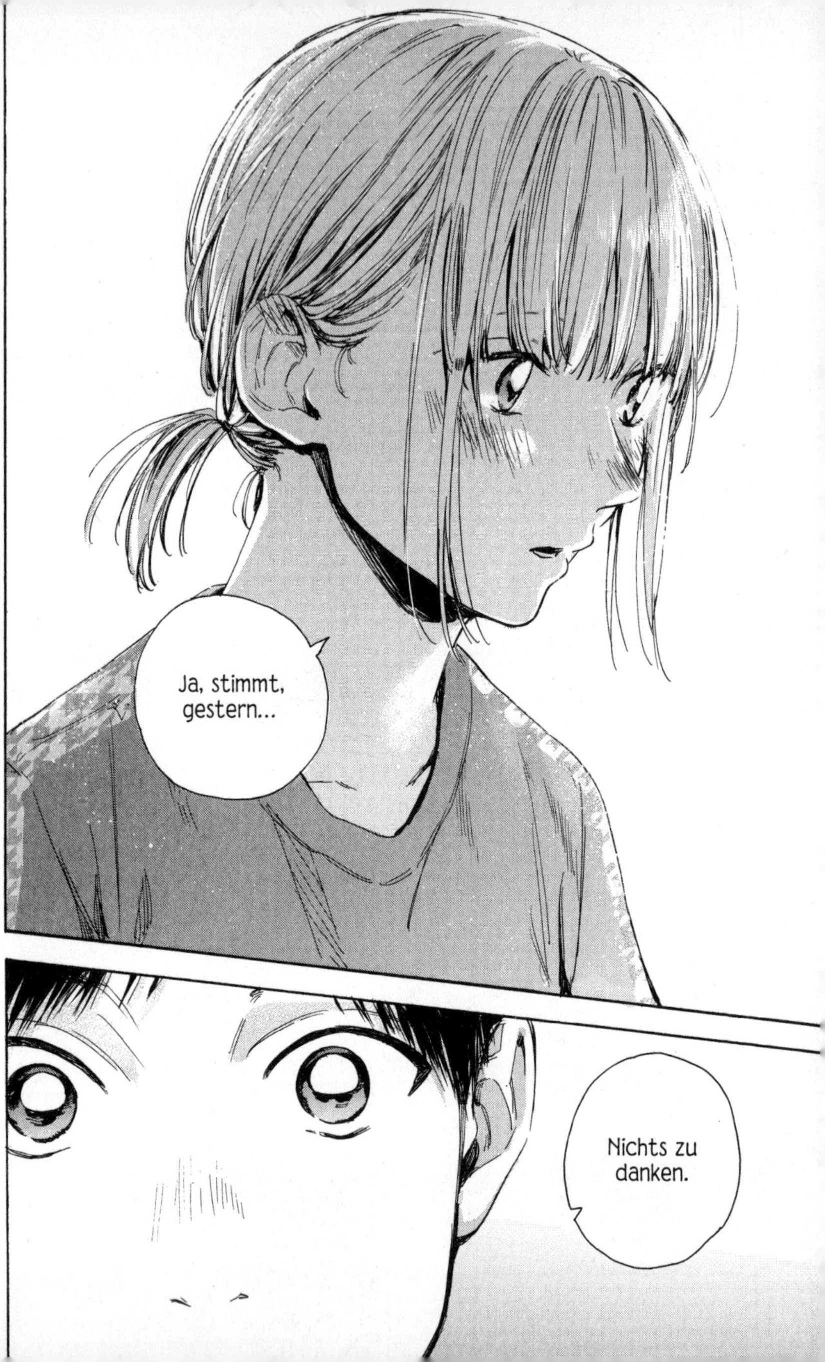
Ja, stimmt, gestern...
Nichts zu danken.

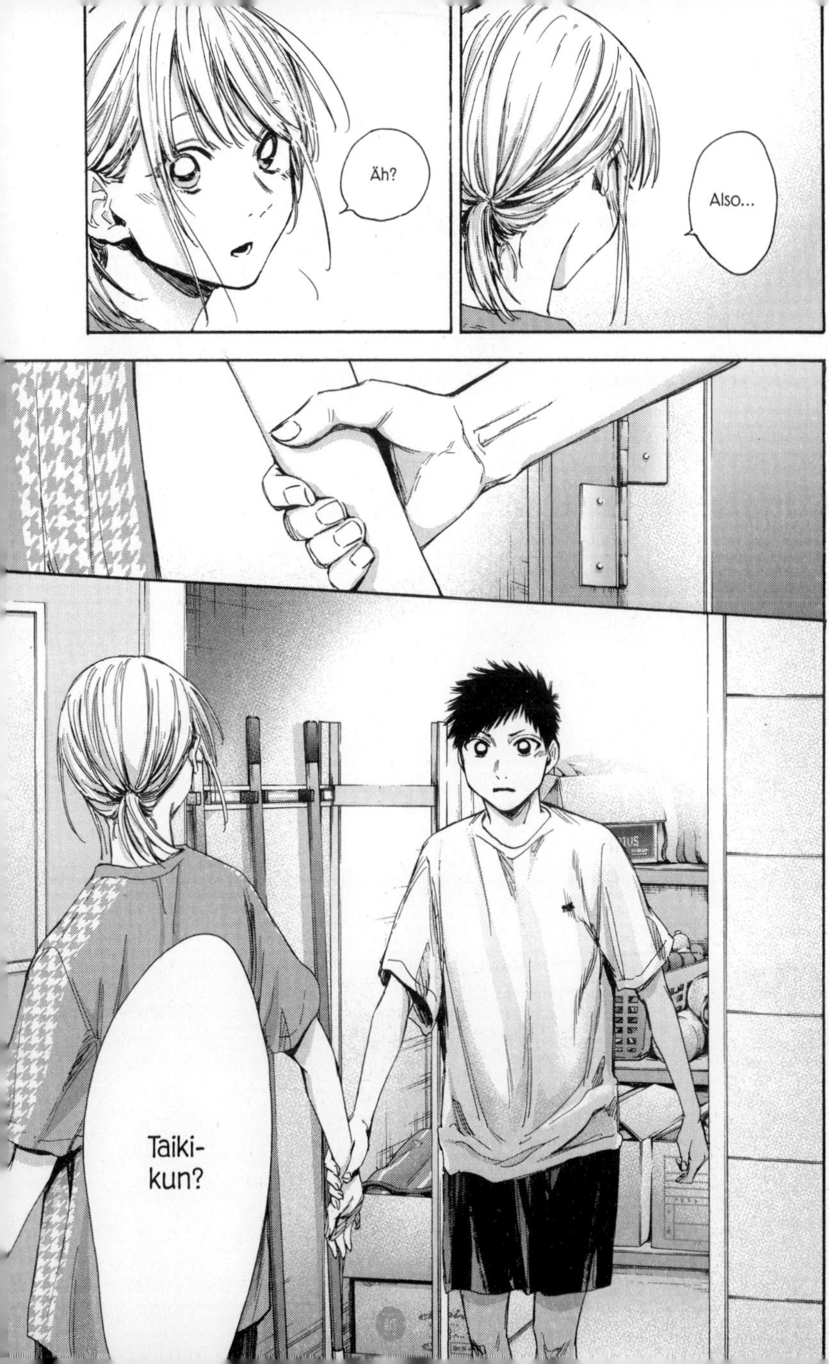
Also...
Äh?
Taiki-kun?

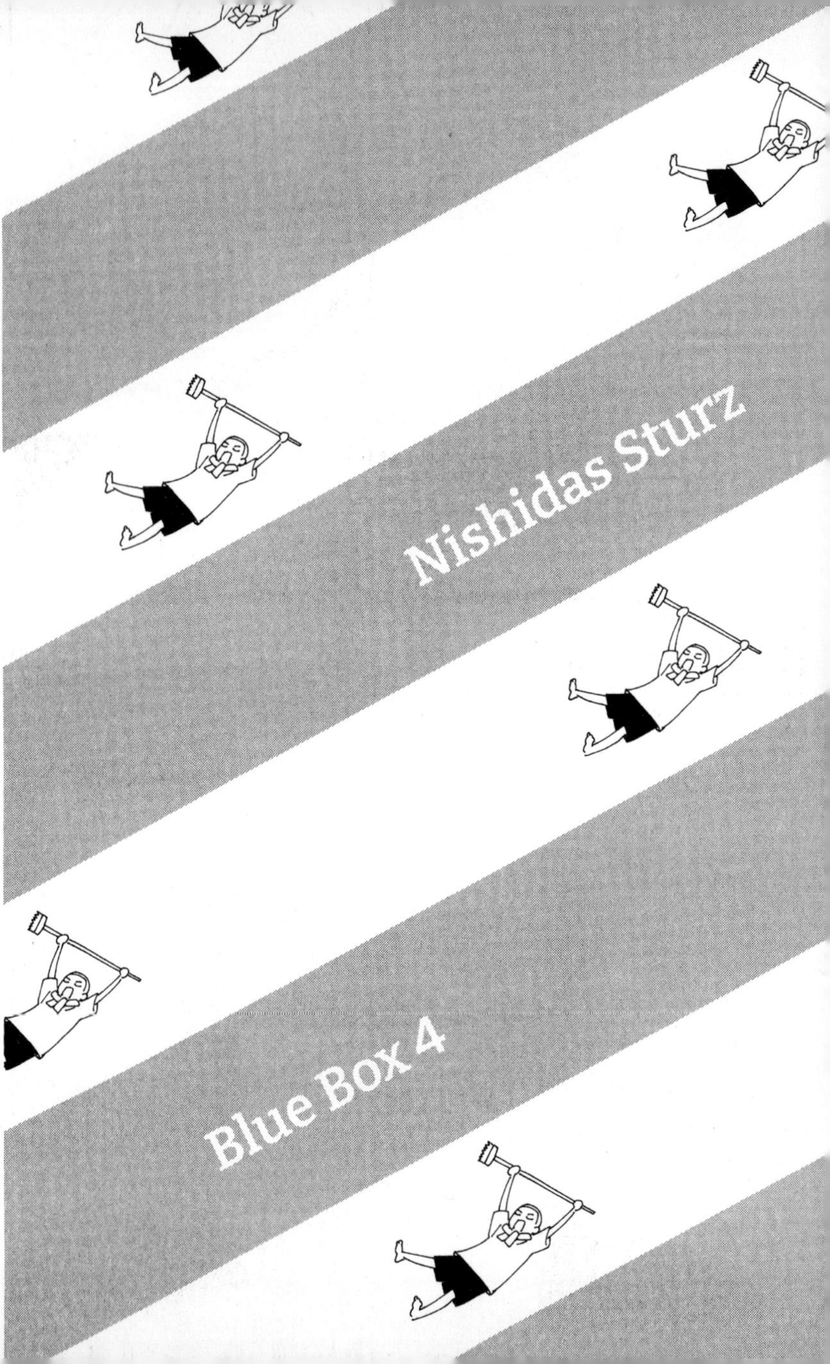
Nishidas Sturz
Blue Box 4

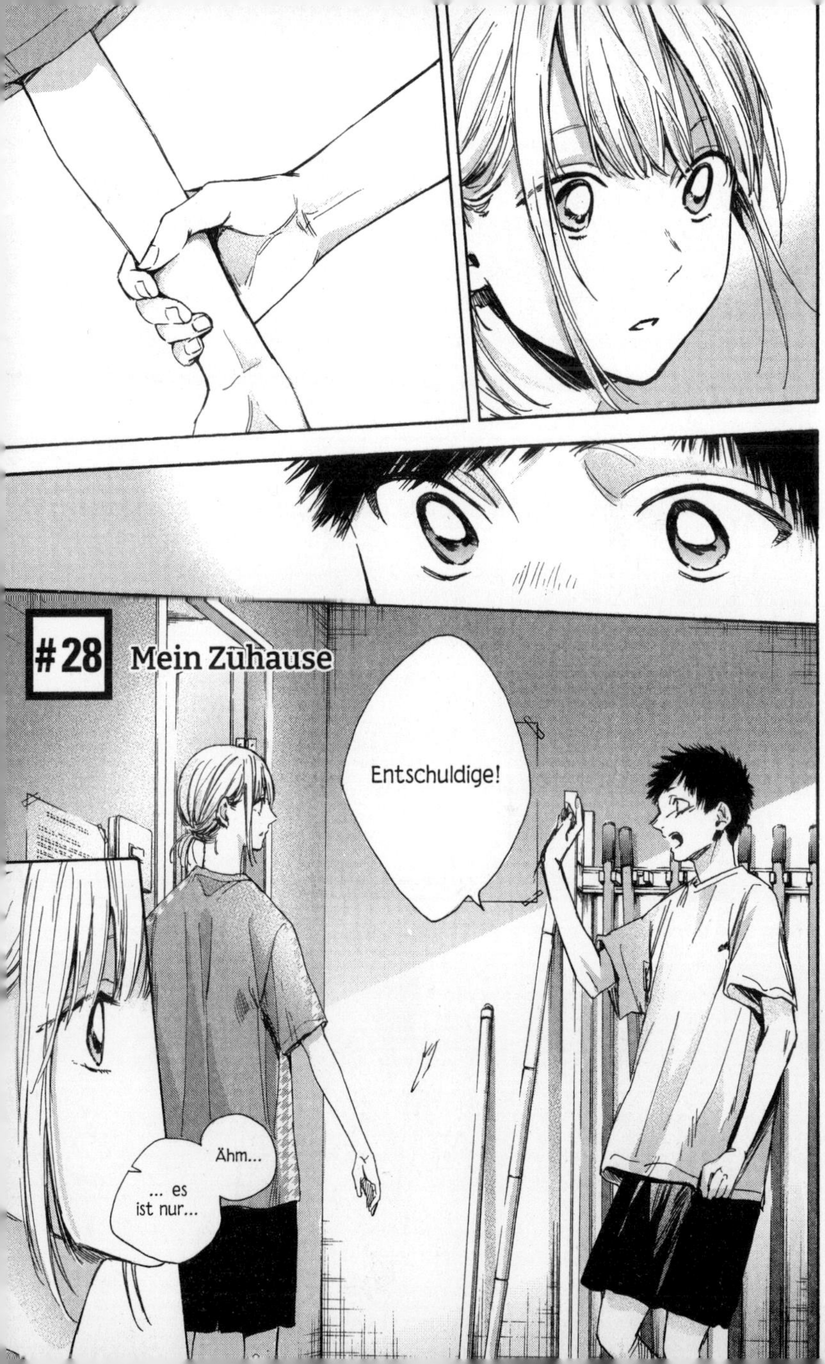

#28 Mein Zuhause
Entschuldige!
Ähm...
... es ist nur...

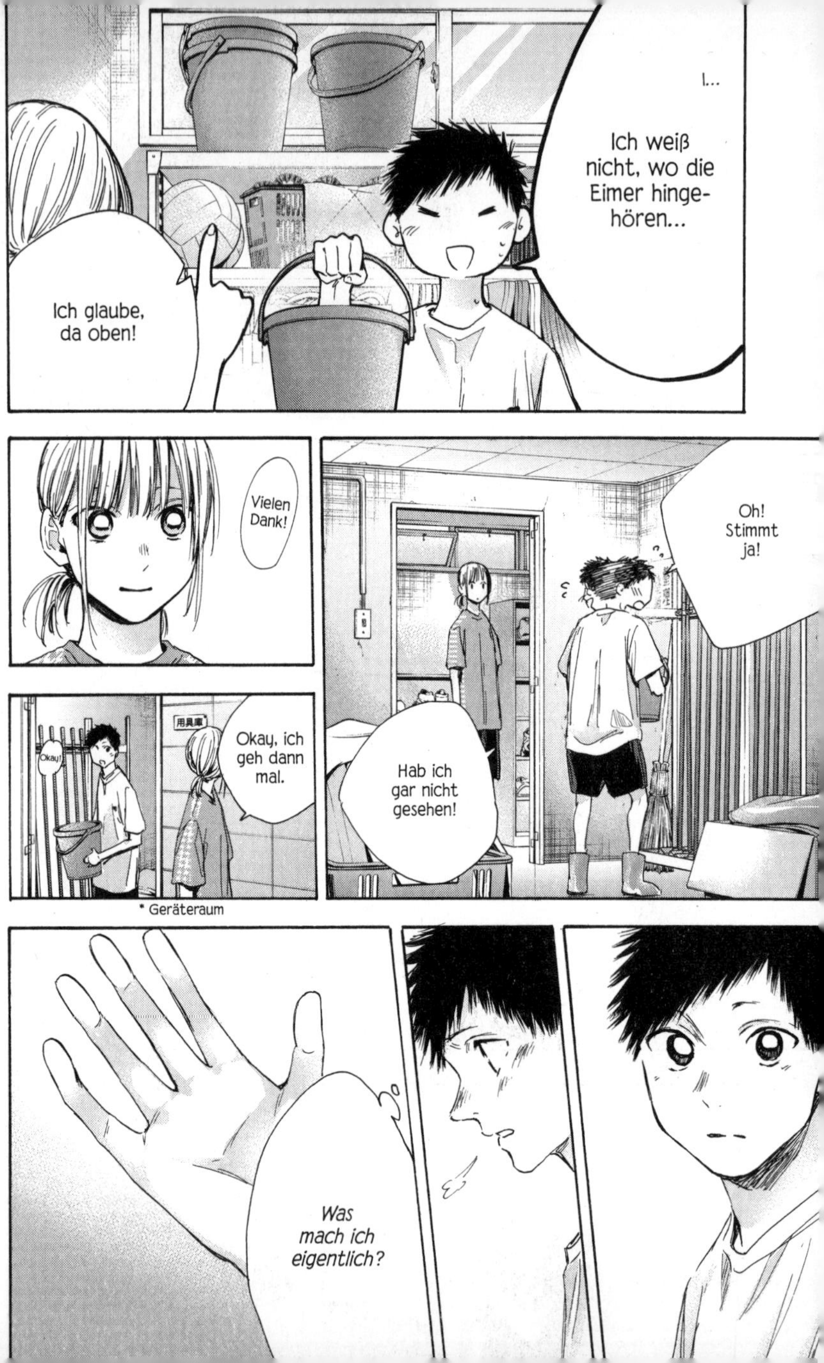
I...
Ich weiß nicht, wo die Eimer hingehören...
Ich glaube, da oben!
Oh! Stimmt ja!
Hab ich gar nicht gesehen!
Vielen Dank!
用具庫*
Okay, ich geh dann mal.
Okay!
Was mach ich eigentlich?
* Geräteraum

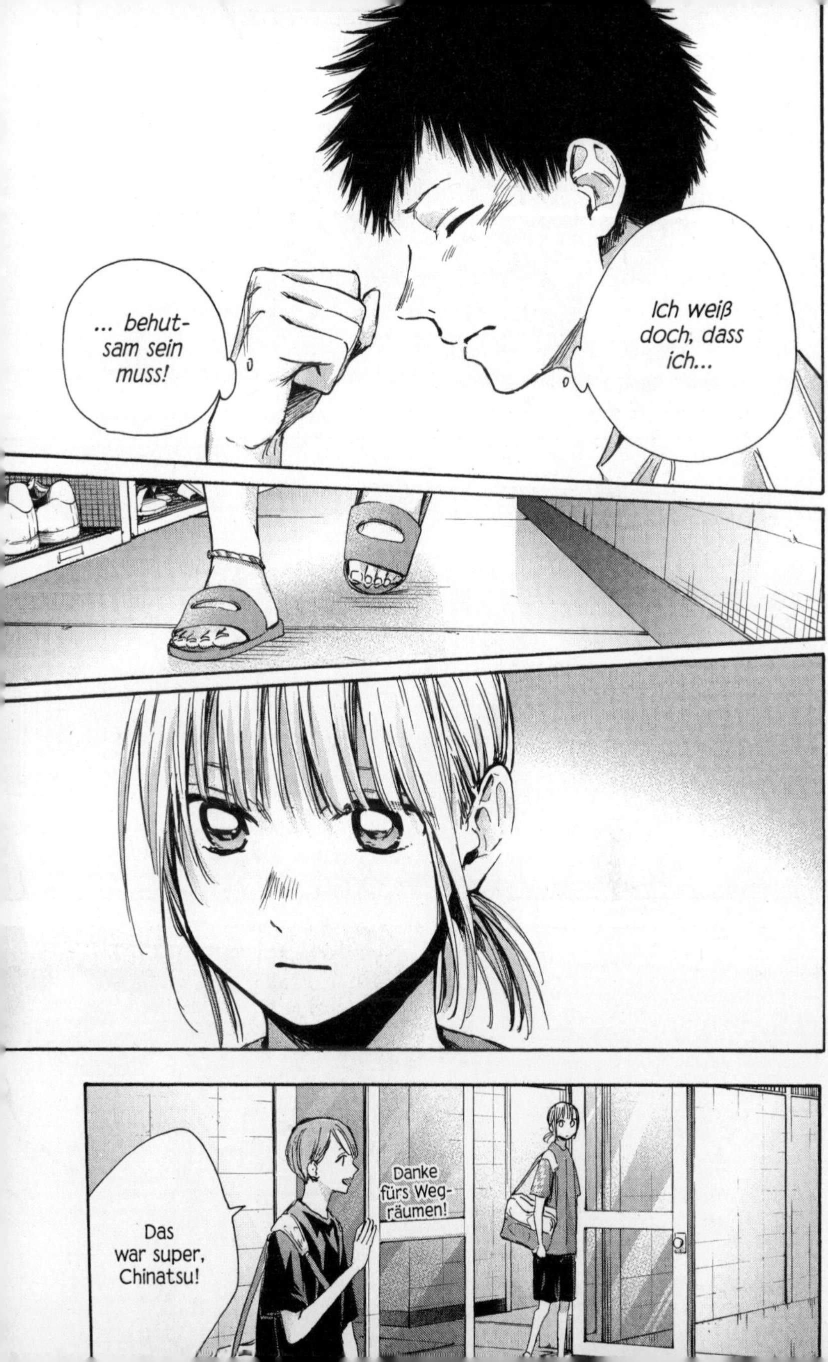
Ich weiß doch, dass ich...
... behutsam sein muss!
Danke fürs Wegräumen!
Das war super, Chinatsu!

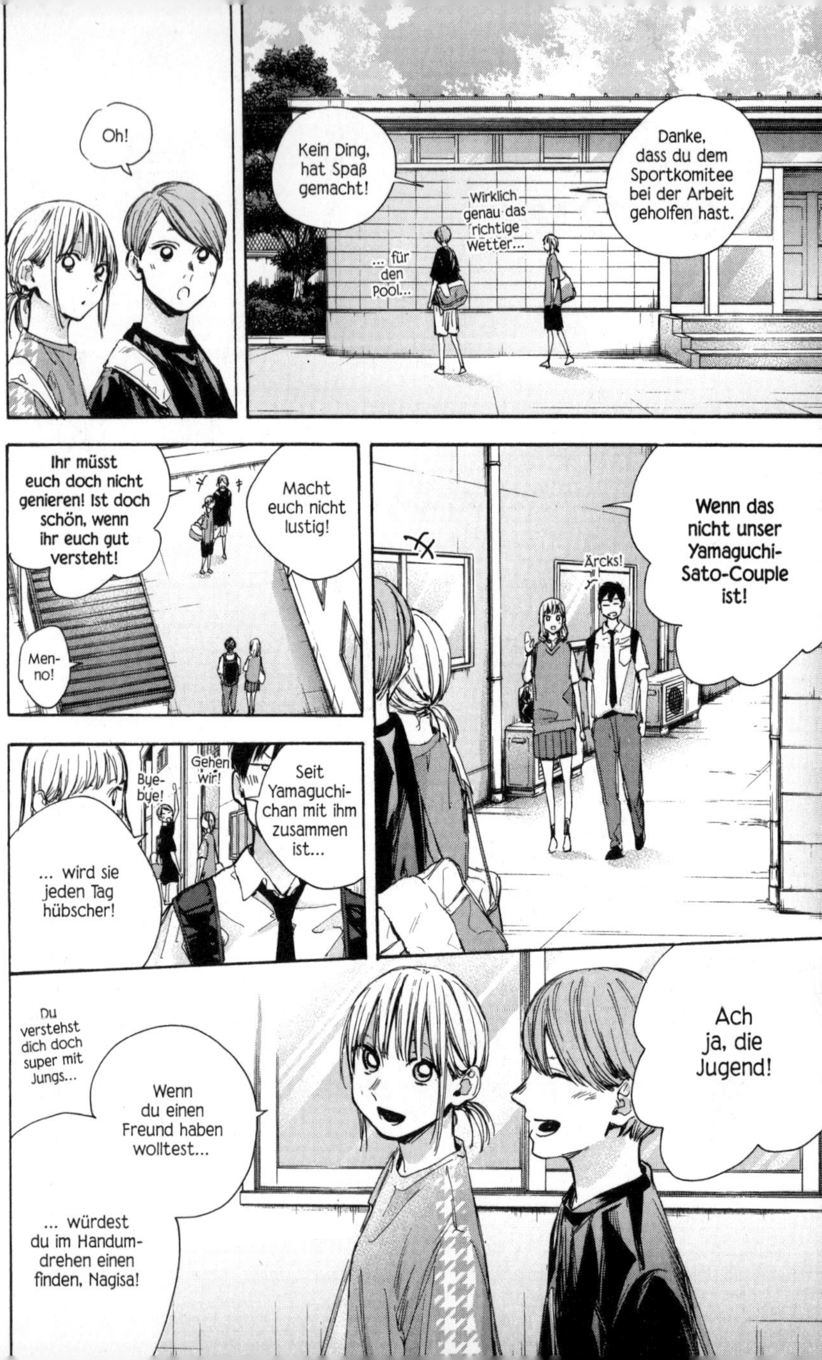
Danke, dass du dem Sportkomitee bei der Arbeit geholfen hast.
Kein Ding, hat Spaß gemacht!
Wirklich genau das richtige Wetter...
... für den Pool...
Oh!
Wenn das nicht unser Yamaguchi-Sato-Couple ist!
Ärcks!
Macht euch nicht lustig!
Ihr müsst euch doch nicht genieren! Ist doch schön, wenn ihr euch gut versteht!
Menno!
Seit Yamaguchi-chan mit ihm zusammen ist...
... wird sie jeden Tag hübscher!
Gehen wir!
Bye-bye!
Ach ja, die Jugend!
Du verstehst dich doch super mit Jungs...
Wenn du einen Freund haben wolltest...
... würdest du im Handumdrehen einen finden, Nagisa!

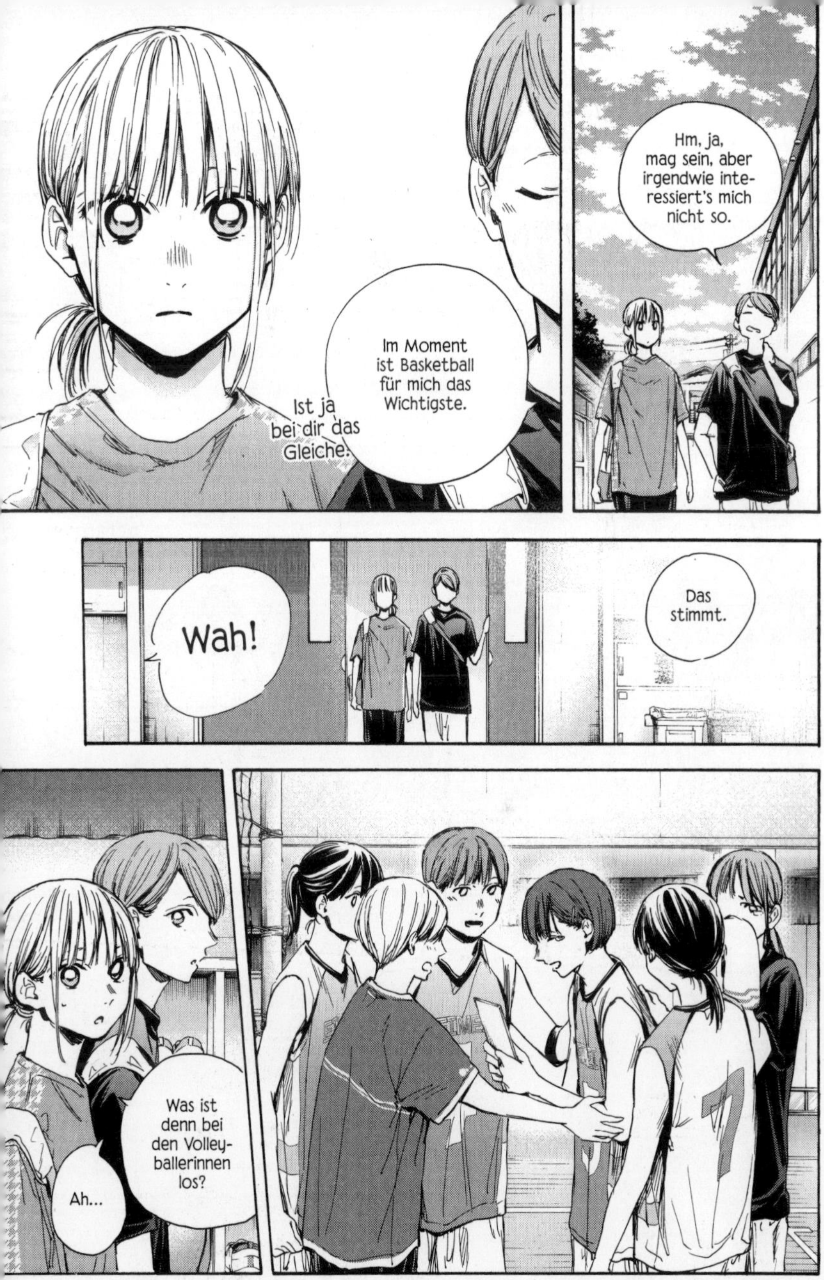
Hm, ja, mag sein, aber irgendwie interessiert's mich nicht so.
Im Moment ist Basketball für mich das Wichtigste.
Ist ja bei dir das Gleiche.
Das stimmt.
Wah!
Was ist denn bei den Volleyballerinnen los?
Ah...

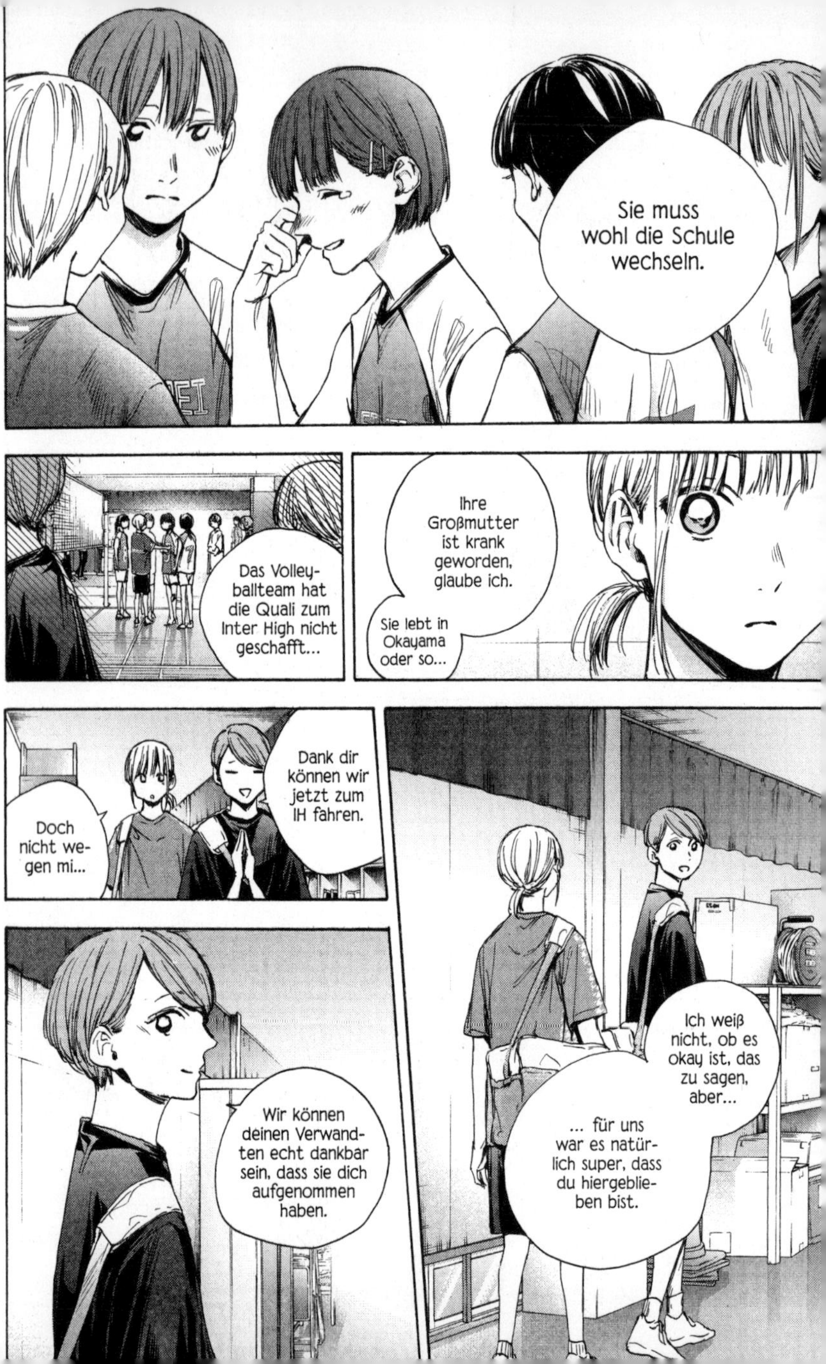
Sie muss wohl die Schule wechseln.
Ihre Großmutter ist krank geworden, glaube ich.
Sie lebt in Okayama oder so...
Das Volleyballteam hat die Quali zum Inter High nicht geschafft...
Dank dir können wir jetzt zum IH fahren.
Doch nicht wegen mi...
Ich weiß nicht, ob es okay ist, das zu sagen, aber...
... für uns war es natürlich super, dass du hiergeblieben bist.
Wir können deinen Verwandten echt dankbar sein, dass sie dich aufgenommen haben.

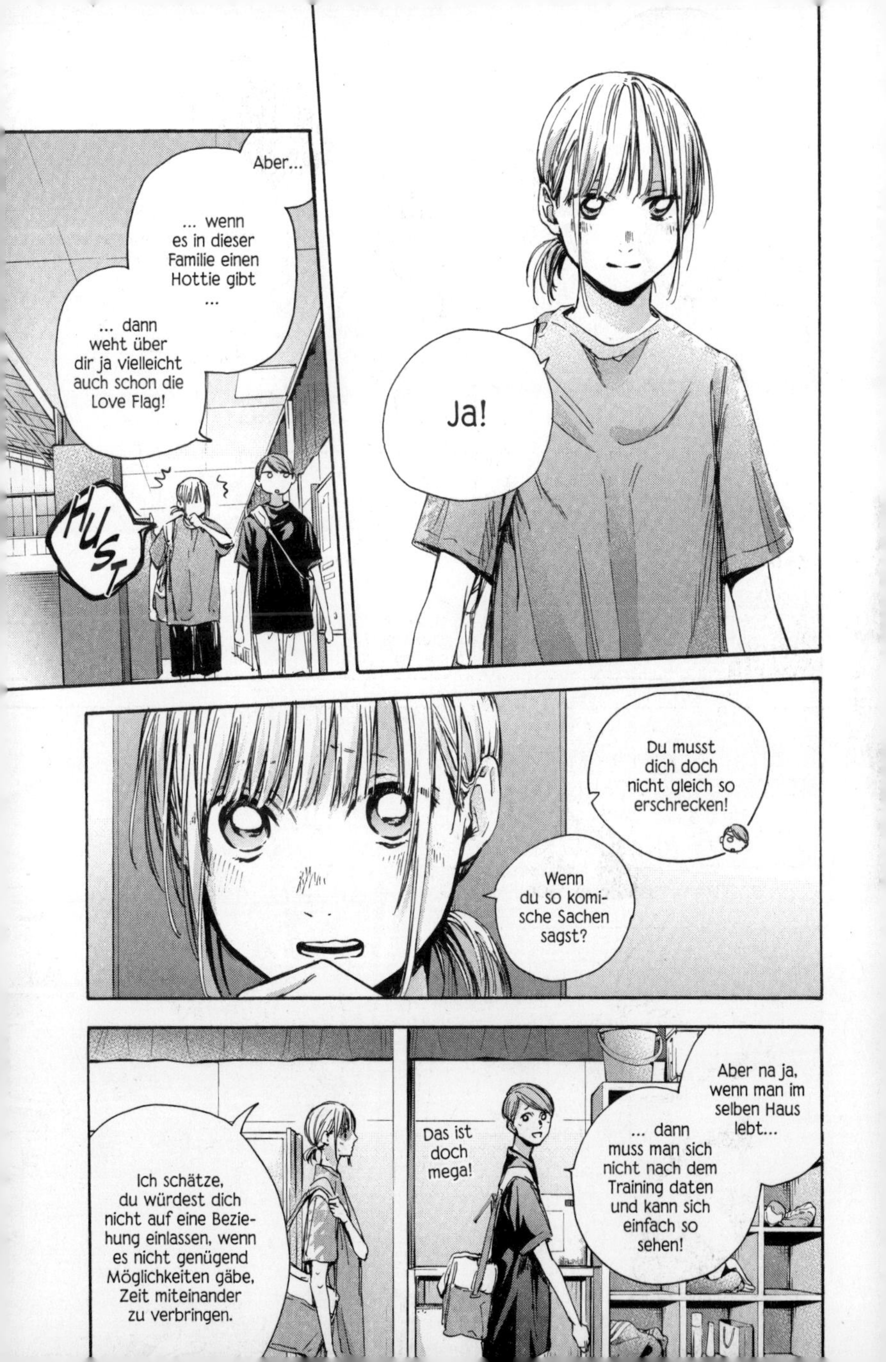
Ja!
Aber...
... wenn es in dieser Familie einen Hottie gibt ...
... dann weht über dir ja vielleicht auch schon die Love Flag!
HUST
Du musst dich doch nicht gleich so erschrecken!
Wenn du so komi-sche Sachen sagst?
Aber na ja, wenn man im selben Haus lebt...
... dann muss man sich nicht nach dem Training daten und kann sich einfach so sehen!
Das ist doch mega!
Ich schätze, du würdest dich nicht auf eine Bezie-hung einlassen, wenn es nicht genügend Möglichkeiten gäbe, Zeit miteinander zu verbringen.

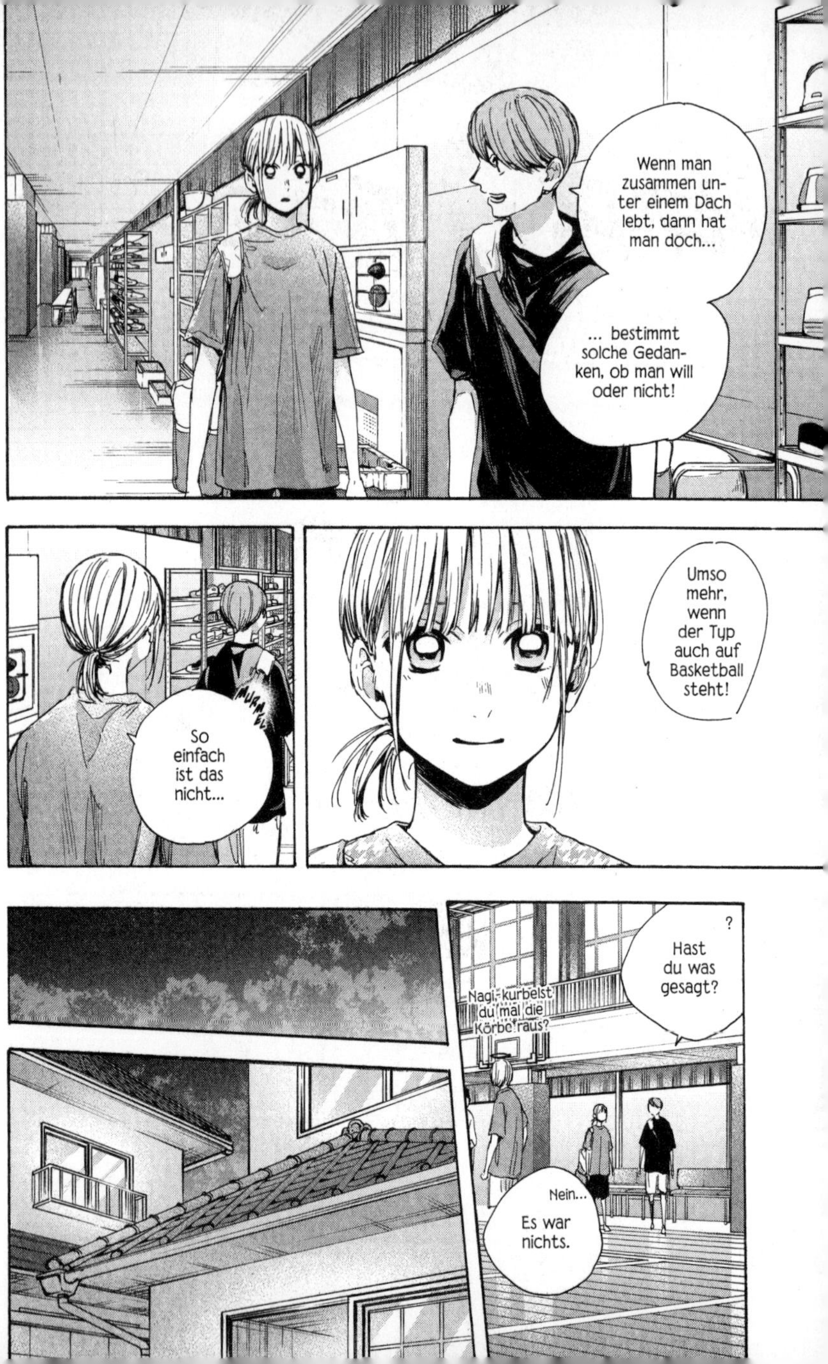
Wenn man zusammen unter einem Dach lebt, dann hat man doch...
... bestimmt solche Gedanken, ob man will oder nicht!
Umso mehr, wenn der Typ auch auf Basketball steht!
MURMEL
So einfach ist das nicht...
?
Hast du was gesagt?
Nagi, kurbelst du mal die Körbe raus?
Nein...
Es war nichts.

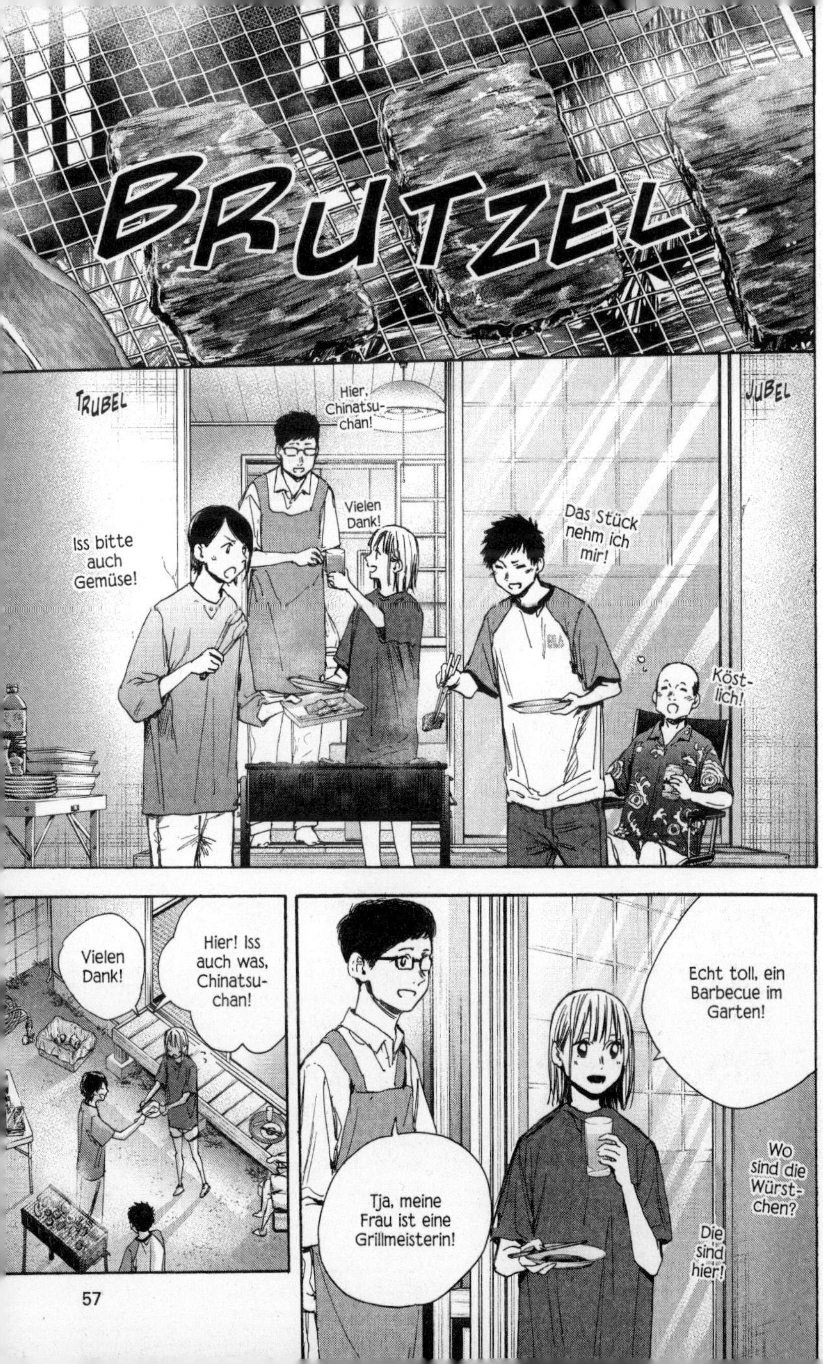
BRUTZEL
JUBEL
Köst-lich!
Das Stück nehm ich mir!
Hier, Chinatsu-chan!
Vielen Dank!
Iss bitte auch Gemüse!
TRUBEL
Echt toll, ein Barbecue im Garten!
Tja, meine Frau ist eine Grillmeisterin!
Wo sind die Würst-chen?
Die sind hier!
Hier! Iss auch was, Chinatsu-chan!
Vielen Dank!

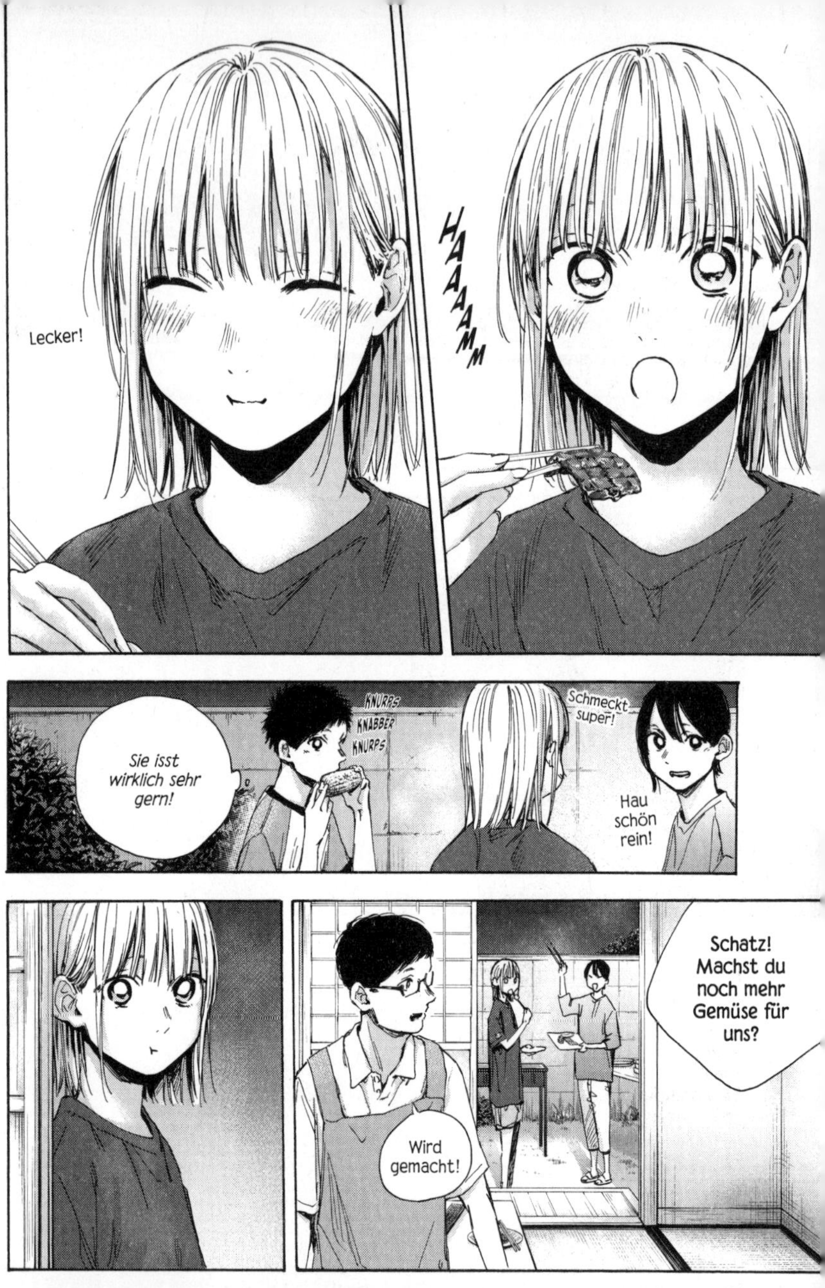
HAAAAMM
Lecker!
Schmeckt super!
Hau schön rein!
KNURPS
KNABBER
KNURPS
Sie isst wirklich sehr gern!
Schatz! Machst du noch mehr Gemüse für uns?
Wird gemacht!

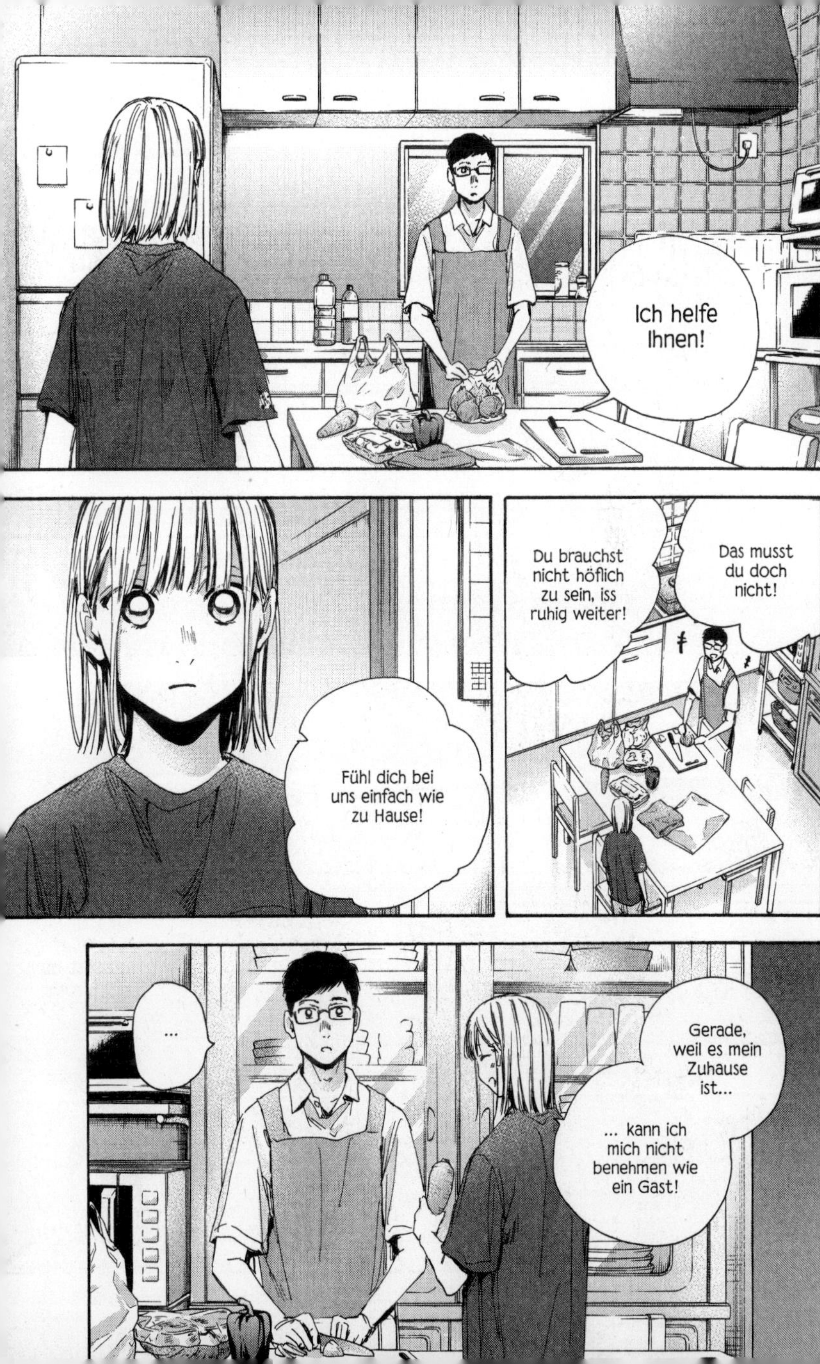
Ich helfe Ihnen!
Das musst du doch nicht!
Du brauchst nicht höflich zu sein, iss ruhig weiter!
Fühl dich bei uns einfach wie zu Hause!
Gerade, weil es mein Zuhause ist...
... kann ich mich nicht benehmen wie ein Gast!
...

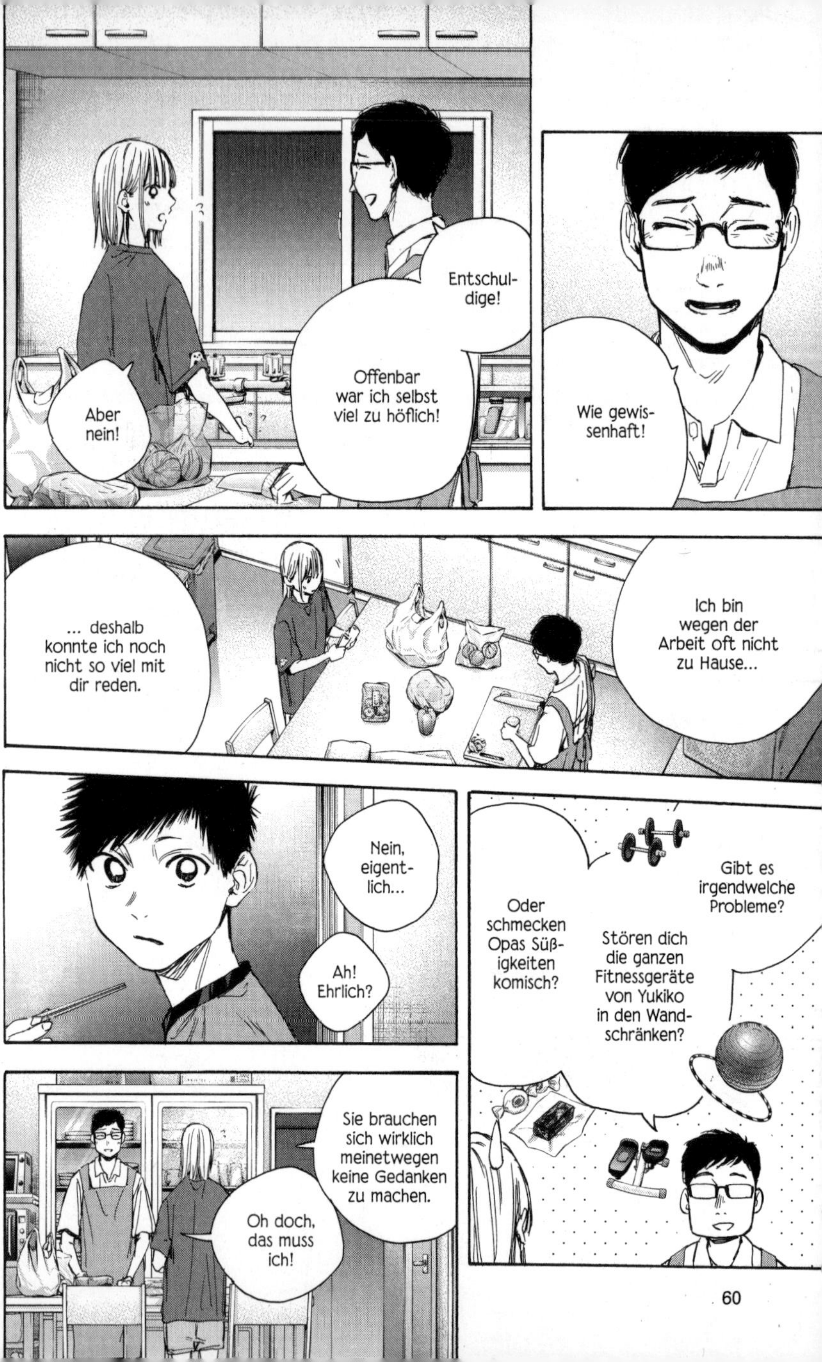

Wie gewissenhaft!
Entschuldige!
Offenbar war ich selbst viel zu höflich!
Aber nein!
Ich bin wegen der Arbeit oft nicht zu Hause...
... deshalb konnte ich noch nicht so viel mit dir reden.
Gibt es irgendwelche Probleme?
Stören dich die ganzen Fitnessgeräte von Yukiko in den Wandschränken?
Oder schmecken Opas Süßigkeiten komisch?
Nein, eigentlich...
Ah! Ehrlich?
Sie brauchen sich wirklich meinetwegen keine Gedanken zu machen.
Oh doch, das muss ich!

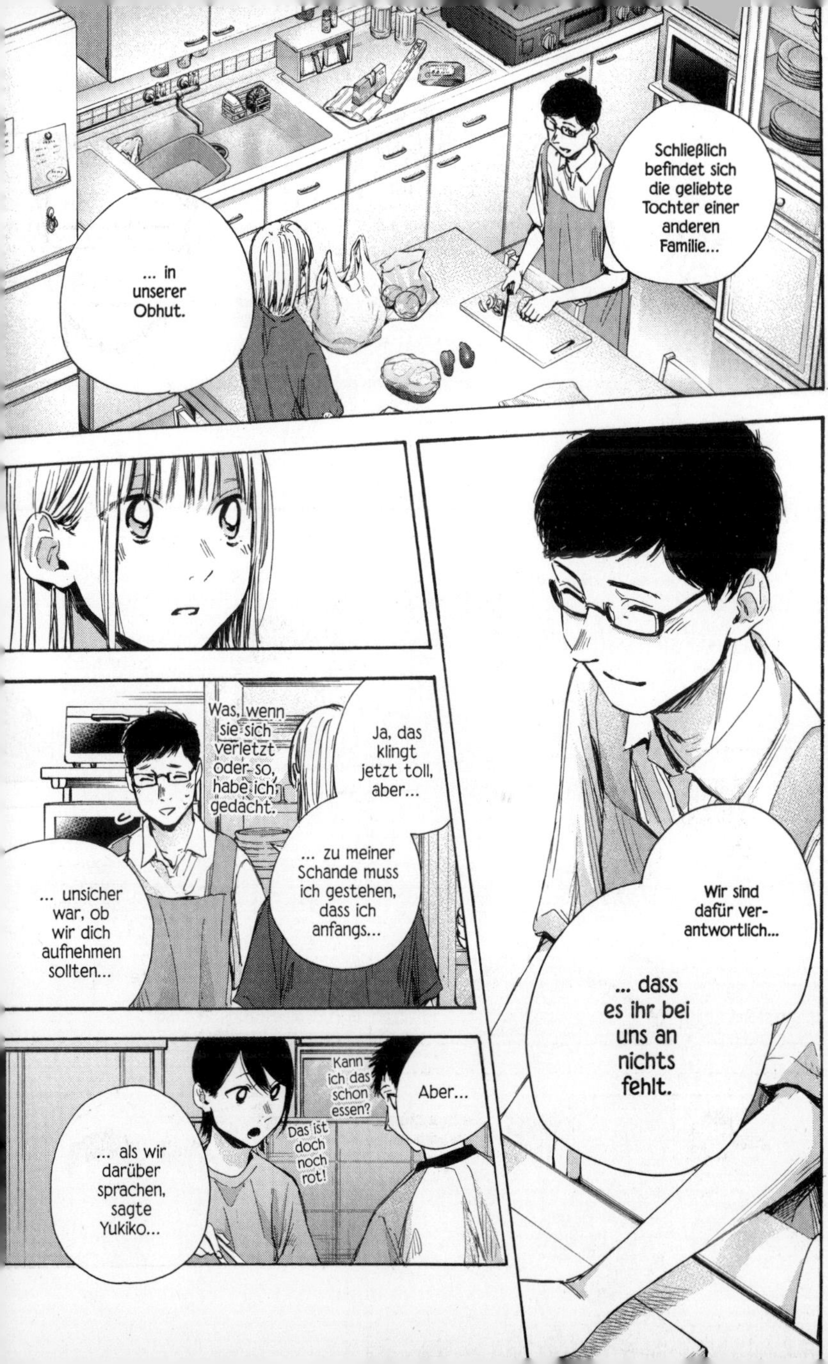
Schließlich befindet sich die geliebte Tochter einer anderen Familie...
... in unserer Obhut.
Wir sind dafür verantwortlich...
... dass es ihr bei uns an nichts fehlt.
Ja, das klingt jetzt toll, aber...
... zu meiner Schande muss ich gestehen, dass ich anfangs...
Was, wenn sie sich verletzt oder so, habe ich gedacht.
... unsicher war, ob wir dich aufnehmen sollten...
Aber...
Kann ich das schon essen?
Das ist doch noch rot!
... als wir darüber sprachen, sagte Yukiko...

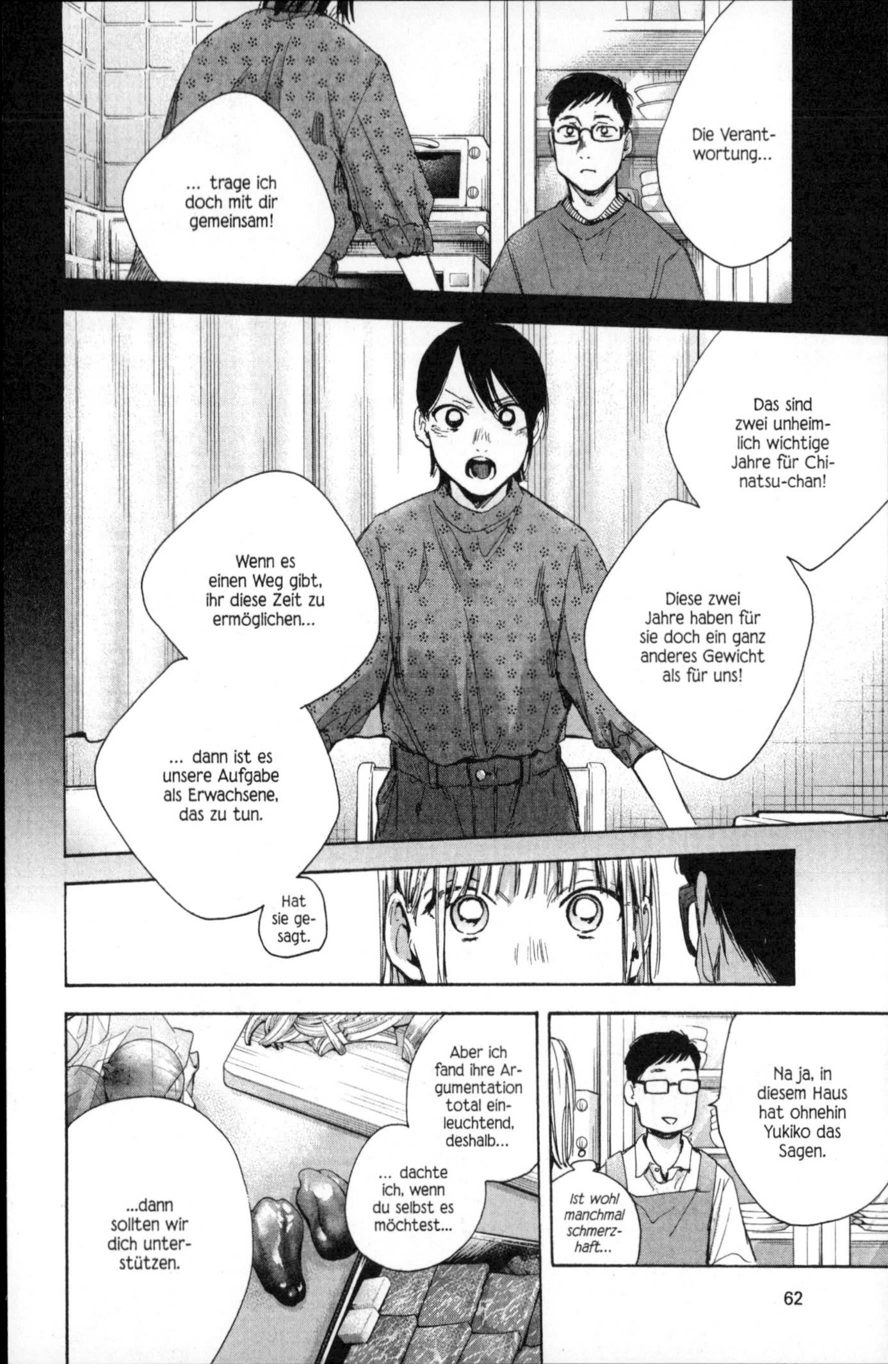
Die Verantwortung...
... trage ich doch mit dir gemeinsam!
Das sind zwei unheimlich wichtige Jahre für Chinatsu-chan!
Diese zwei Jahre haben für sie doch ein ganz anderes Gewicht als für uns!
Wenn es einen Weg gibt, ihr diese Zeit zu ermöglichen...
... dann ist es unsere Aufgabe als Erwachsene, das zu tun.
Hat sie gesagt.
Na ja, in diesem Haus hat ohnehin Yukiko das Sagen.
Ist wohl manchmal schmerzhaft...
Aber ich fand ihre Argumentation total einleuchtend, deshalb...
... dachte ich, wenn du selbst es möchtest...
...dann sollten wir dich unterstützen.

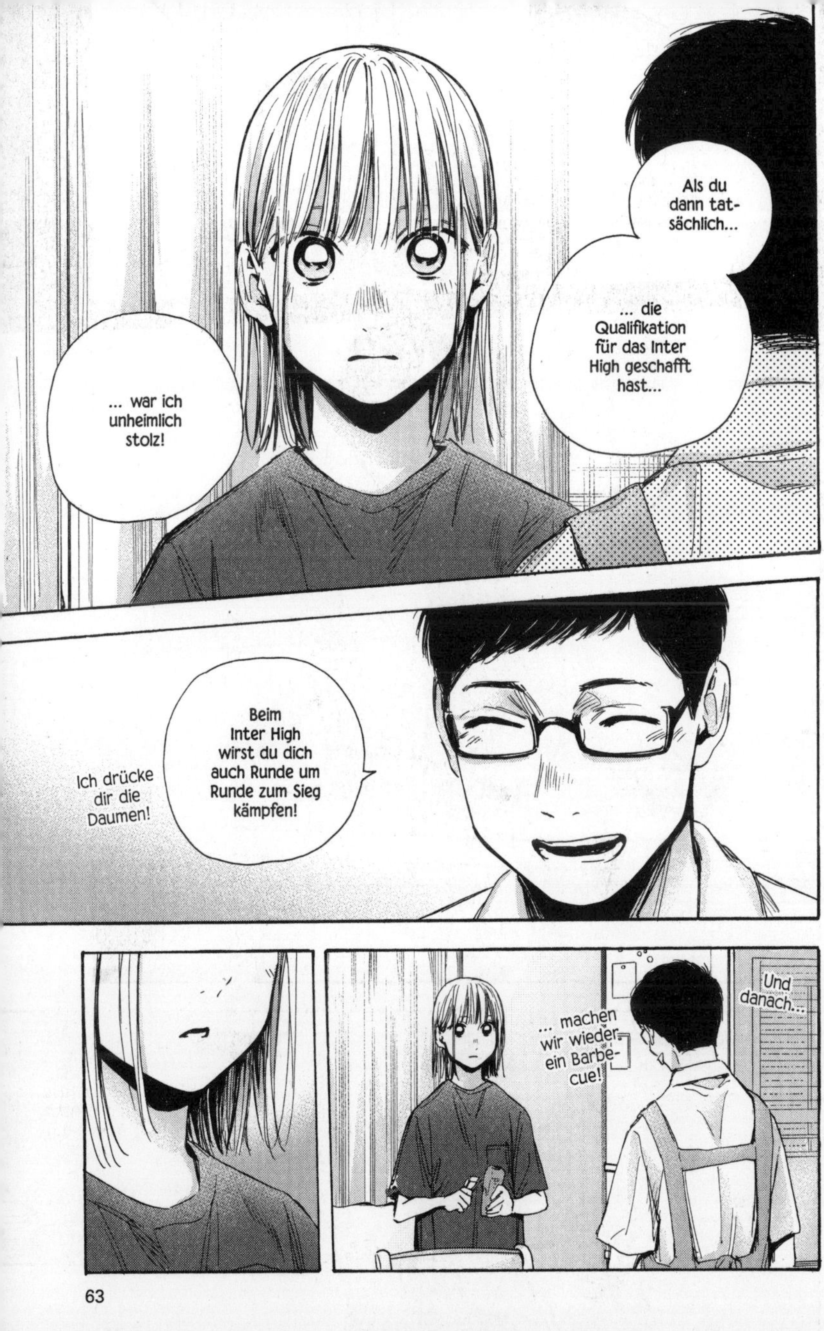
Als du dann tatsächlich...
... die Qualifikation für das Inter High geschafft hast...
... war ich unheimlich stolz!
Beim Inter High wirst du dich auch Runde um Runde zum Sieg kämpfen!
Ich drücke dir die Daumen!
Und danach...
... machen wir wieder ein Barbecue!

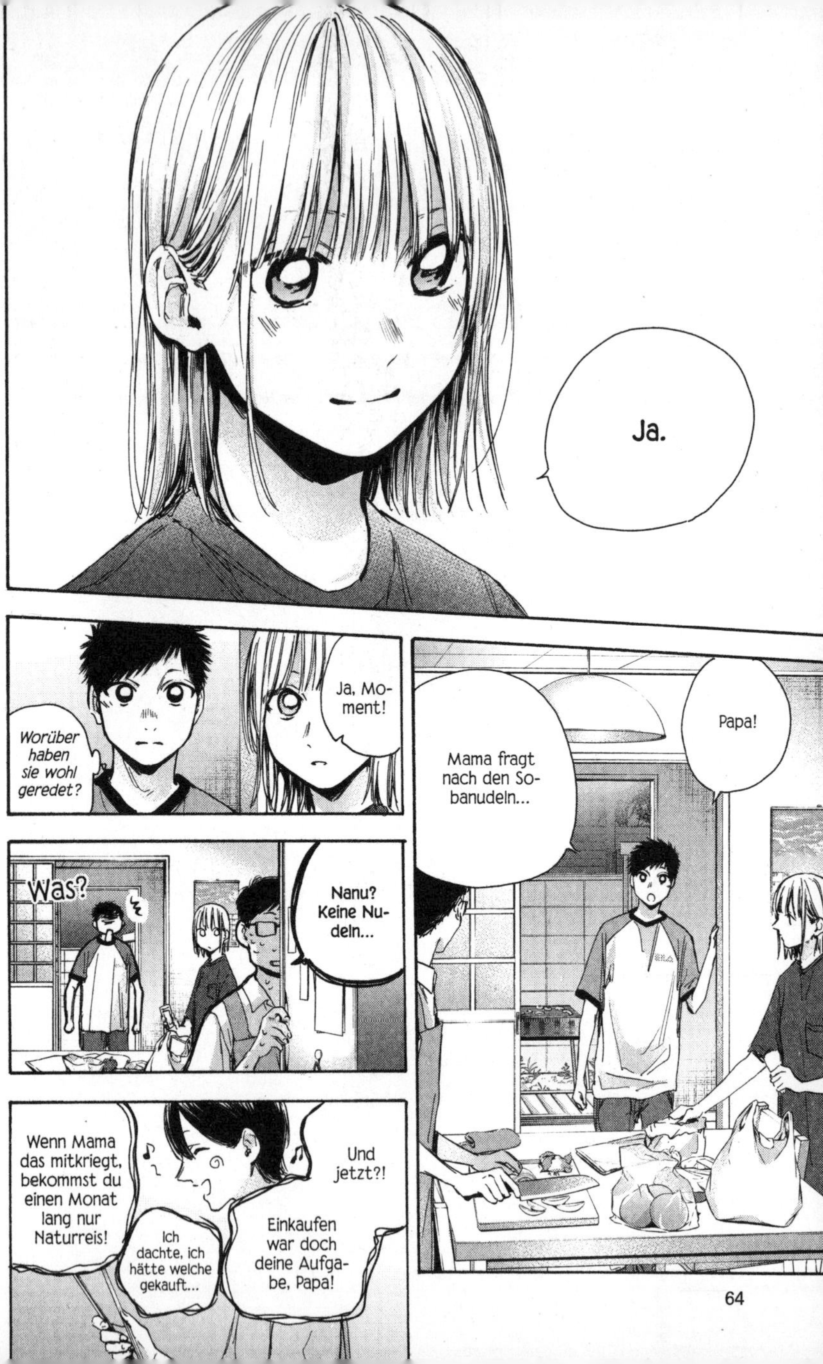
Ja.
Papa!
Mama fragt nach den Sobanudeln...
Ja, Moment!
Worüber haben sie wohl geredet?
Nanu? Keine Nudeln...
Was?
Und jetzt?!
Wenn Mama das mitkriegt, bekommst du einen Monat lang nur Naturreis!
Einkaufen war doch deine Aufgabe, Papa!
Ich dachte, ich hätte welche gekauft...

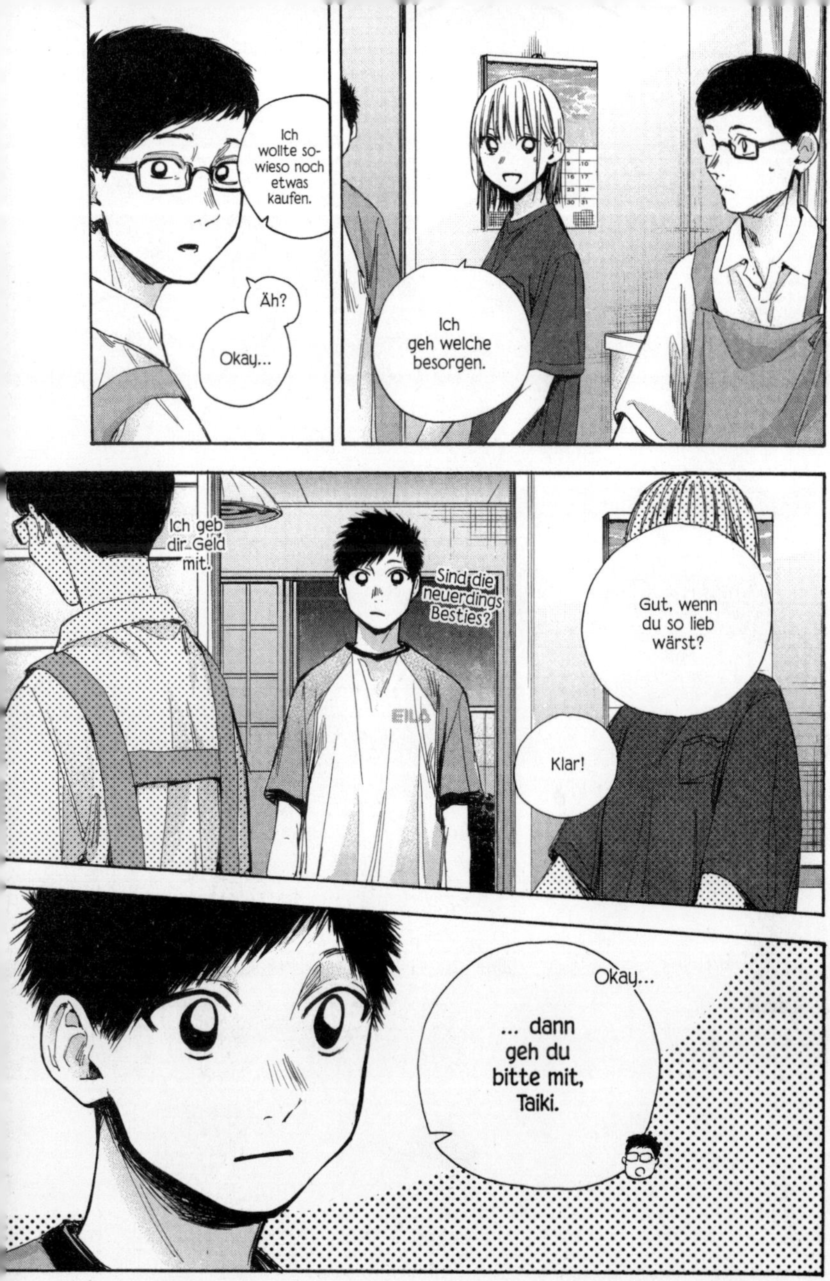
Ich geh welche besorgen.
Ich wollte sowieso noch etwas kaufen.
Äh?
Okay...
Gut, wenn du so lieb wärst?
Klar!
Sind die neuerdings Besties?
Ich geb dir Geld mit!
Okay...
... dann geh du bitte mit, Taiki.

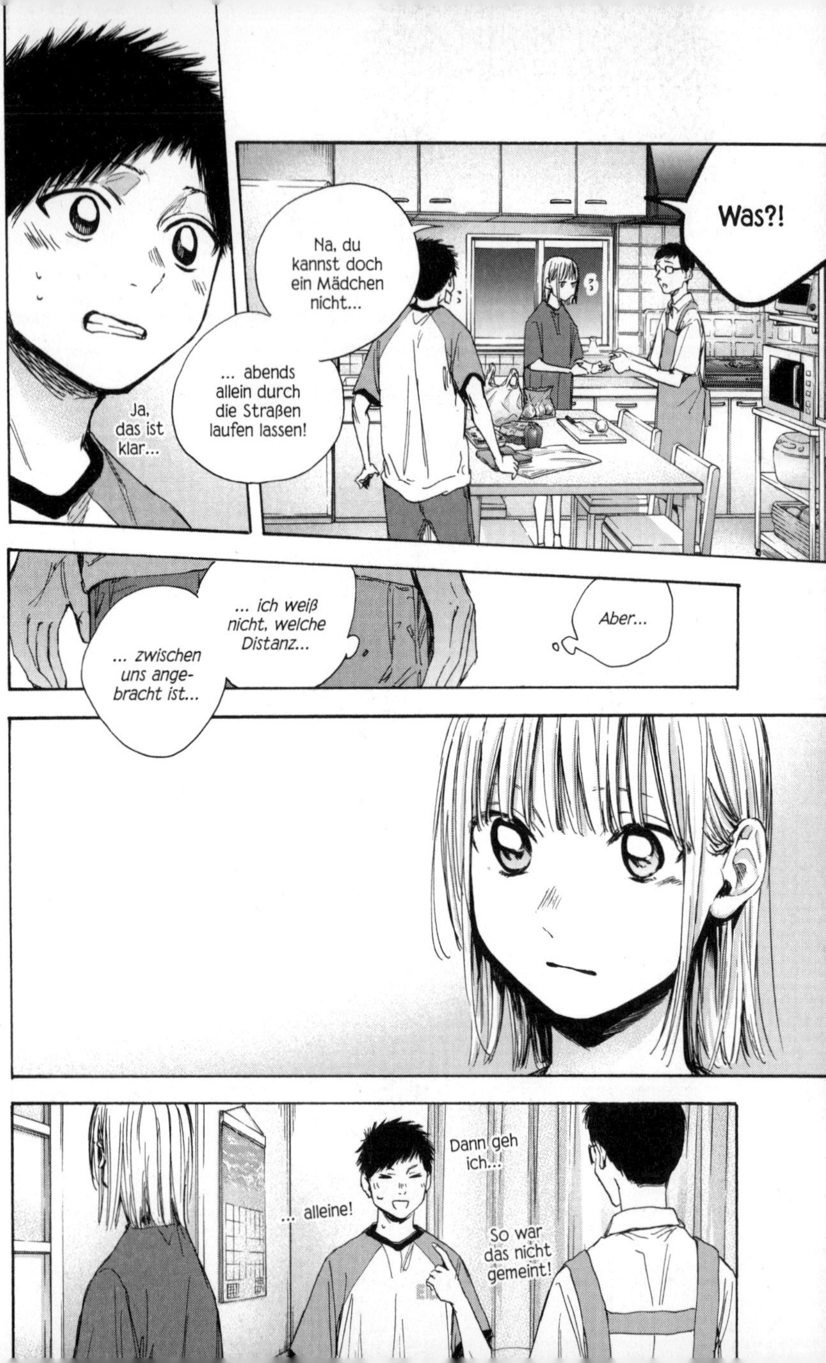
Was?!
Na, du kannst doch ein Mädchen nicht...
... abends allein durch die Straßen laufen lassen!
Ja, das ist klar...
Aber...
... ich weiß nicht, welche Distanz...
... zwischen uns angebracht ist...
Dann geh ich...
... alleine!
So war das nicht gemeint!

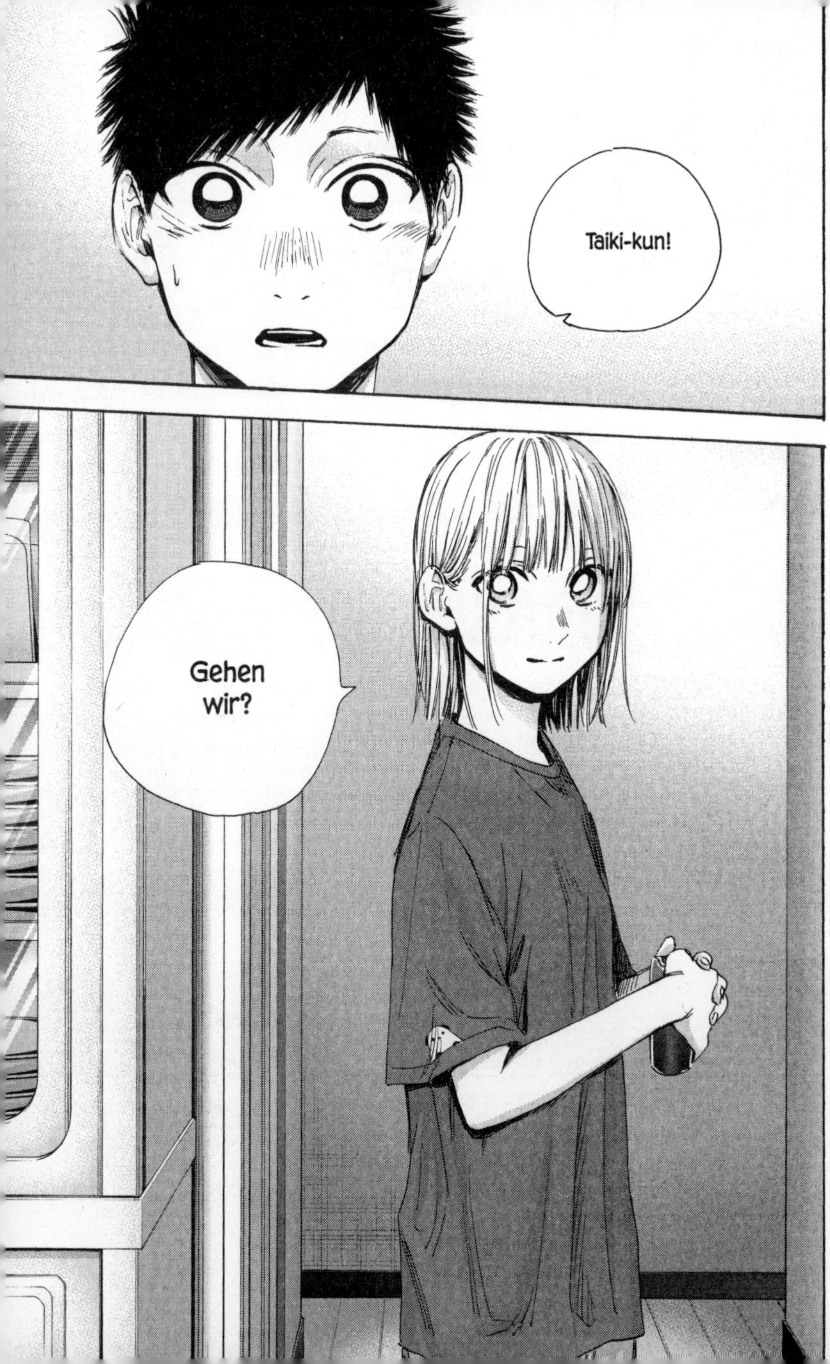
Taiki-kun!
Gehen wir?

Das
Fleisch
ist so
lecker!

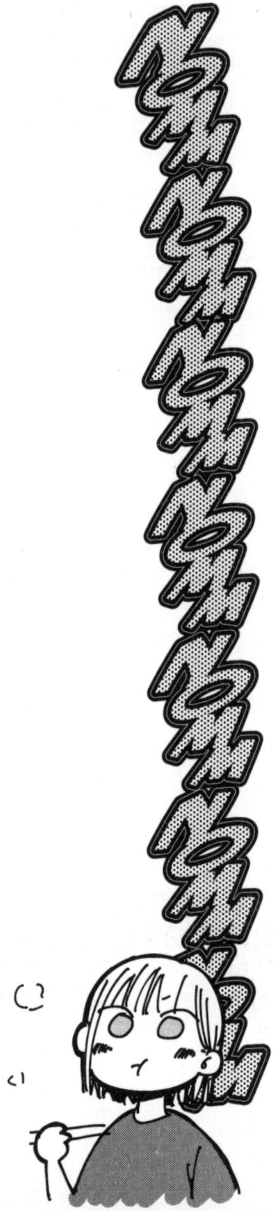

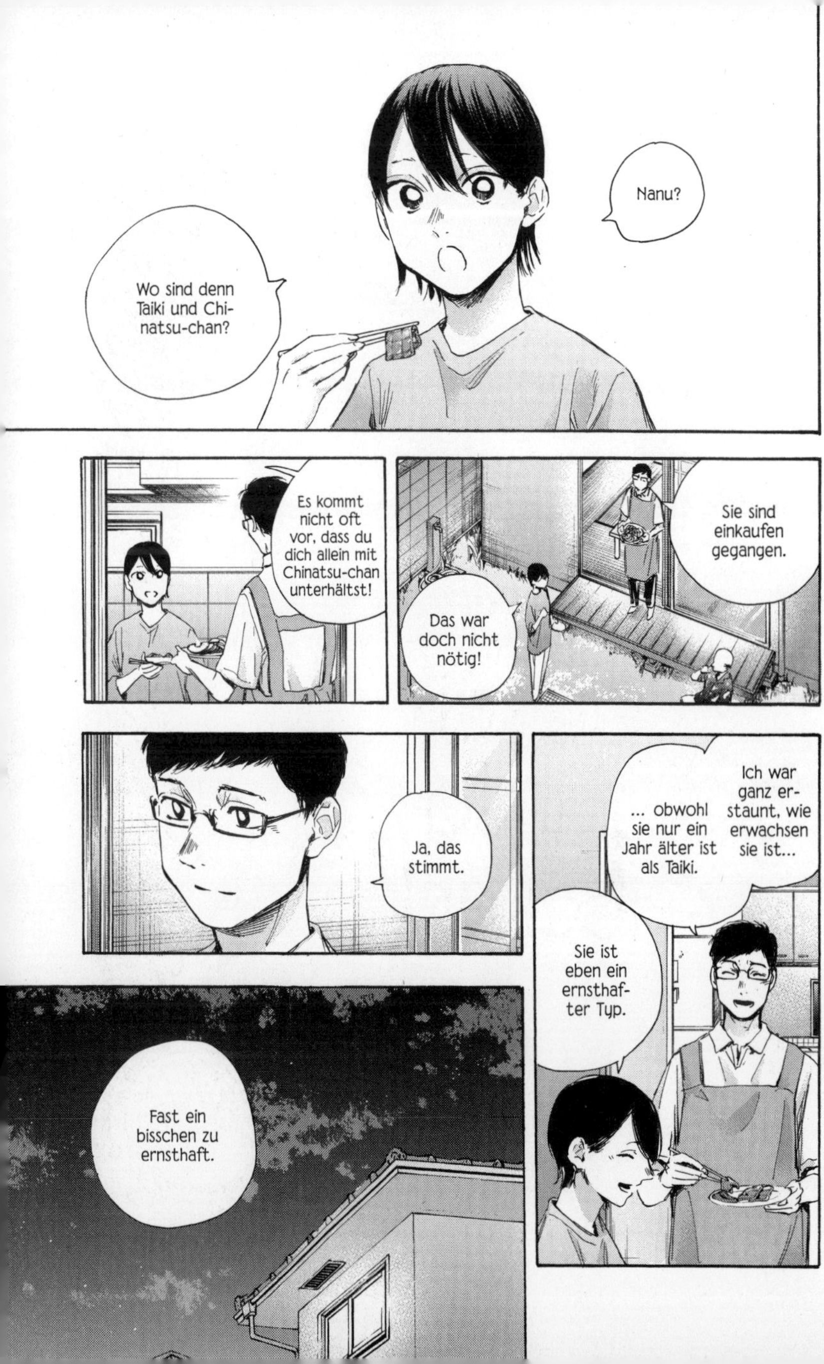
Nanu?
Wo sind denn Taiki und Chi-natsu-chan?
Sie sind einkaufen gegangen.
Das war doch nicht nötig!
Es kommt nicht oft vor, dass du dich allein mit Chinatsu-chan unterhältst!
Ich war ganz er-staunt, wie erwachsen sie ist...
... obwohl sie nur ein Jahr älter ist als Taiki.
Sie ist eben ein ernsthaf-ter Typ.
Ja, das stimmt.
Fast ein bisschen zu ernsthaft.

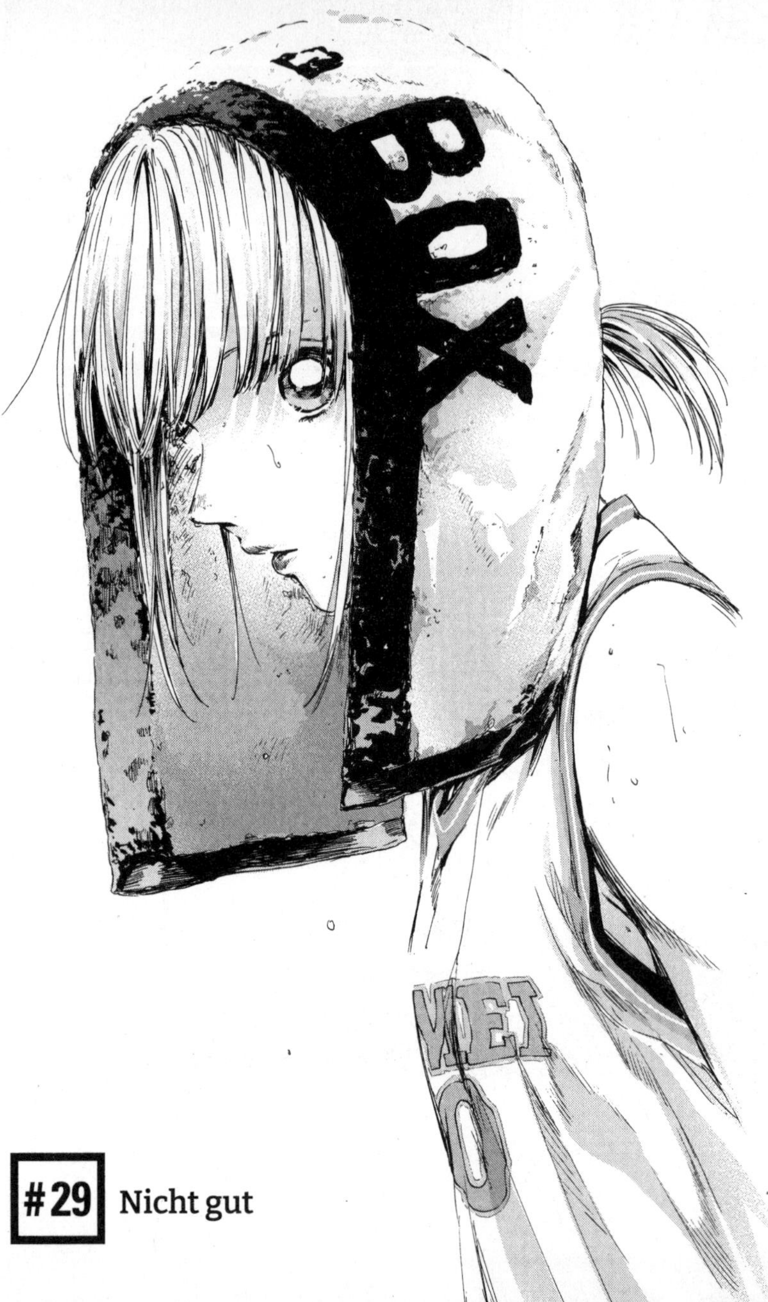

#29 Nicht gut

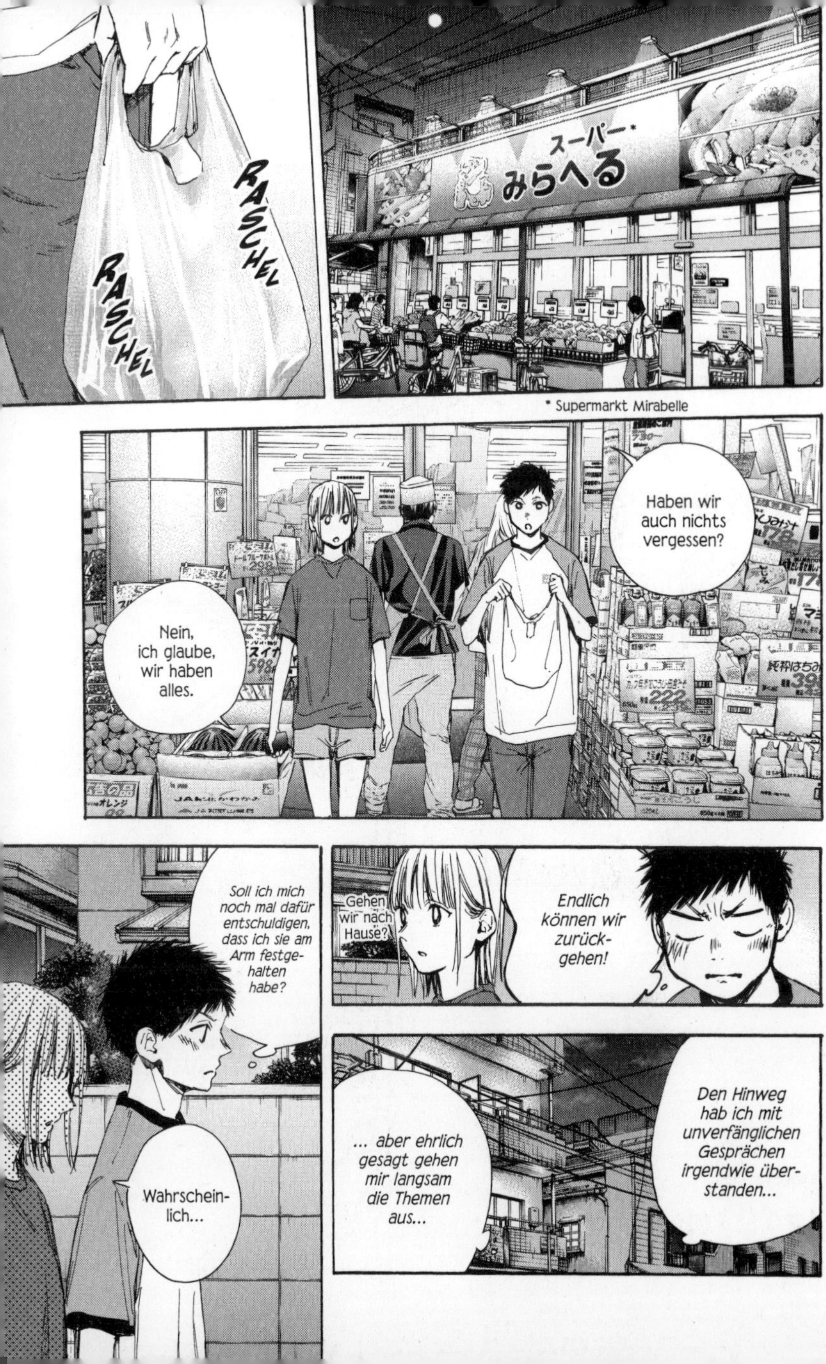

* Supermarkt Mirabelle

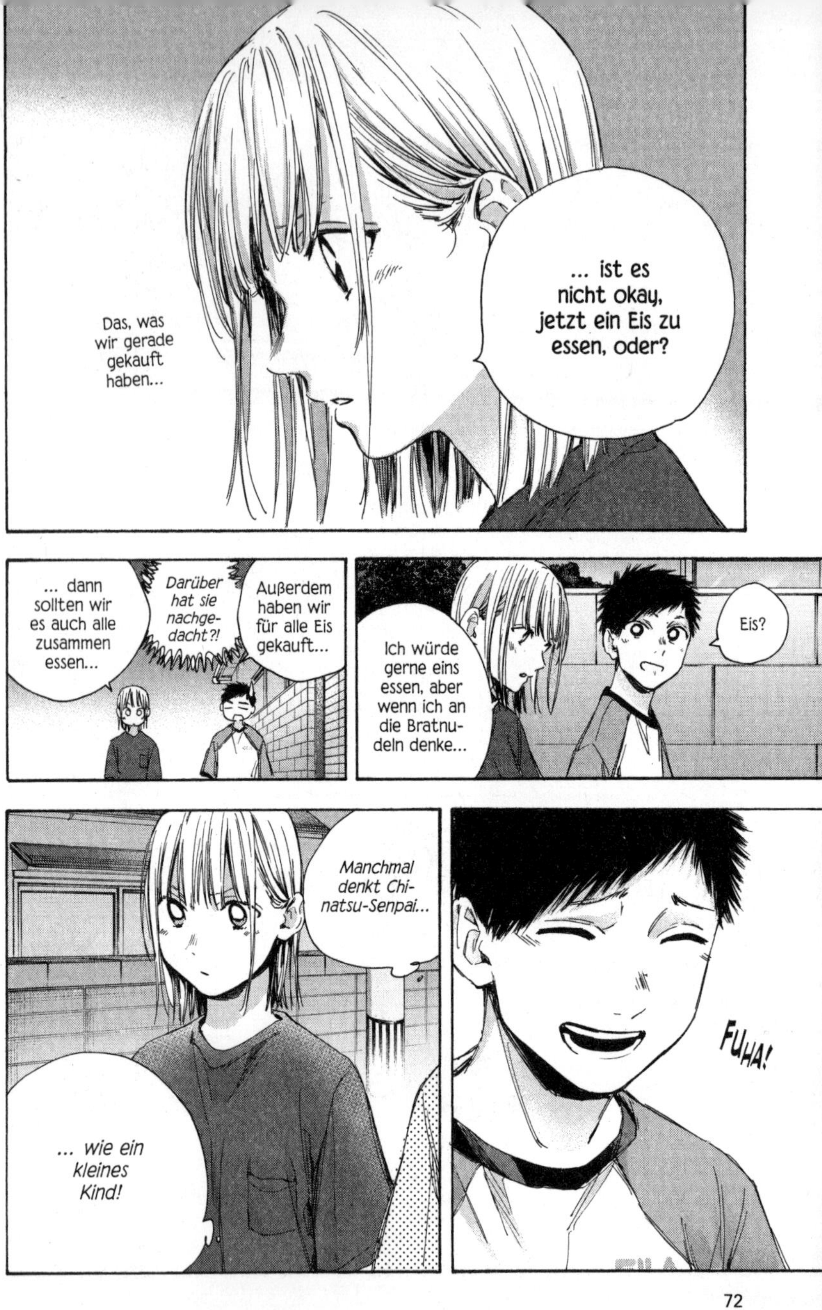
... ist es nicht okay, jetzt ein Eis zu essen, oder?
Das, was wir gerade gekauft haben...
Eis?
Ich würde gerne eins essen, aber wenn ich an die Bratnudeln denke...
Außerdem haben wir für alle Eis gekauft...
Darüber hat sie nachgedacht?!
... dann sollten wir es auch alle zusammen essen...
FUHA!
Manchmal denkt Chi-natsu-Senpai...
... wie ein kleines Kind!

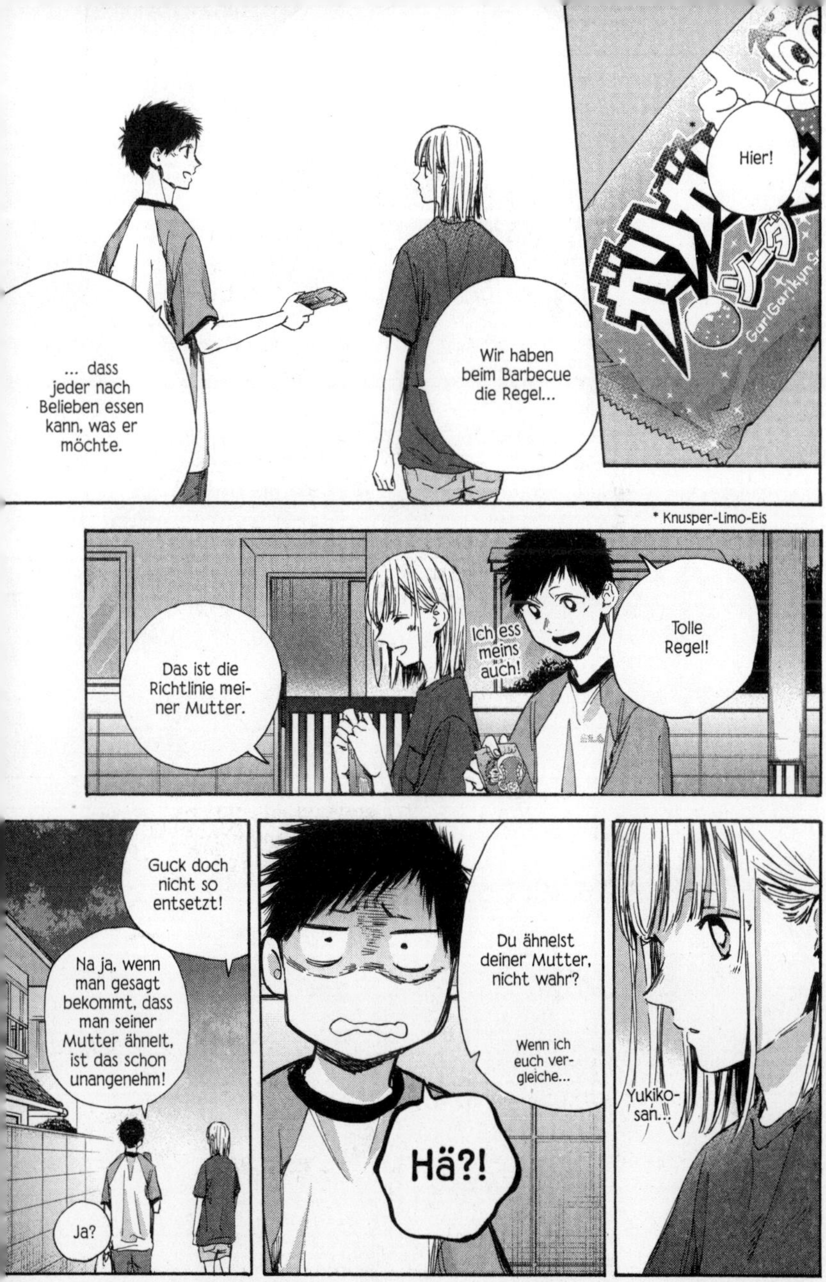

* Knusper-Limo-Eis

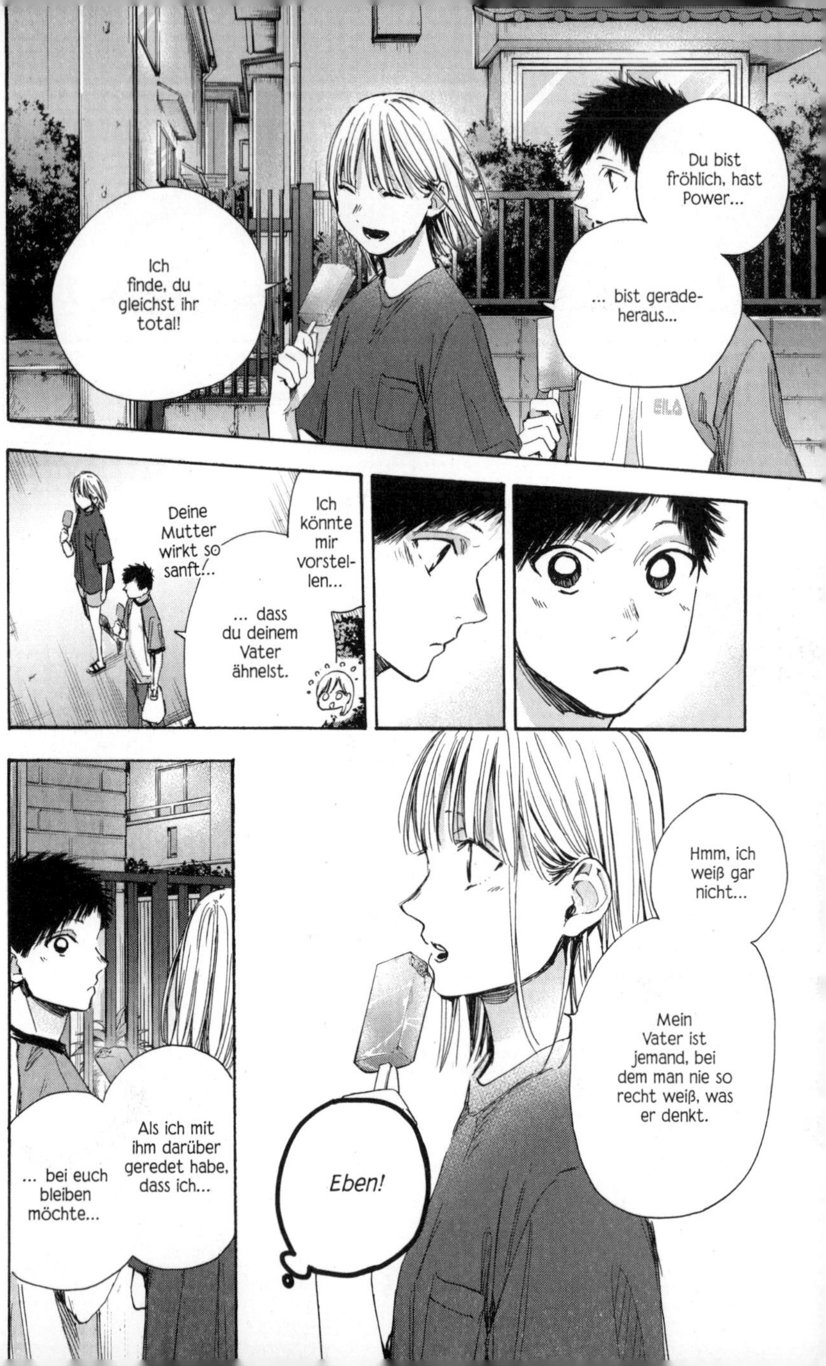
Du bist fröhlich, hast Power...
... bist gerade-heraus...
Ich finde, du gleichst ihr total!
Ich könnte mir vorstel-len...
Deine Mutter wirkt so sanft...
... dass du deinem Vater ähnelst.
Hmm, ich weiß gar nicht...
Mein Vater ist jemand, bei dem man nie so recht weiß, was er denkt.
Eben!
Als ich mit ihm darüber geredet habe, dass ich...
... bei euch bleiben möchte...

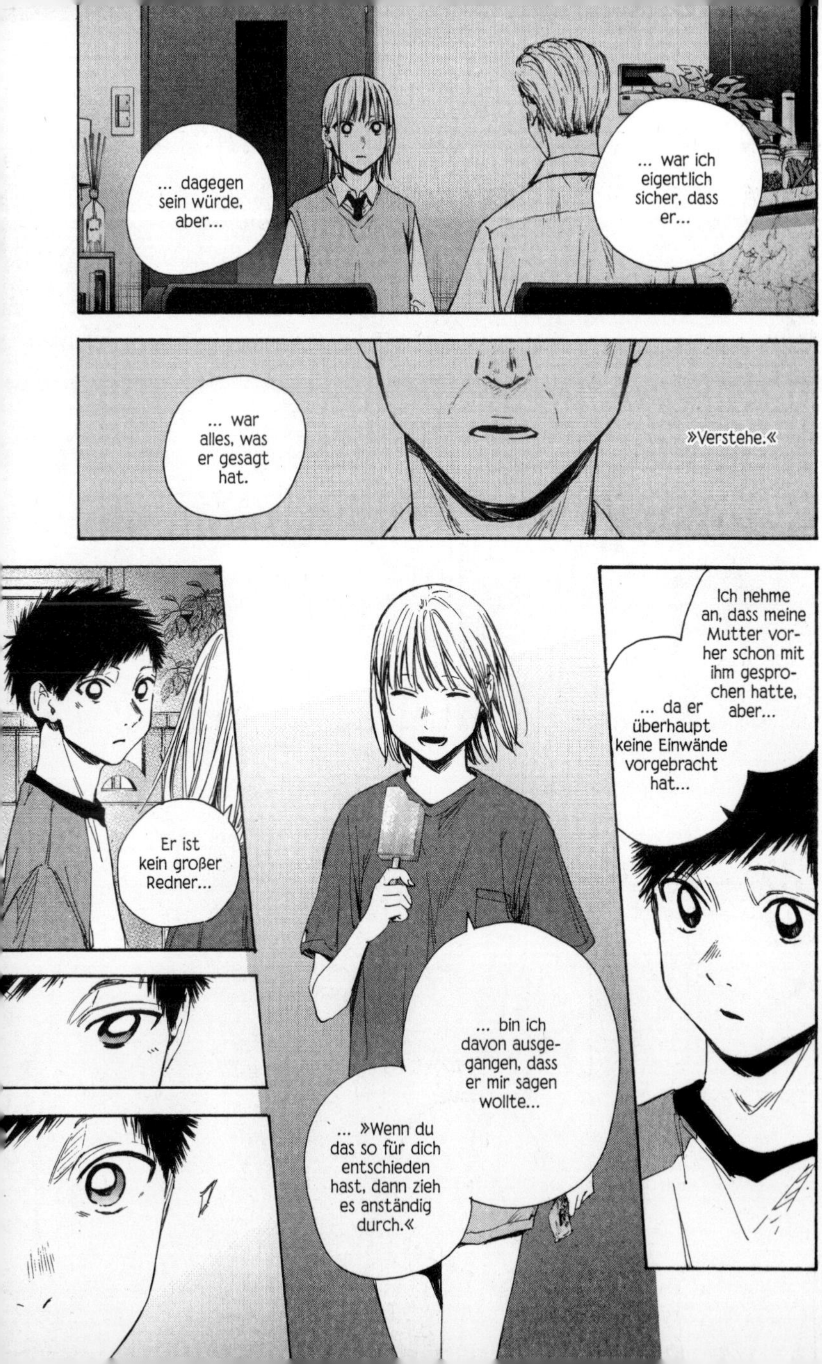
... war ich eigentlich sicher, dass er...
... dagegen sein würde, aber...
»Verstehe.«
... war alles, was er gesagt hat.
Ich nehme an, dass meine Mutter vorher schon mit ihm gesprochen hatte, aber...
... da er überhaupt keine Einwände vorgebracht hat...
Er ist kein großer Redner...
... bin ich davon ausgegangen, dass er mir sagen wollte...
... »Wenn du das so für dich entschieden hast, dann zieh es anständig durch.«

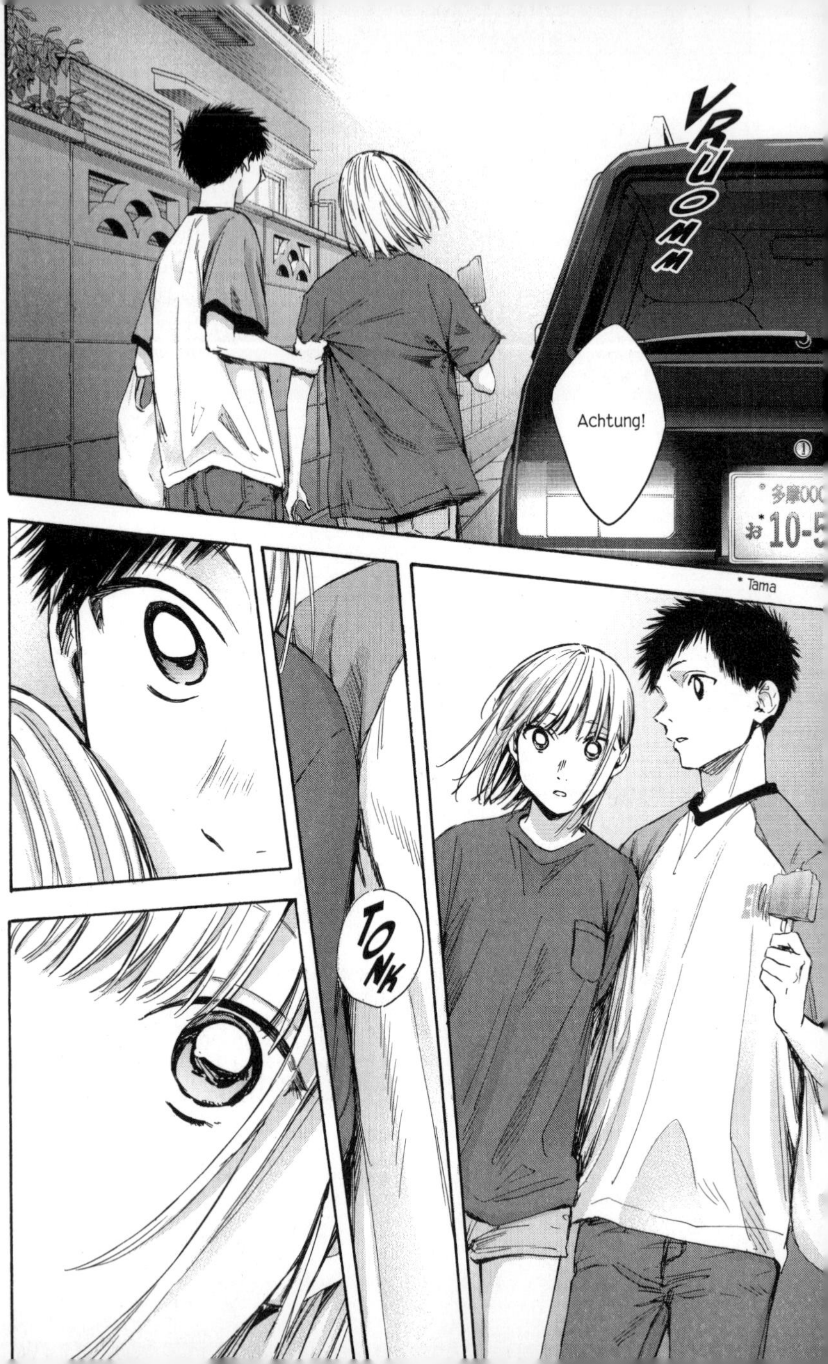
VRUOMM
Achtung!
多摩000
お 10-5
* Tama
TONK

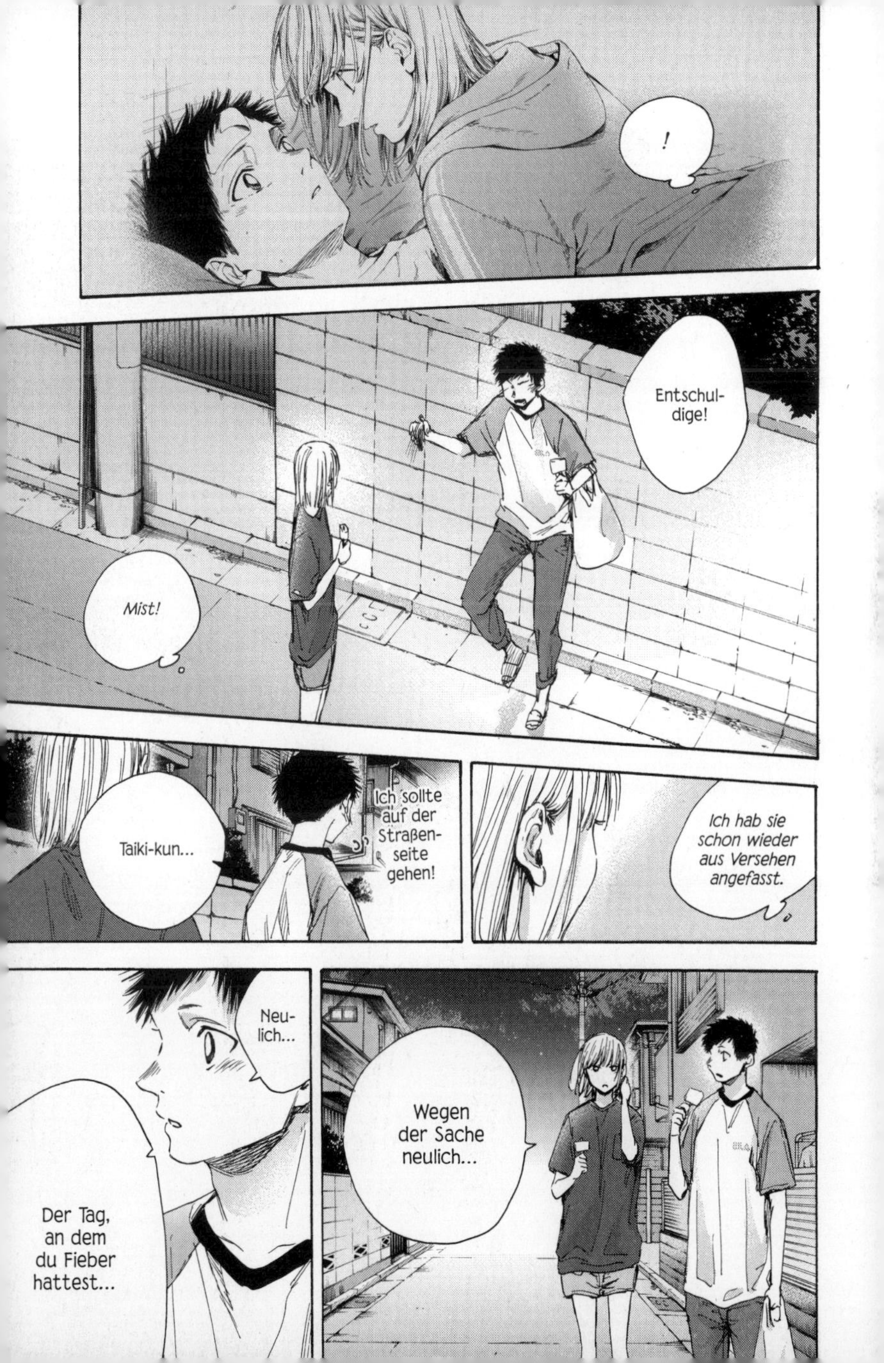
!
Entschul-dige!
Mist!
Ich hab sie schon wieder aus Versehen angefasst.
Ich sollte auf der Straßenseite gehen!
Taiki-kun...
Wegen der Sache neulich...
Neu-lich...
Der Tag, an dem du Fieber hattest...

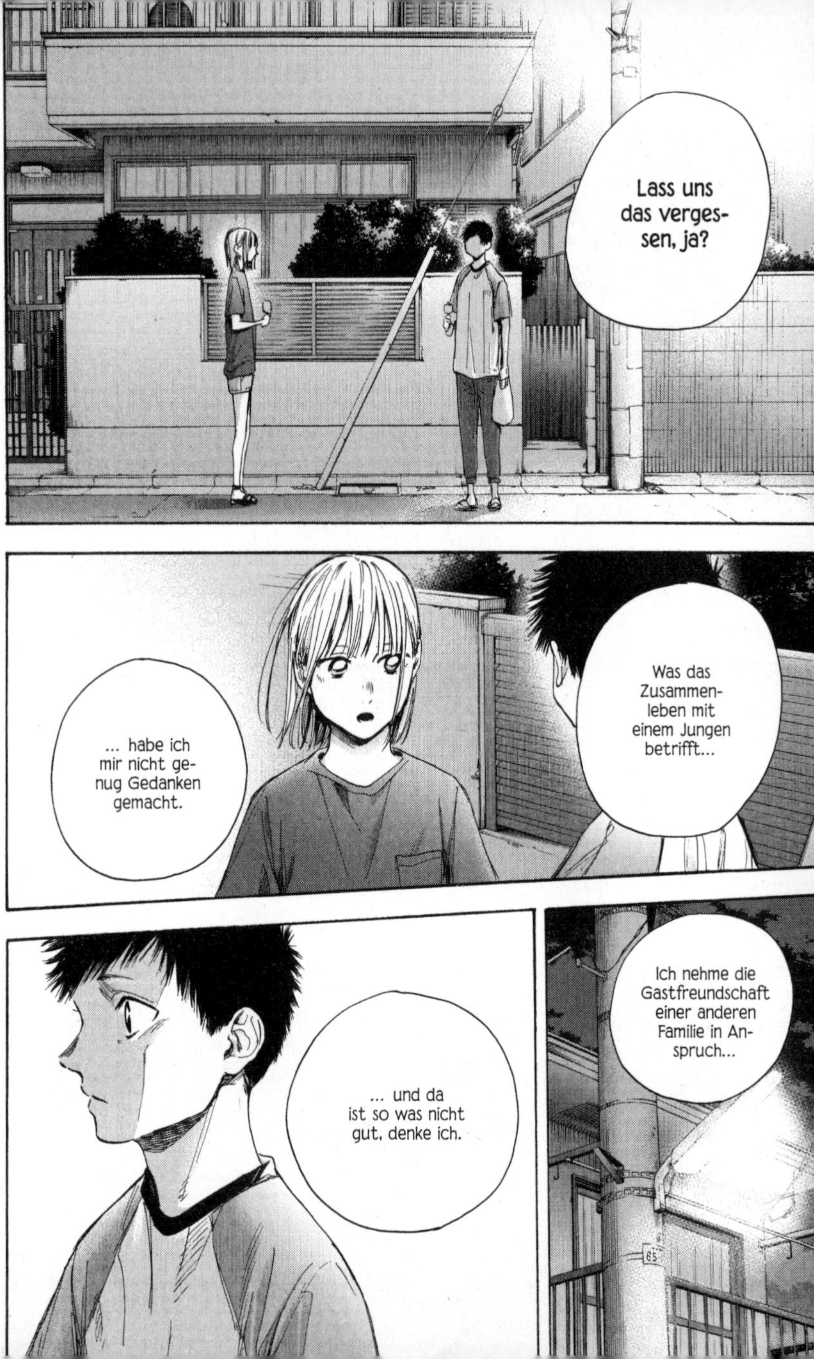
Lass uns das vergessen, ja?
Was das Zusammenleben mit einem Jungen betrifft...
... habe ich mir nicht genug Gedanken gemacht.
Ich nehme die Gastfreundschaft einer anderen Familie in Anspruch...
... und da ist so was nicht gut, denke ich.

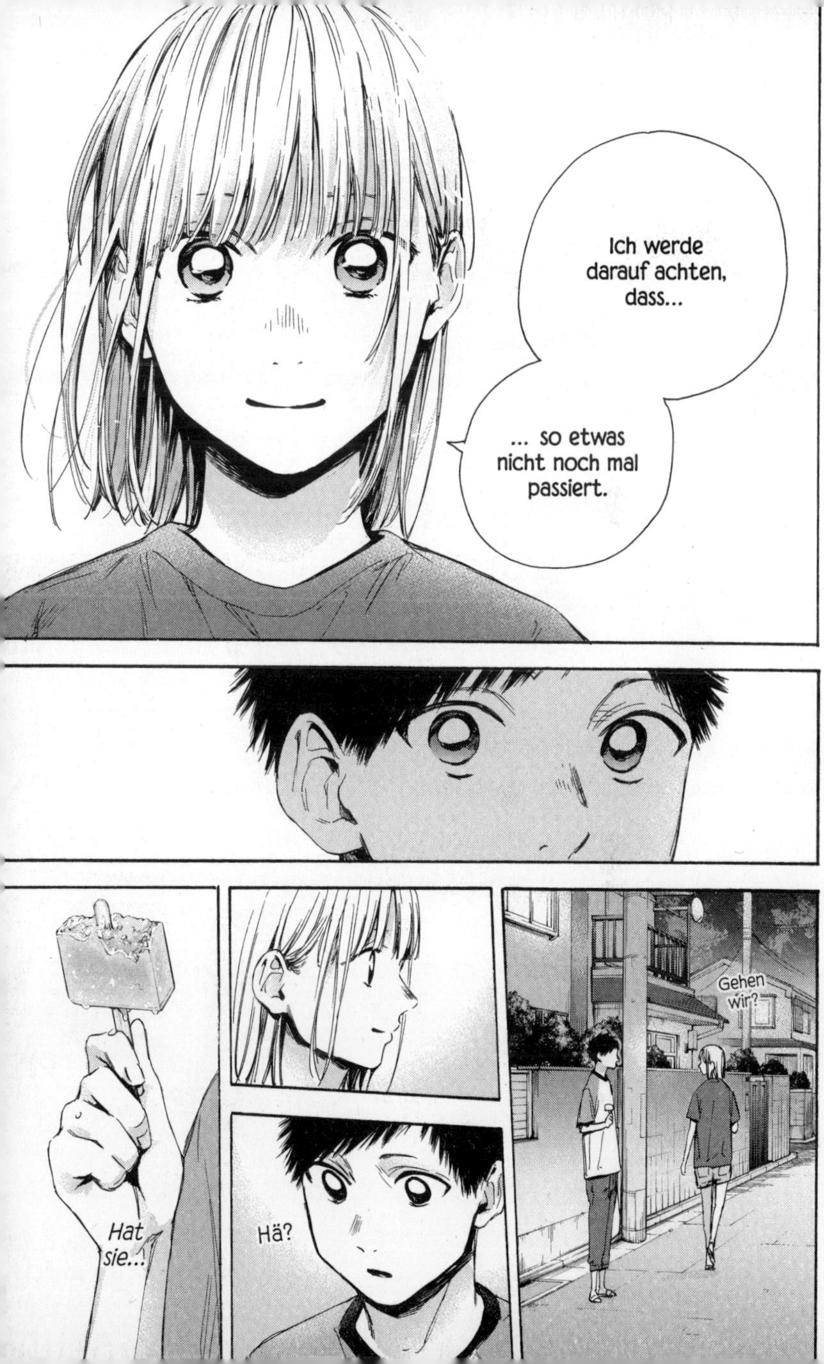
Ich werde darauf achten, dass...
... so etwas nicht noch mal passiert.
Gehen wir?
Hä?
Hat sie...

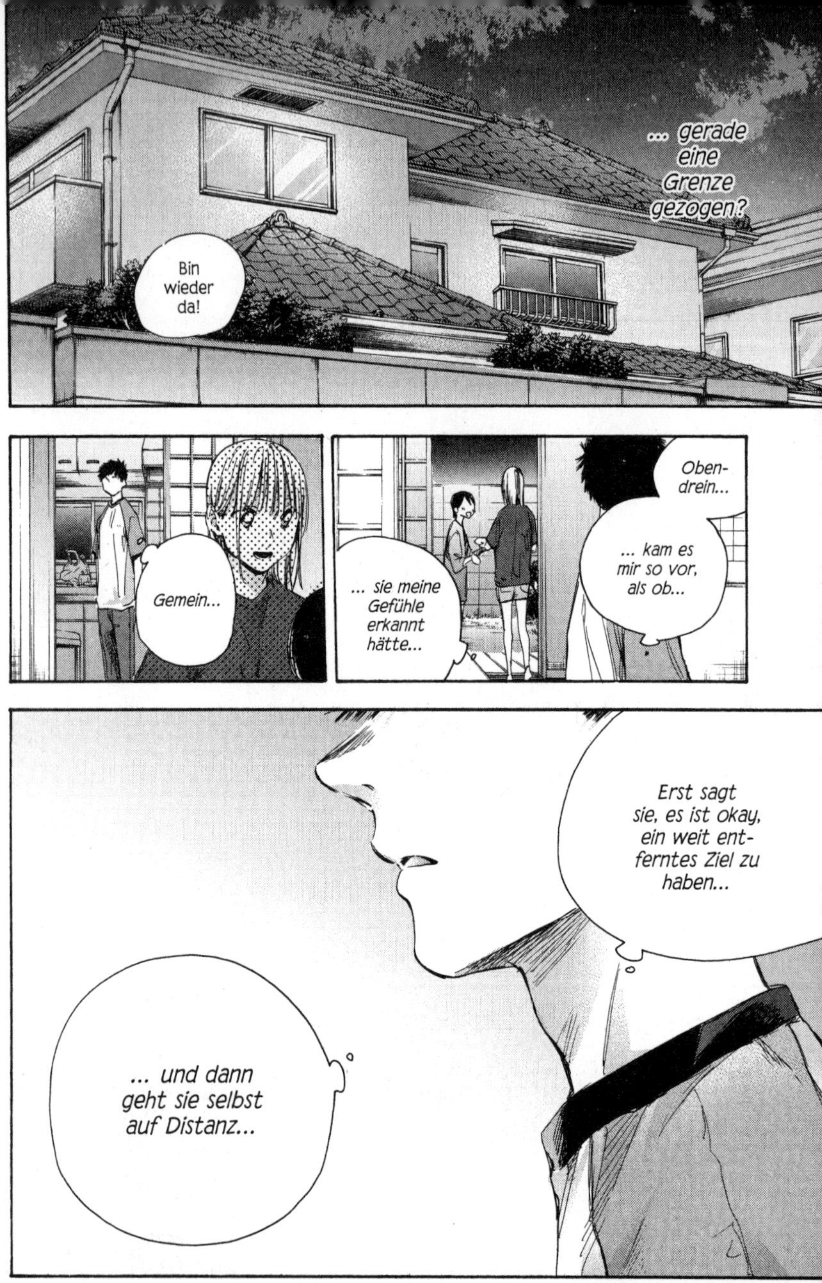
... gerade eine Grenze gezogen?
Bin wieder da!
Obendrein...
... kam es mir so vor, als ob...
... sie meine Gefühle erkannt hätte...
Gemein...
Erst sagt sie, es ist okay, ein weit entferntes Ziel zu haben...
... und dann geht sie selbst auf Distanz...

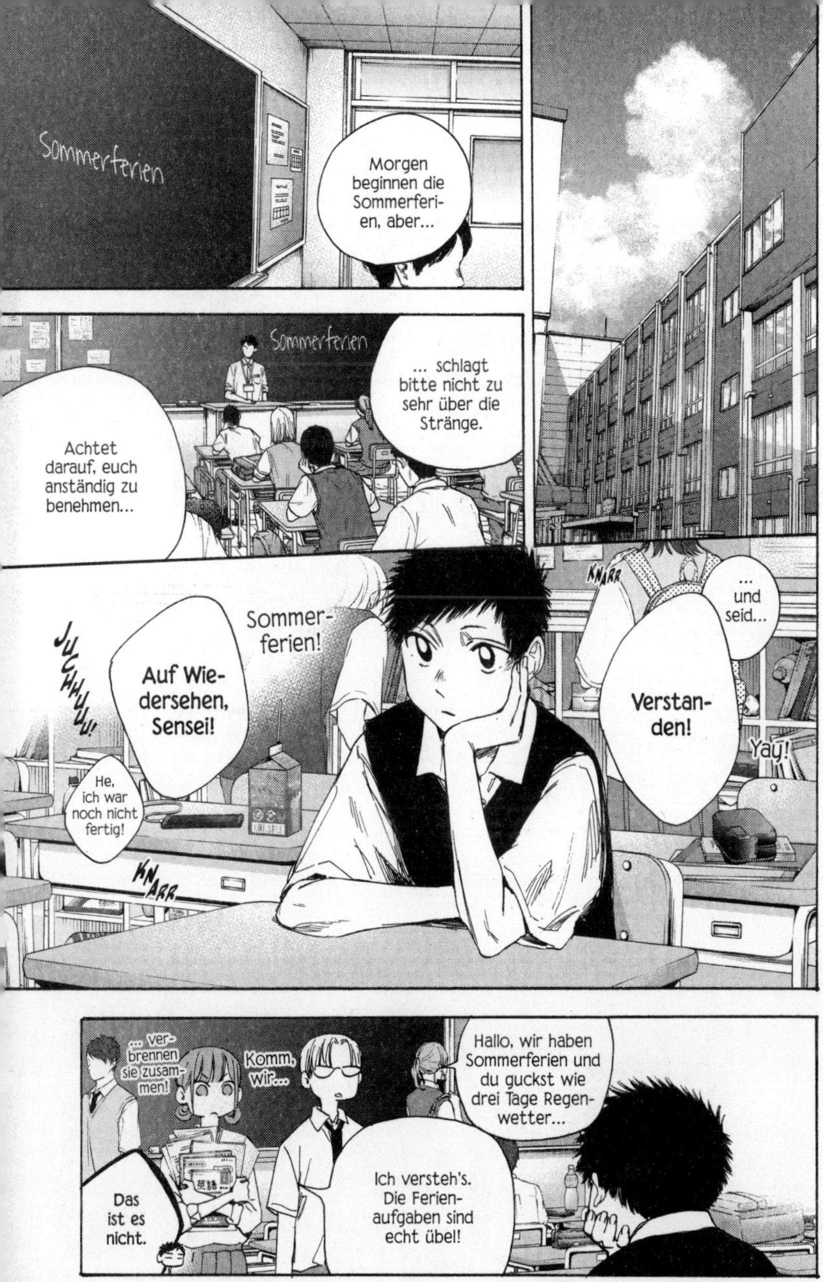
Sommerferien
Morgen beginnen die Sommerferien, aber...
Sommerferien
... schlagt bitte nicht zu sehr über die Stränge.
Achtet darauf, euch anständig zu benehmen...
KNARR
... und seid...
Verstanden!
Yay!
Sommerferien!
Auf Wiedersehen, Sensei!
JUCHHUU!
He, ich war noch nicht fertig!
KNARR
Hallo, wir haben Sommerferien und du guckst wie drei Tage Regenwetter...
Ich versteh's. Die Ferienaufgaben sind echt übel!
Komm, wir...
... verbrennen sie zusammen!
Das ist es nicht.

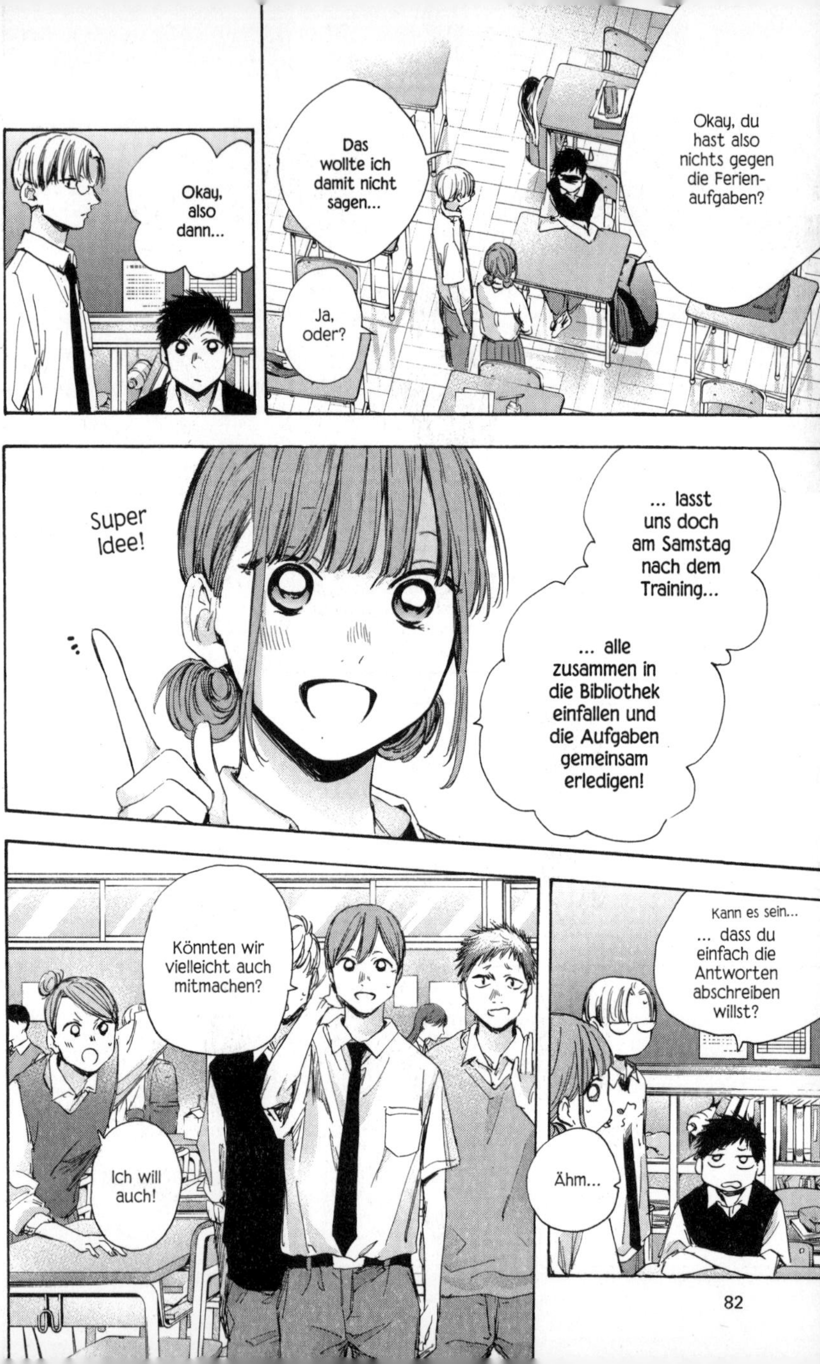
Okay, du hast also nichts gegen die Ferien-aufgaben?
Das wollte ich damit nicht sagen...
Ja, oder?
Okay, also dann...
... lasst uns doch am Samstag nach dem Training...
... alle zusammen in die Bibliothek einfallen und die Aufgaben gemeinsam erledigen!
Super Idee!
Kann es sein...
... dass du einfach die Antworten abschreiben willst?
Ähm...
Könnten wir vielleicht auch mitmachen?
Ich will auch!

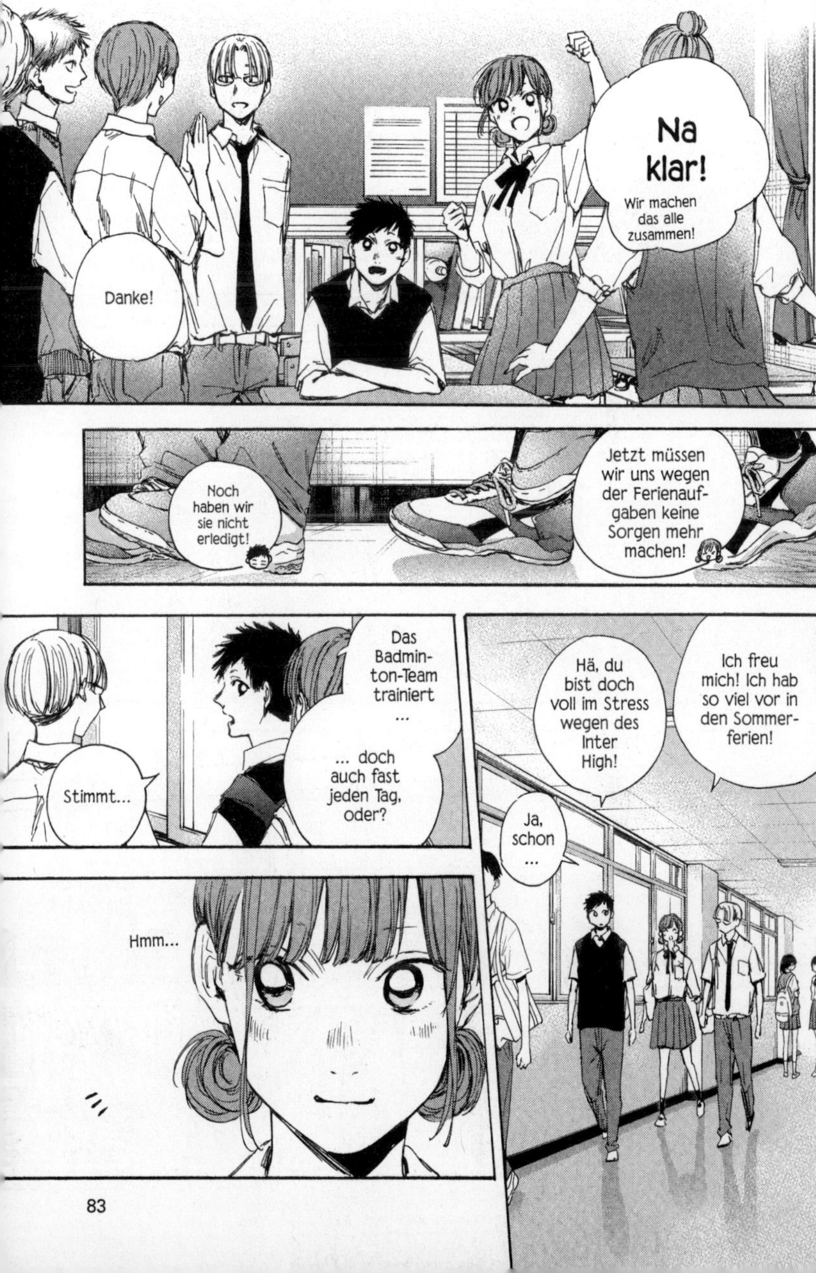
Na klar!
Wir machen das alle zusammen!
Danke!
Jetzt müssen wir uns wegen der Ferienaufgaben keine Sorgen mehr machen!
Noch haben wir sie nicht erledigt!
Ich freu mich! Ich hab so viel vor in den Sommerferien!
Hä, du bist doch voll im Stress wegen des Inter High!
Ja, schon ...
Das Badminton-Team trainiert ...
... doch auch fast jeden Tag, oder?
Stimmt...
Hmm...

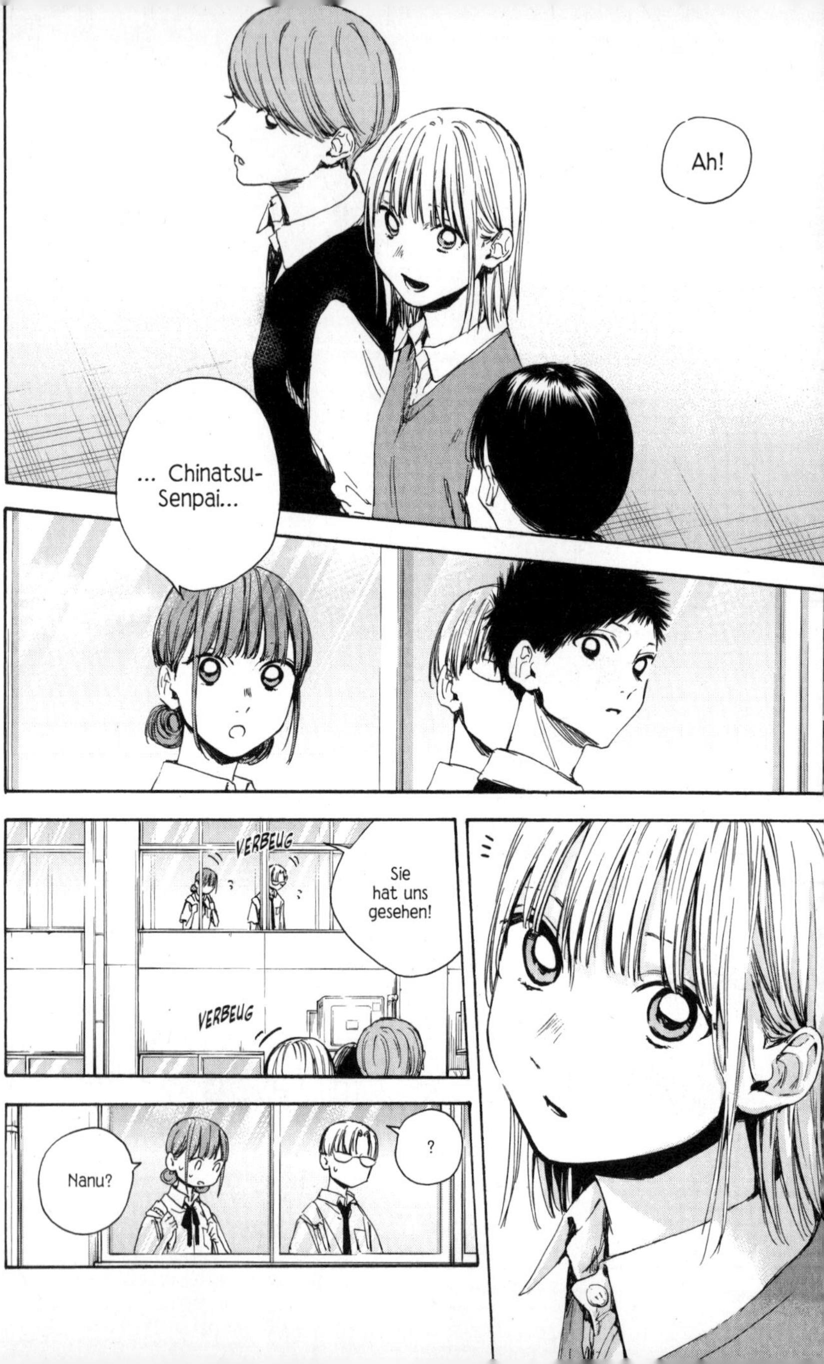
Ah!
... Chinatsu-Senpai...
VERBEUG
Sie hat uns gesehen!
VERBEUG
?
Nanu?

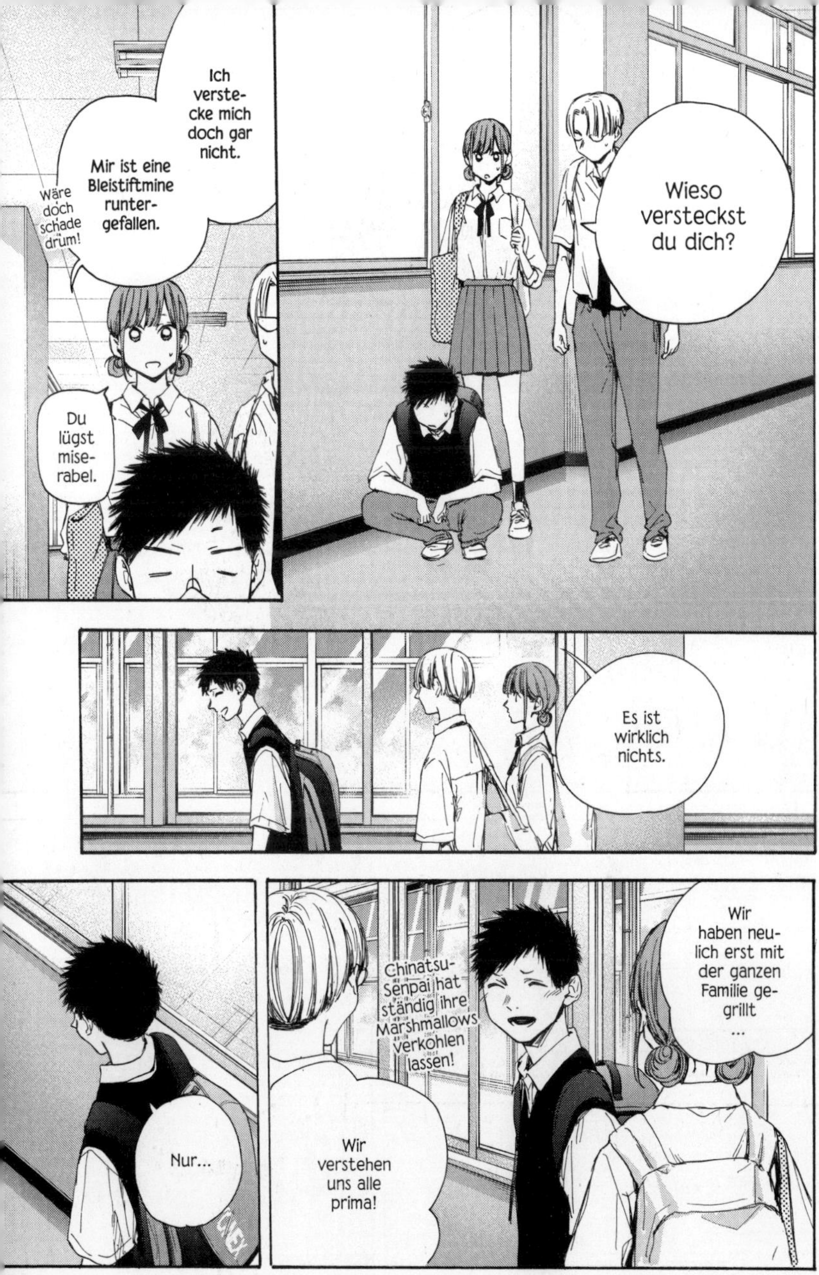
Wieso versteckst du dich?
Ich verstecke mich doch gar nicht.
Mir ist eine Bleistiftmine runtergefallen.
Wäre doch schade drum!
Du lügst miserabel.
Es ist wirklich nichts.
Wir haben neulich erst mit der ganzen Familie gegrillt ...
Chinatsu-Senpai hat ständig ihre Marshmallows verkohlen lassen!
Wir verstehen uns alle prima!
Nur...

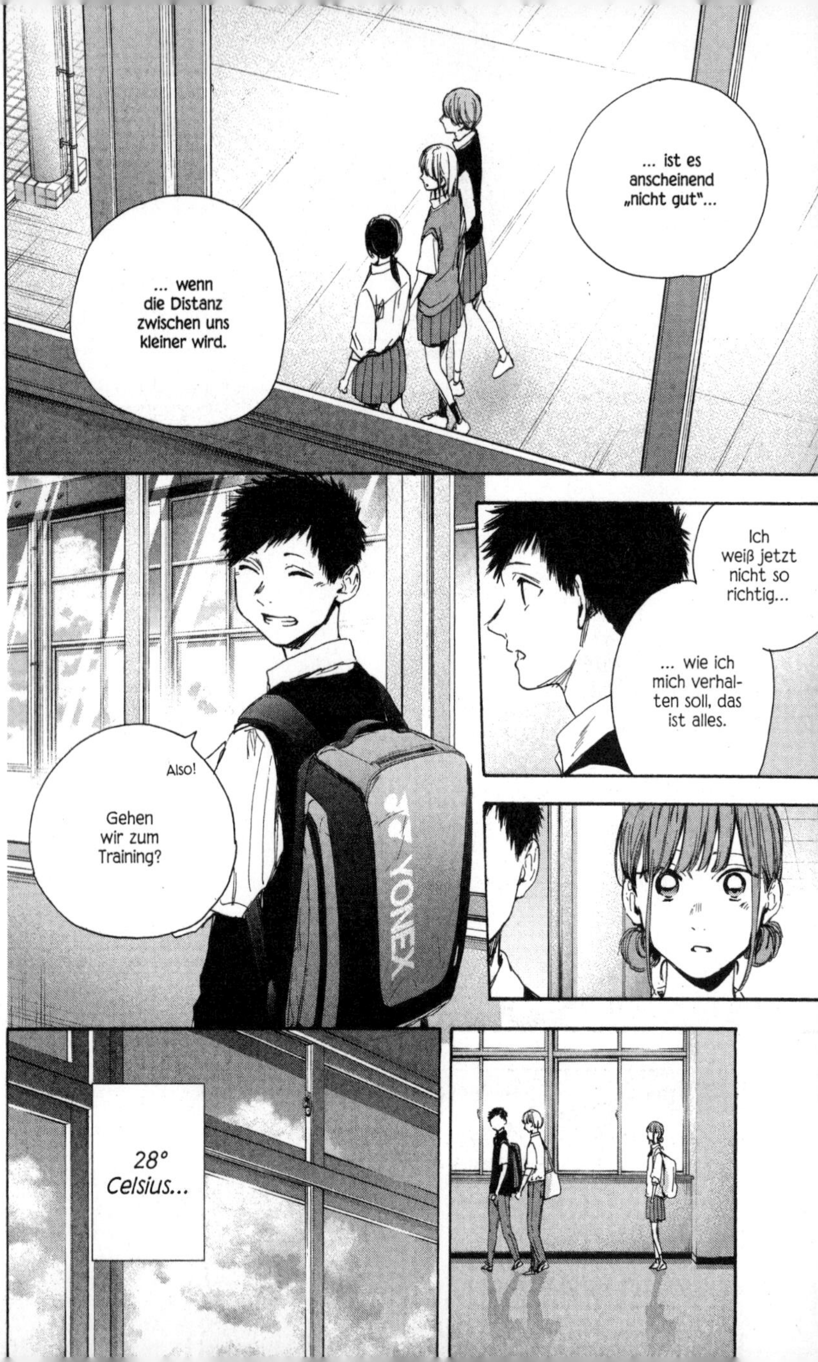
... ist es anscheinend „nicht gut"...
... wenn die Distanz zwischen uns kleiner wird.
Ich weiß jetzt nicht so richtig...
... wie ich mich verhal-ten soll, das ist alles.
Also!
Gehen wir zum Training?
YONEX
28° Celsius...

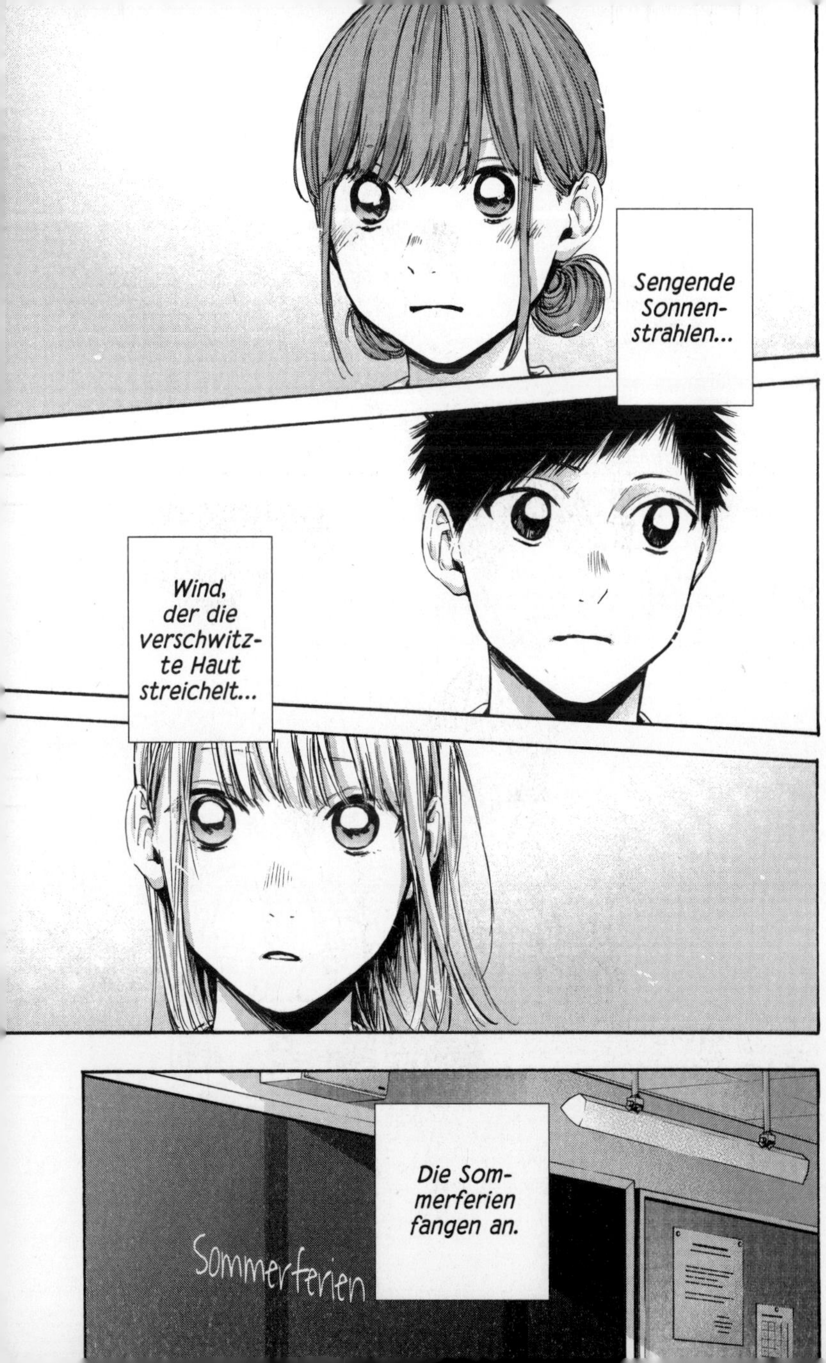
Sengende Sonnen-strahlen...
Wind, der die verschwitz-te Haut streichelt...
Die Sommerferien fangen an.
Sommerferien

Chi lässt Marshmallows verkohlen

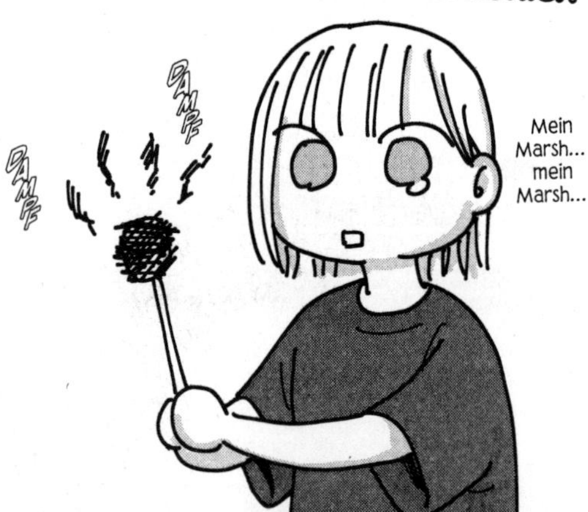

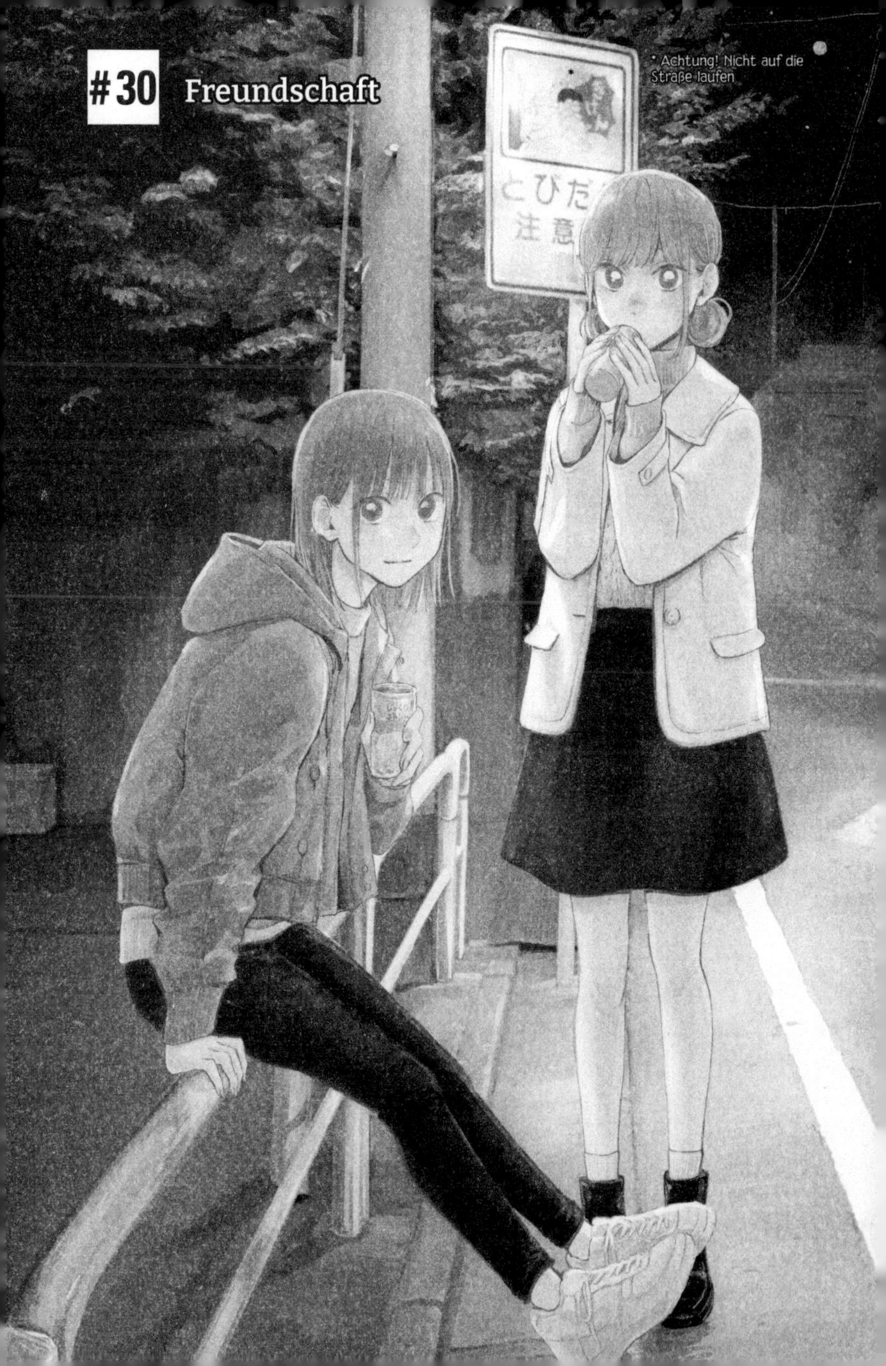
#30 Freundschaft
とびだ
注意
* Achtung! Nicht auf die Straße laufen

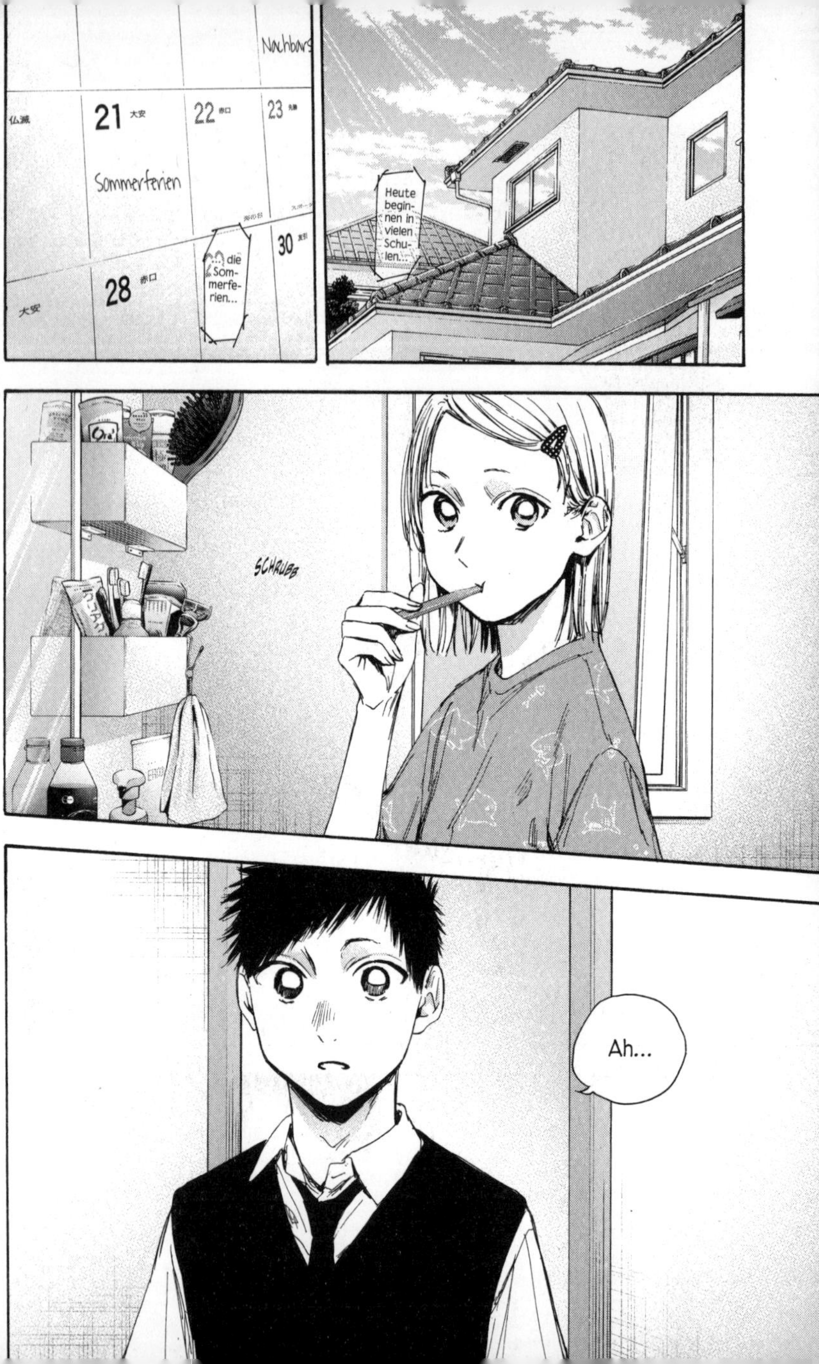
Heute beginnen in vielen Schulen...
...die Sommerferien...
Nachbars
Sommerferien
SCHRUBB
Ah...

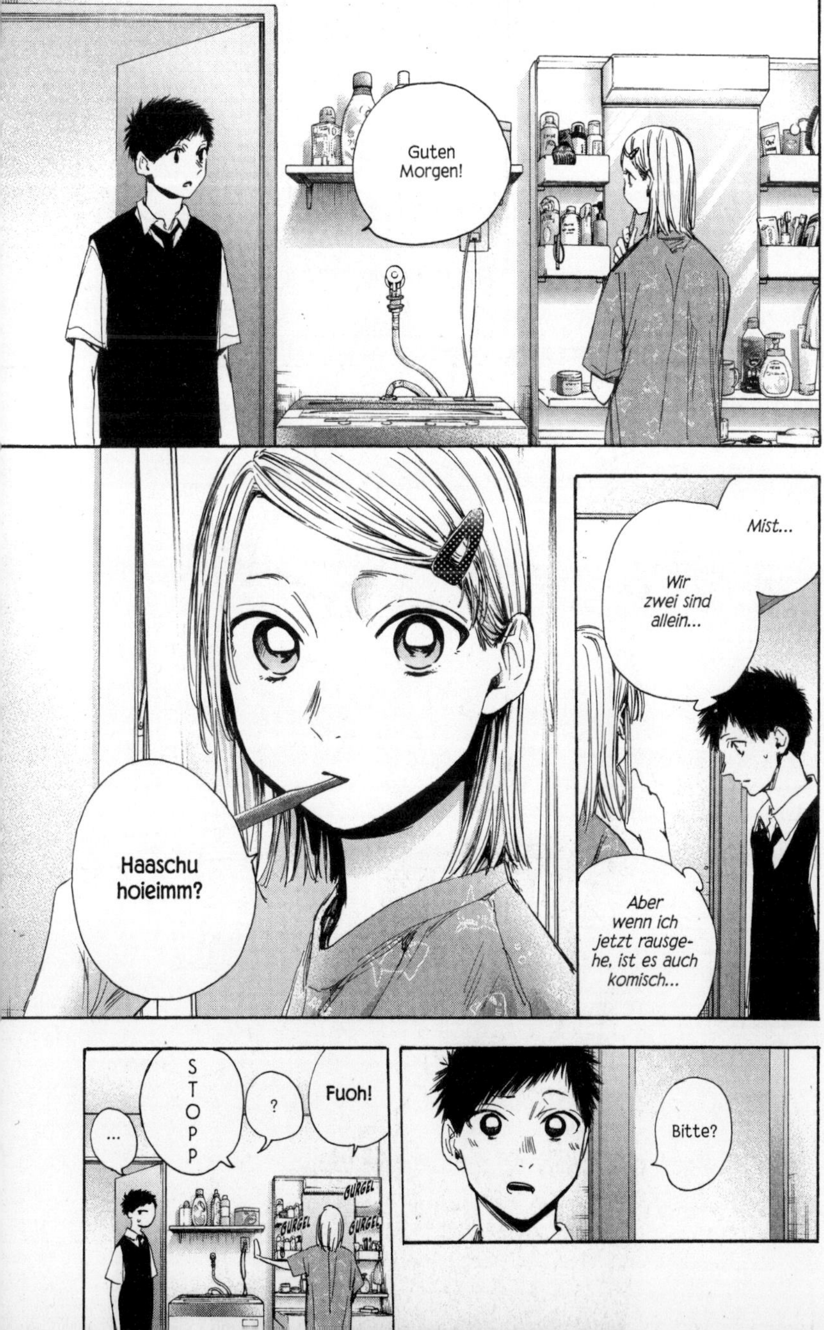
Guten Morgen!
Mist...
Wir zwei sind allein...
Aber wenn ich jetzt rausgehe, ist es auch komisch...
Haaschu hoieimm?
Bitte?
Fuoh!
?
STOPP
...
GURGEL
GURGEL
GURGEL

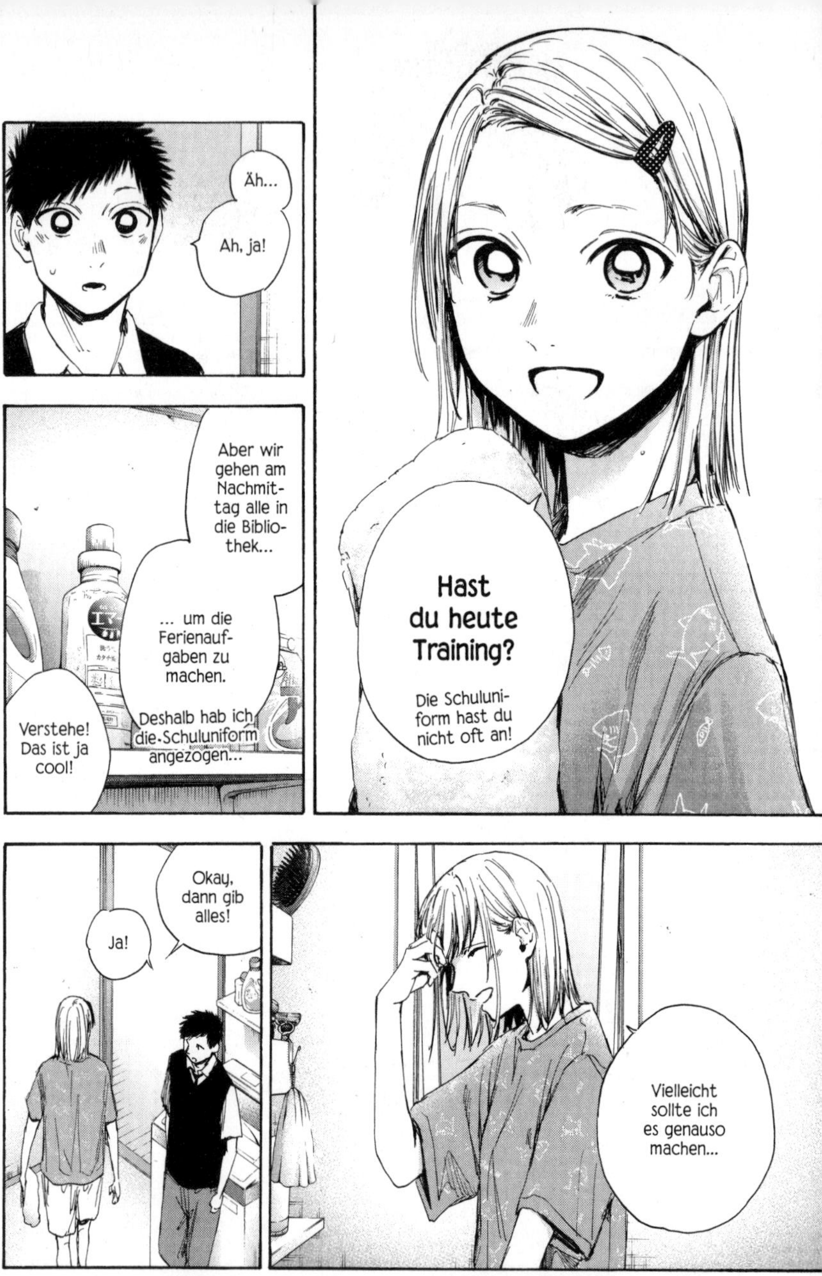
Hast du heute Training?
Die Schuluniform hast du nicht oft an!
Äh...
Ah, ja!
Aber wir gehen am Nachmittag alle in die Bibliothek...
... um die Ferienaufgaben zu machen.
Deshalb hab ich die Schuluniform angezogen...
Verstehe! Das ist ja cool!
Vielleicht sollte ich es genauso machen...
Okay, dann gib alles!
Ja!

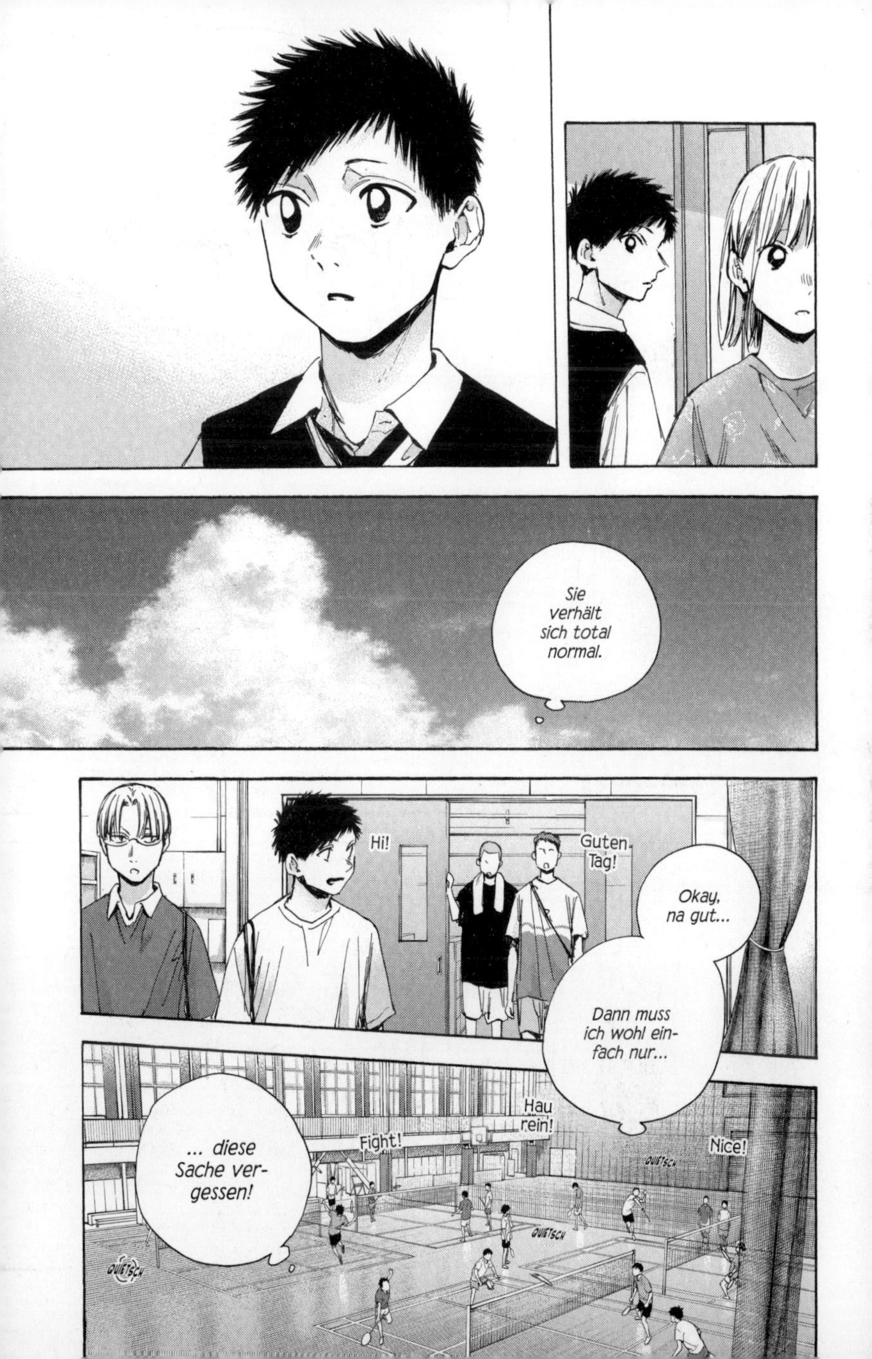

Sie verhält sich total normal.
Guten Tag!
Hi!
Okay, na gut...
Dann muss ich wohl ein-fach nur...
Hau rein!
Nice!
QUIETSCH
Fight!
... diese Sache ver-gessen!
QUIETSCH
QUIETSCH

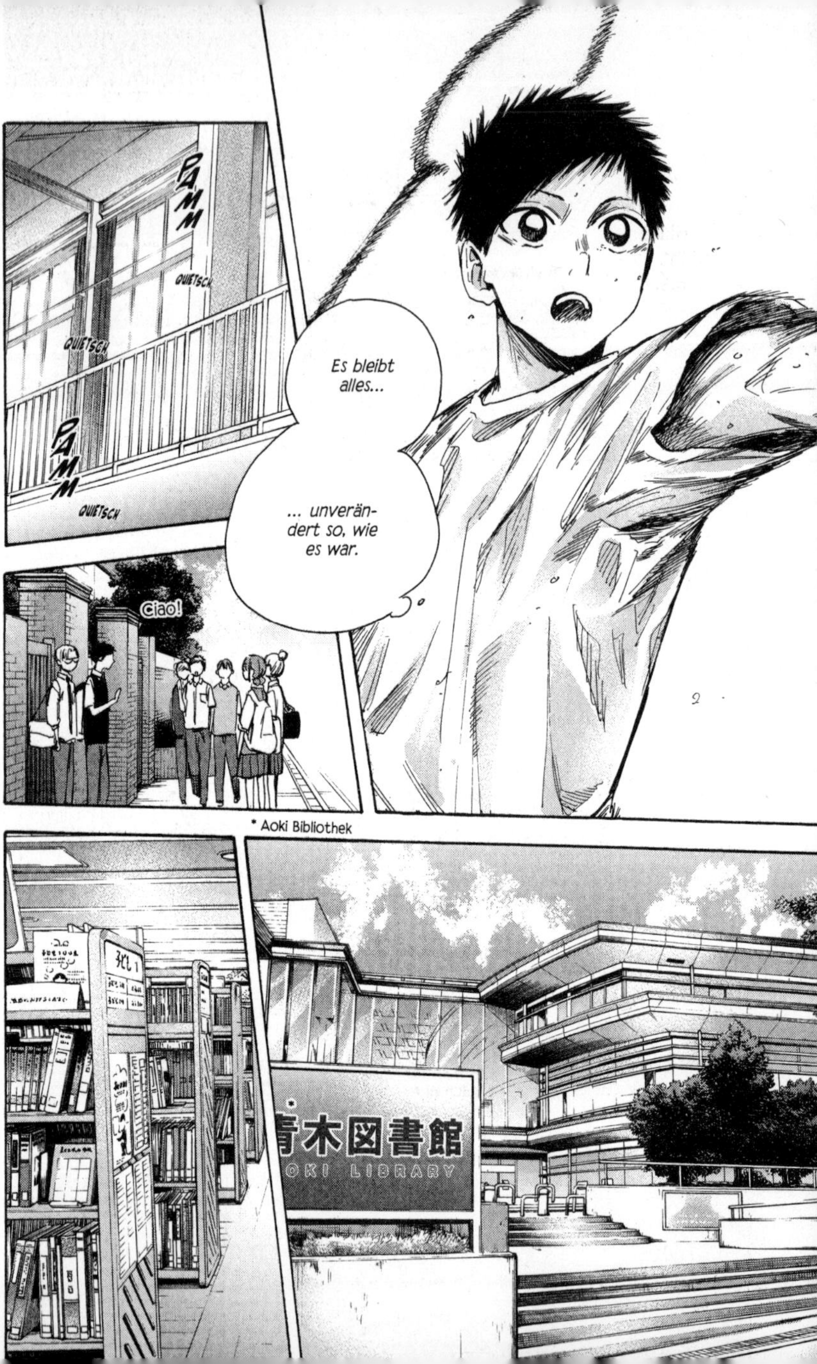
Es bleibt alles...
... unverändert so, wie es war.
PAMM
QUIETSCH
QUIETSCH
PAMM
QUIETSCH
Ciao!
* Aoki Bibliothek
*青木図書館

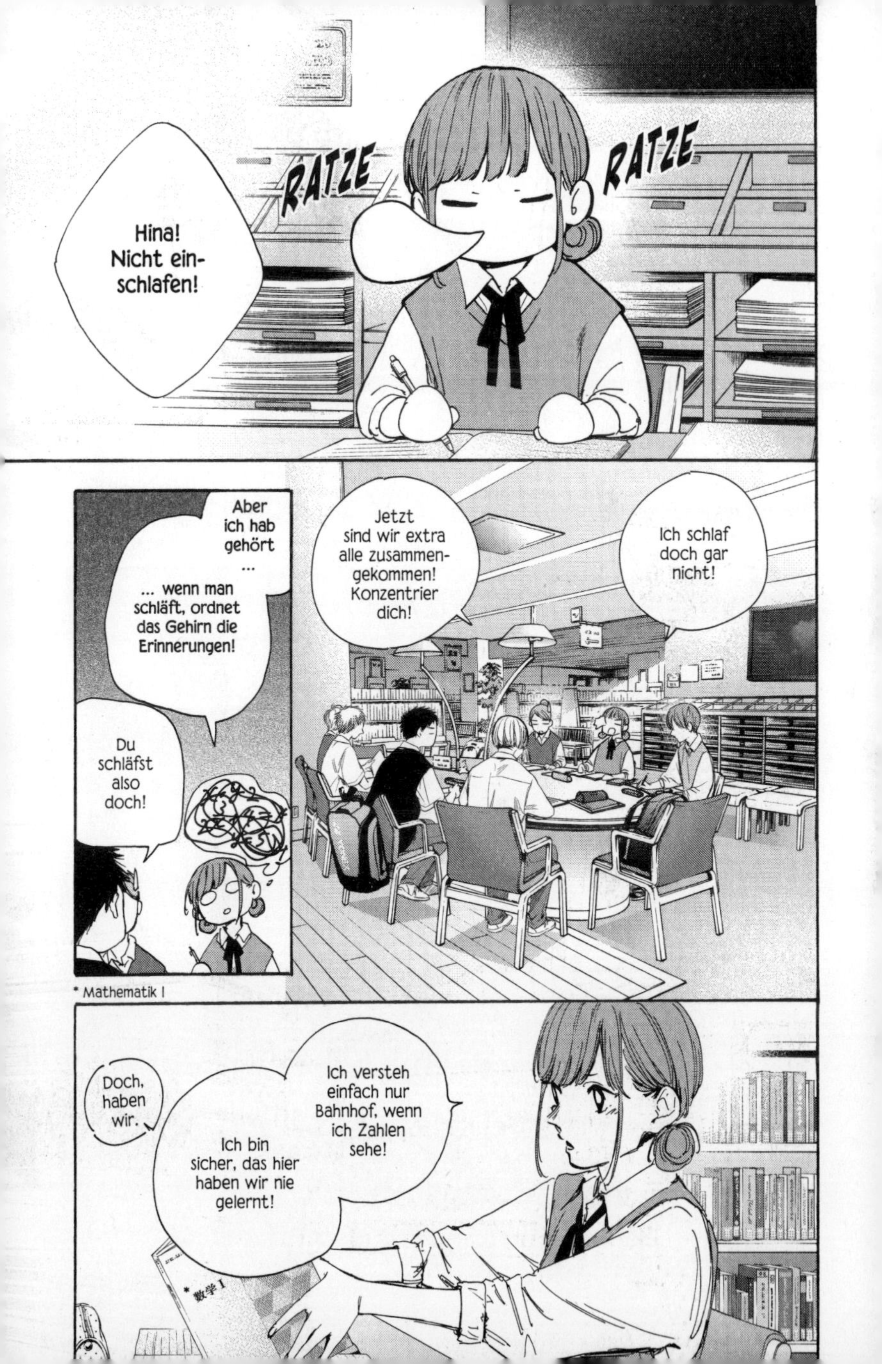

* Mathematik I

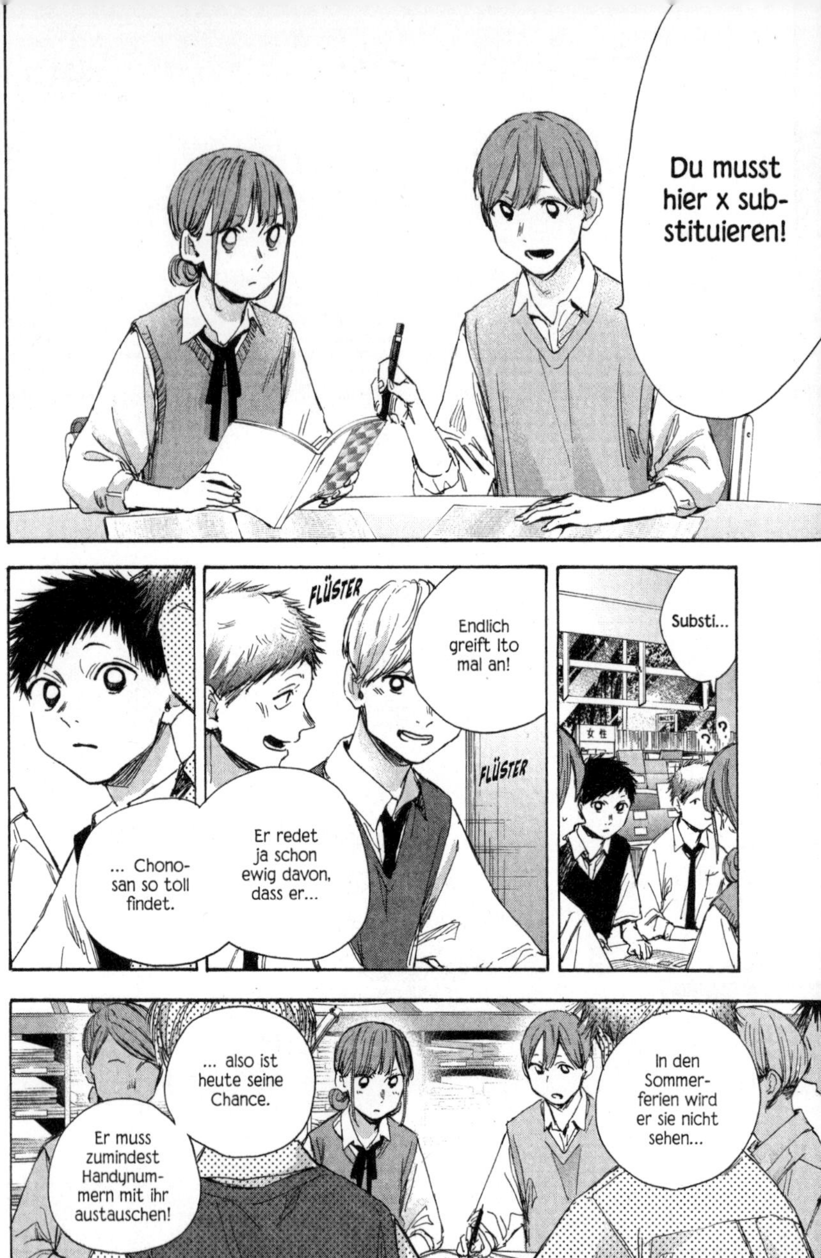
Du musst hier x substituieren!
Substi...
Endlich greift Ito mal an!
FLÜSTER
FLÜSTER
Er redet ja schon ewig davon, dass er...
... Chono-san so toll findet.
In den Sommerferien wird er sie nicht sehen...
... also ist heute seine Chance.
Er muss zumindest Handynummern mit ihr austauschen!

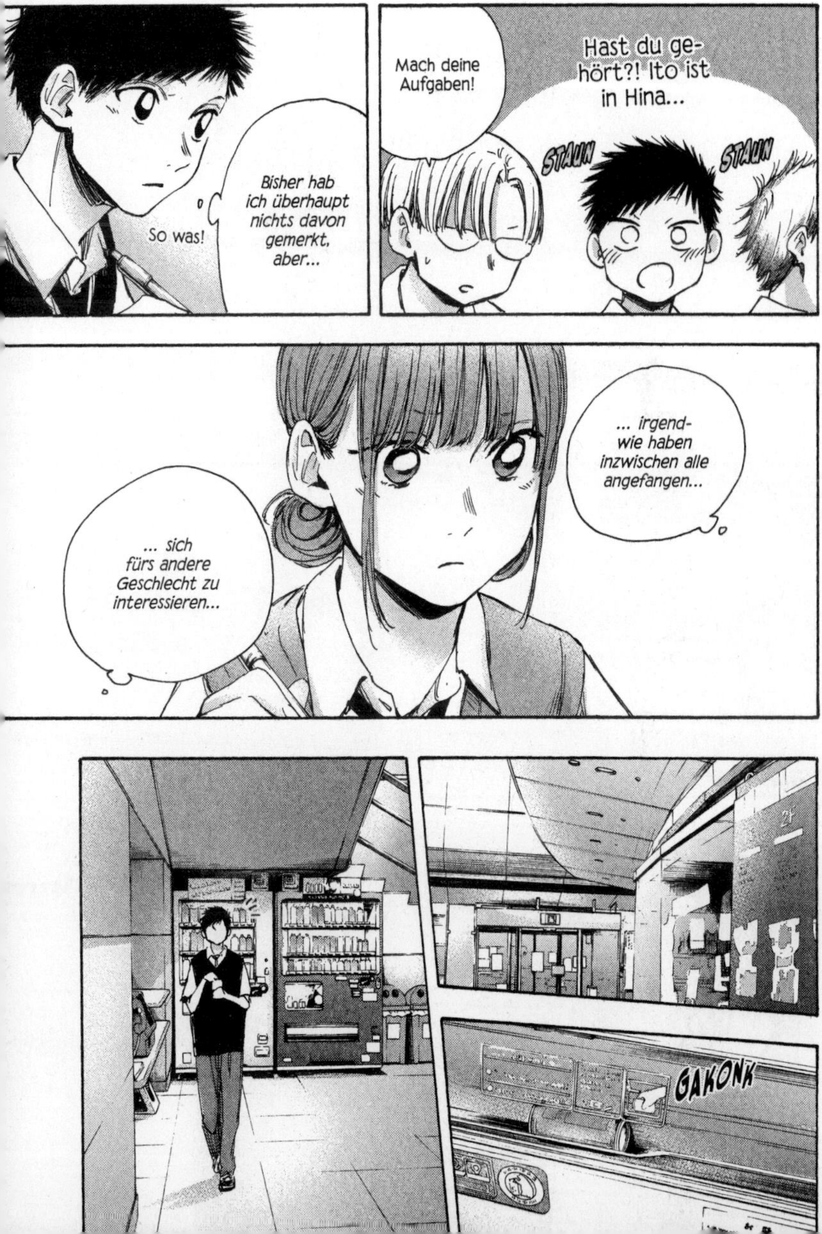
Hast du gehört?! Ito ist in Hina...
Mach deine Aufgaben!
STAUN
STAUN
Bisher hab ich überhaupt nichts davon gemerkt, aber...
So was!
... irgendwie haben inzwischen alle angefangen...
... sich fürs andere Geschlecht zu interessieren...
GAKONK

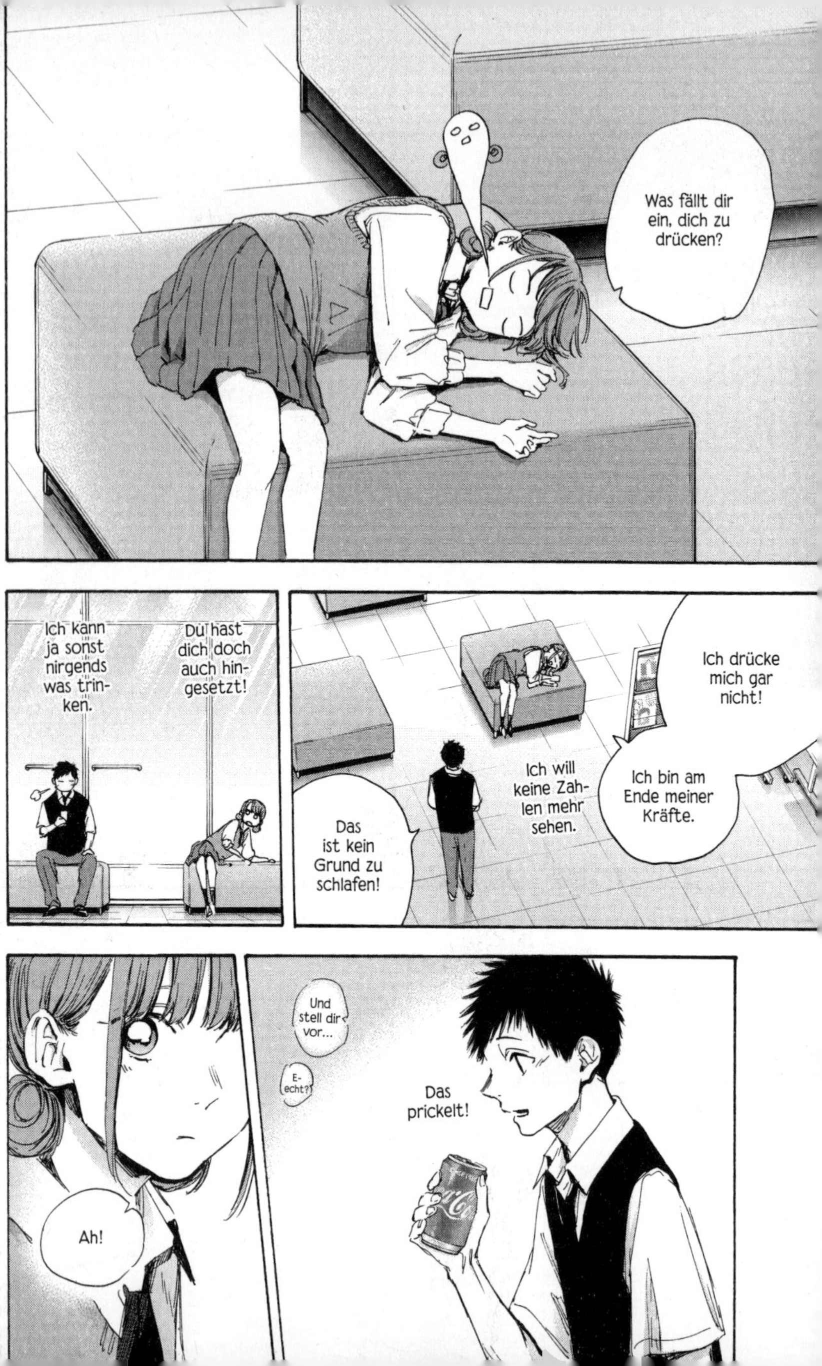
Was fällt dir ein, dich zu drücken?
Ich drücke mich gar nicht!
Ich bin am Ende meiner Kräfte.
Ich will keine Zahlen mehr sehen.
Das ist kein Grund zu schlafen!
Du hast dich doch auch hingesetzt!
Ich kann ja sonst nirgends was trinken.
Das prickelt!
Und stell dir vor...
E-echt?
Ah!

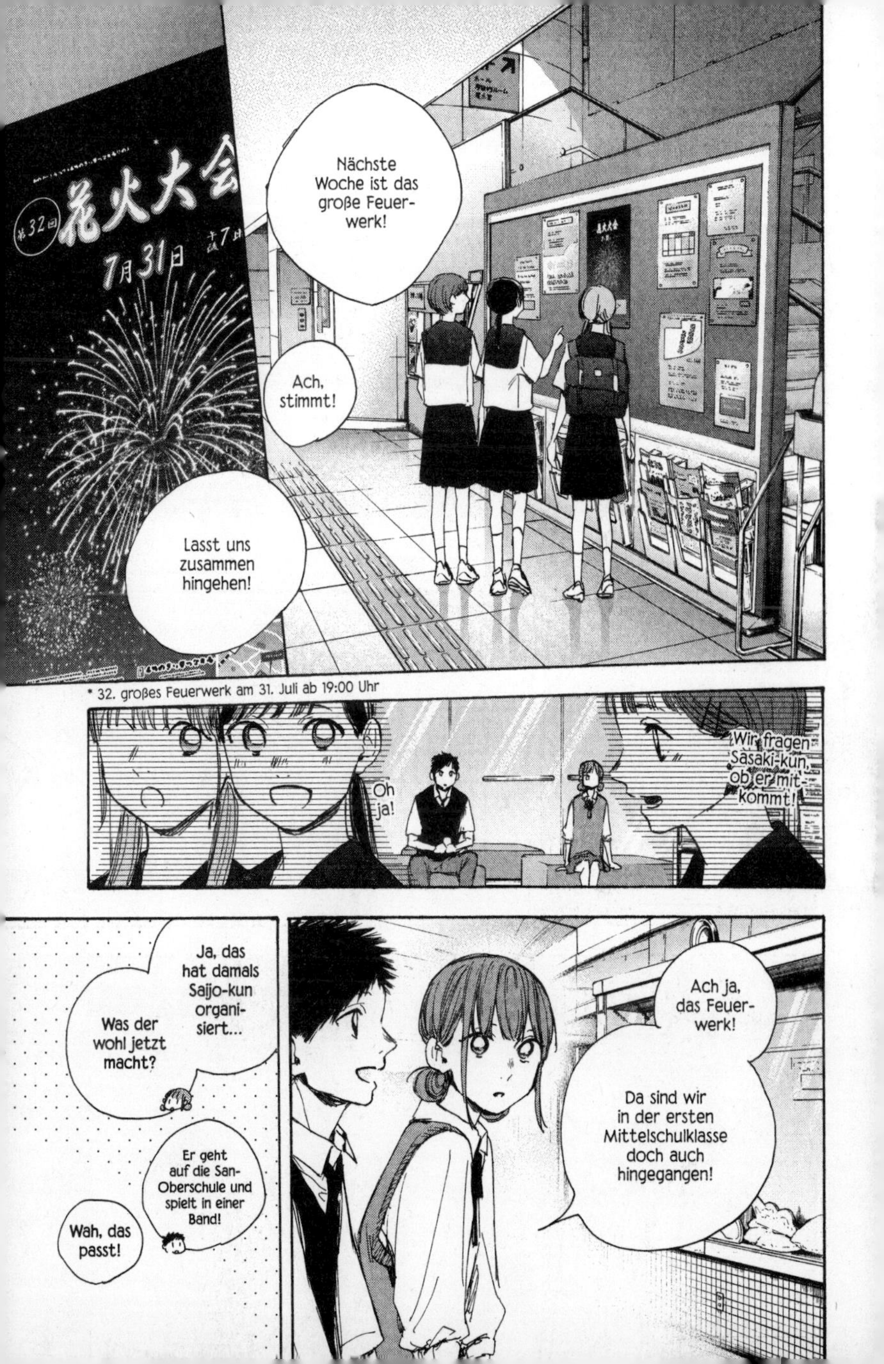
第32回 花火大会
7月31日
Nächste Woche ist das große Feuerwerk!
Ach, stimmt!
Lasst uns zusammen hingehen!
* 32. großes Feuerwerk am 31. Juli ab 19:00 Uhr
Wir fragen Sasaki-kun, ob er mitkommt!
Oh ja!
Ach ja, das Feuerwerk!
Da sind wir in der ersten Mittelschulklasse doch auch hingegangen!
Ja, das hat damals Saijo-kun organisiert...
Was der wohl jetzt macht?
Er geht auf die San-Oberschule und spielt in einer Band!
Wah, das passt!

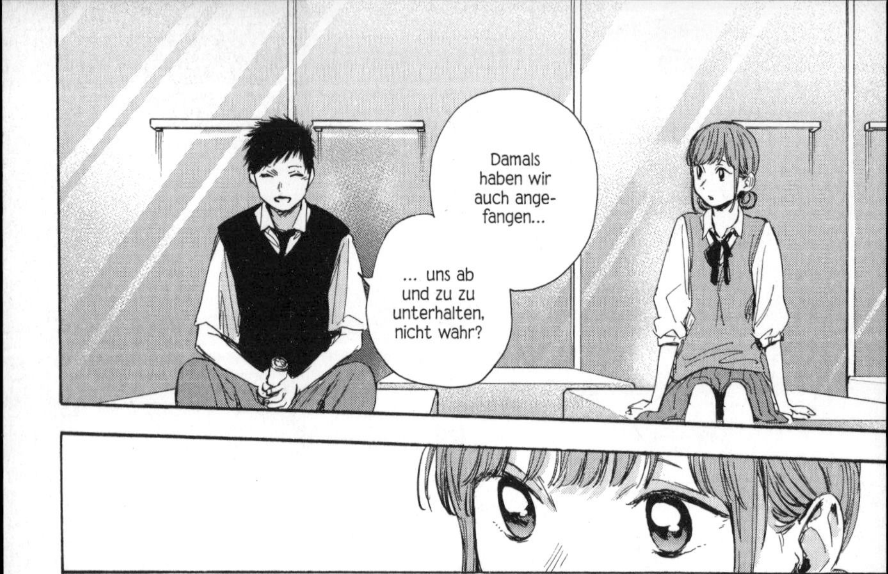

* 29. großes Feuerwerk am 28. Juli ab 19:00 Uhr

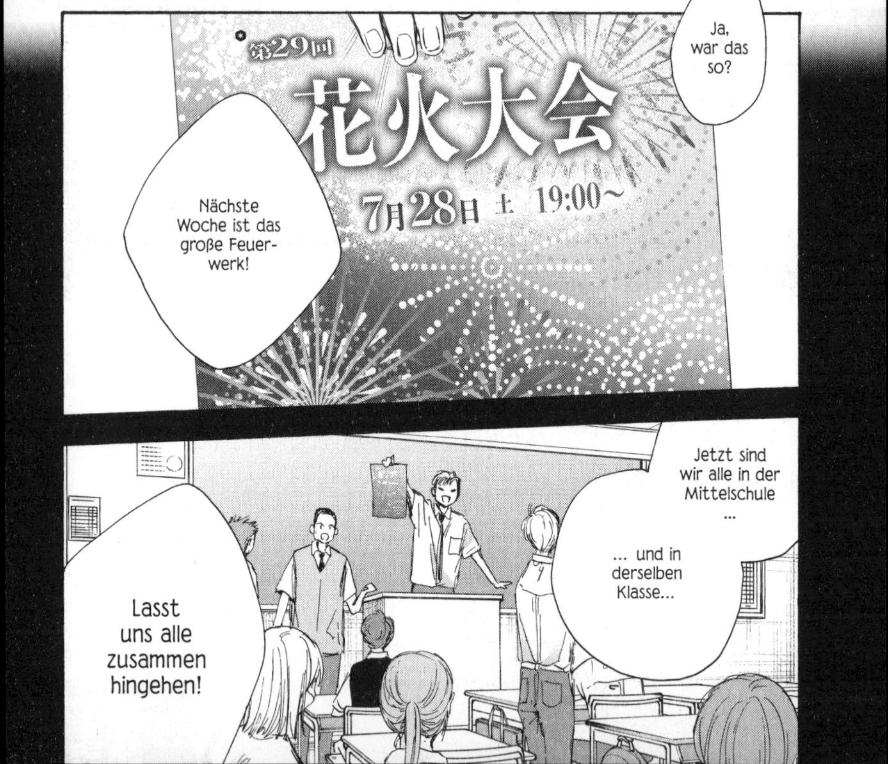

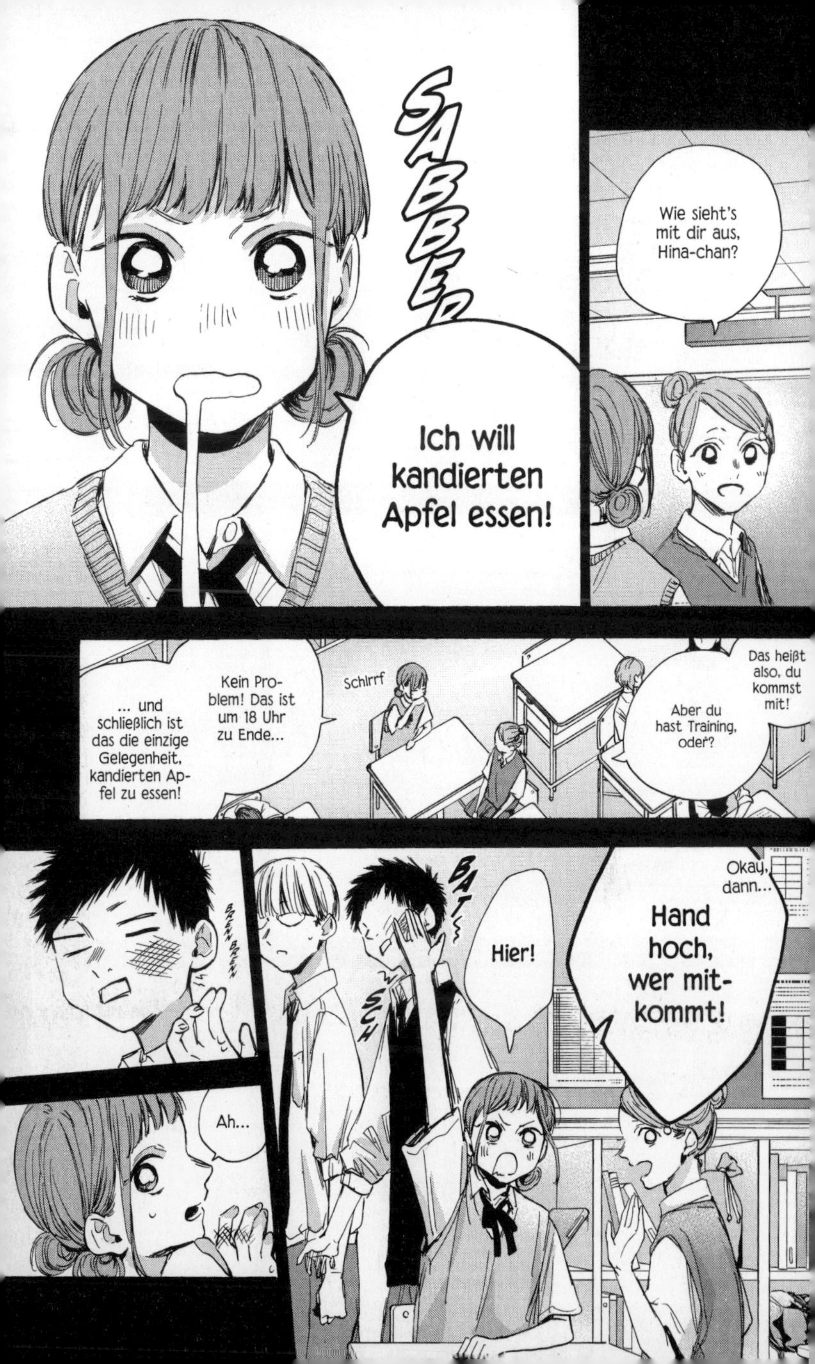
Wie sieht's mit dir aus, Hina-chan?
SABBER
Ich will kandierten Apfel essen!
Das heißt also, du kommst mit!
Aber du hast Training, oder?
Schlrrf
Kein Problem! Das ist um 18 Uhr zu Ende...
... und schließlich ist das die einzige Gelegenheit, kandierten Apfel zu essen!
Okay, dann...
Hand hoch, wer mitkommt!
BAT
Hier!
SCH
BRENN BRENN
Ah...

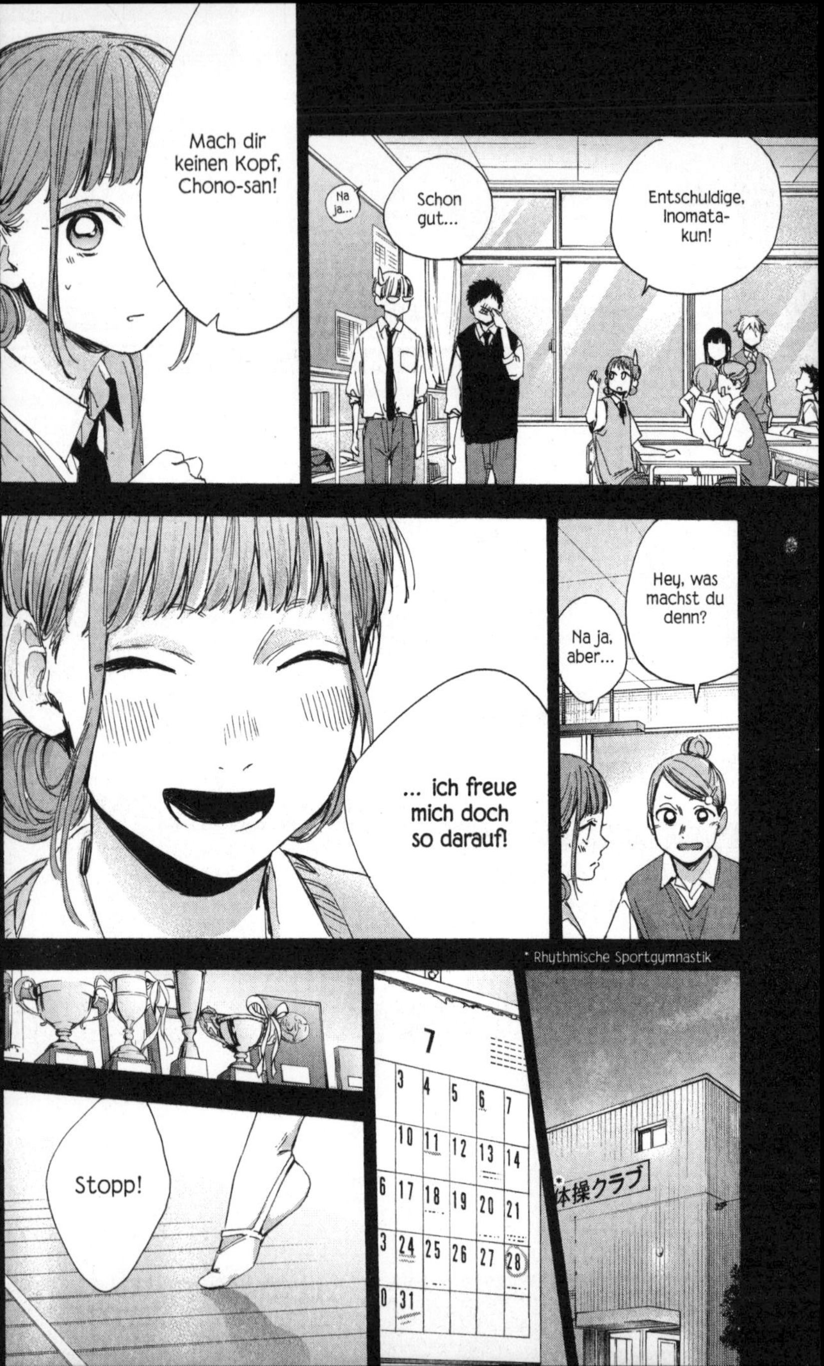
Entschuldige, Inomata-kun!
Schon gut...
Na ja...
Mach dir keinen Kopf, Chono-san!
Hey, was machst du denn?
Na ja, aber...
... ich freue mich doch so darauf!
* Rhythmische Sportgymnastik
*体操クラブ
7
Stopp!

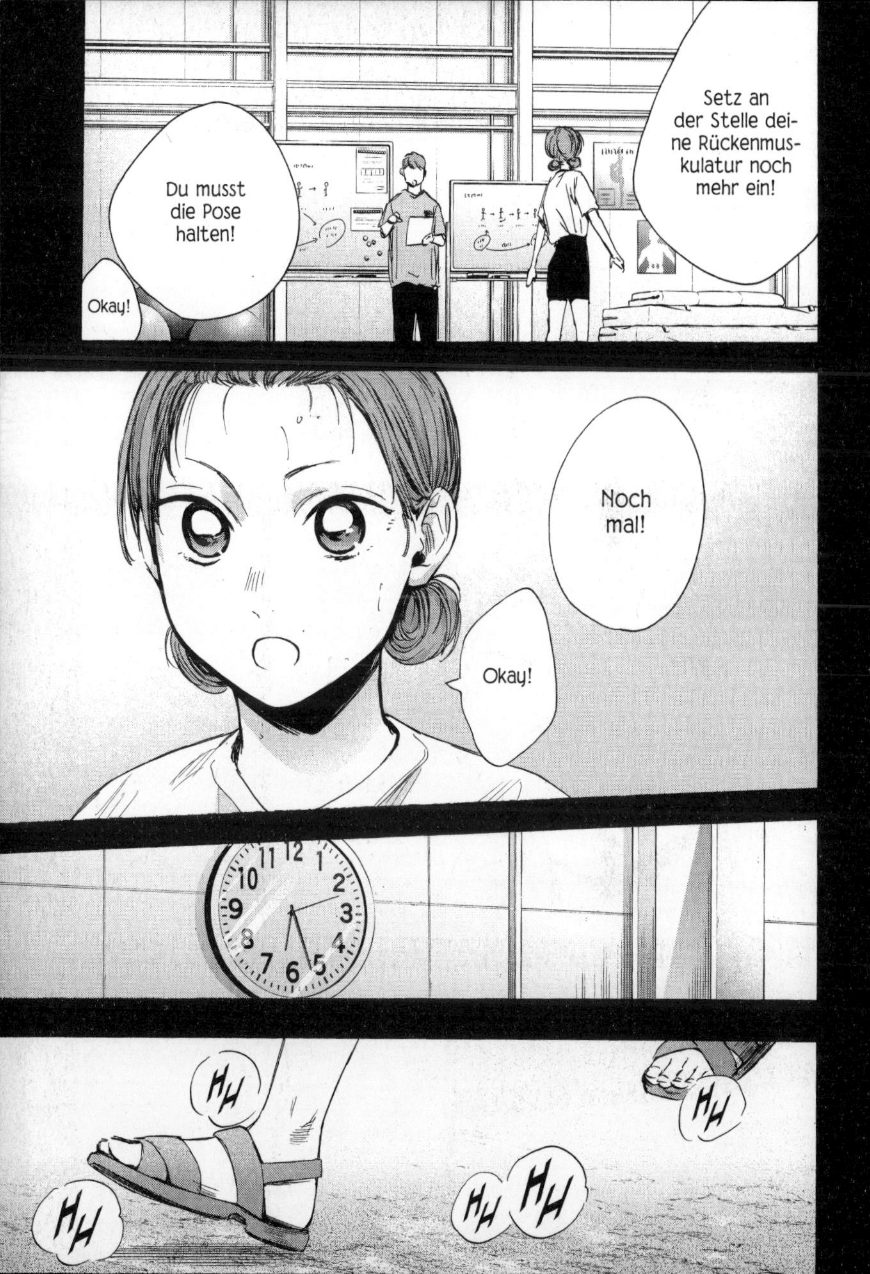
Setz an der Stelle deine Rückenmuskulatur noch mehr ein!
Du musst die Pose halten!
Okay!
Noch mal!
Okay!

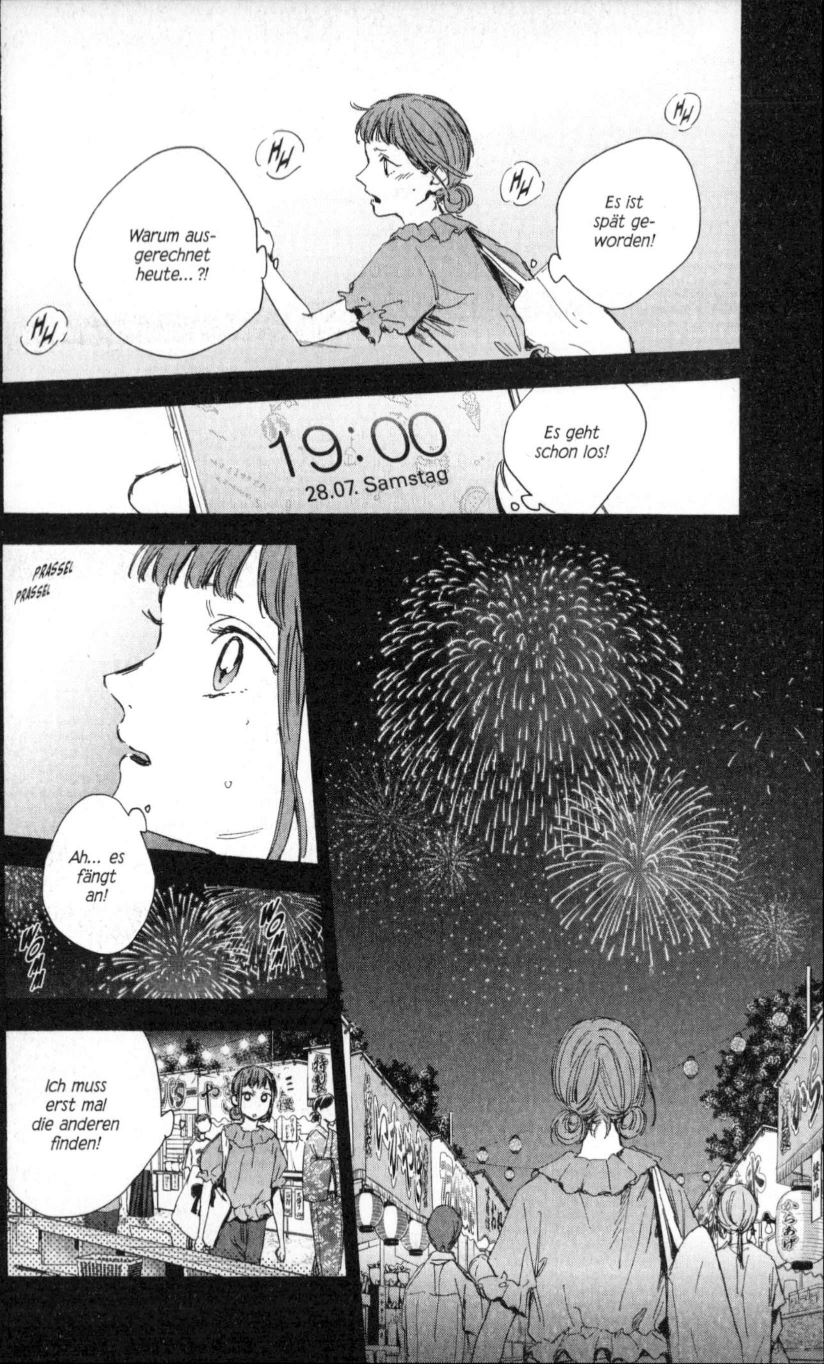
HH
HH
Es ist spät geworden!
HH
Warum ausgerechnet heute...?!
HH
Es geht schon los!
19:00
28.07. Samstag
PRASSEL PRASSEL
Ah... es fängt an!
WOMM
WOMM
Ich muss erst mal die anderen finden!

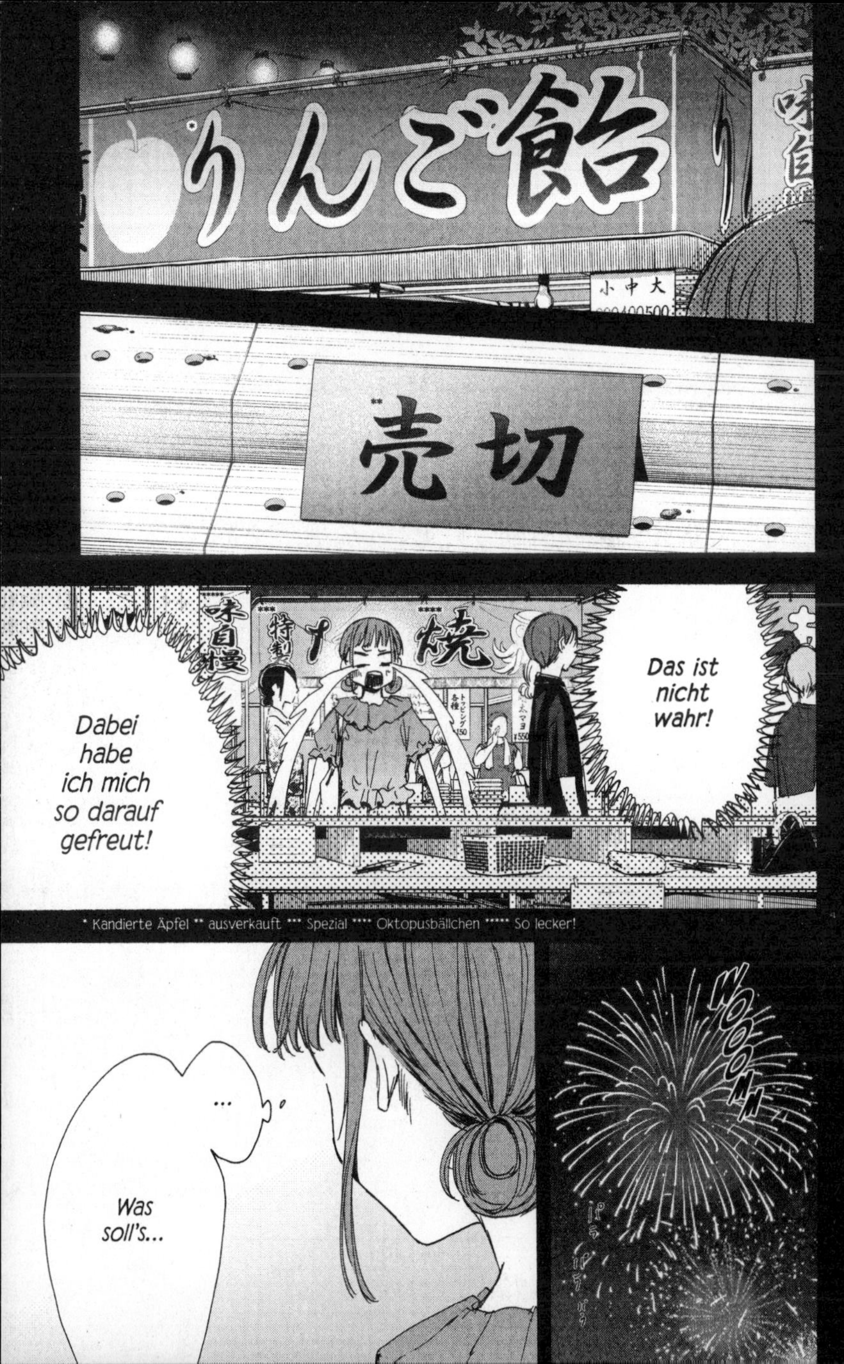

* Kandierte Äpfel ** ausverkauft *** Spezial **** Oktopusbällchen ***** So lecker!

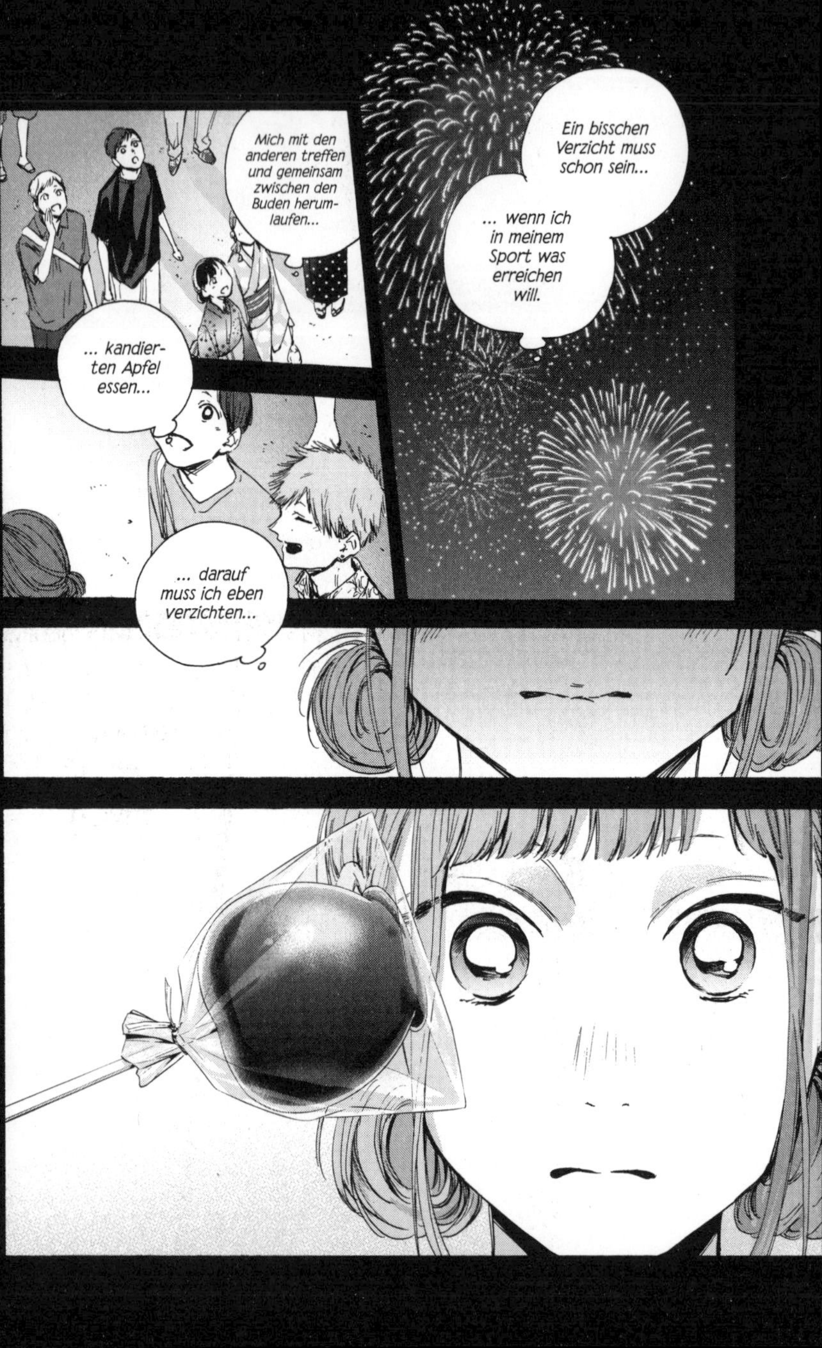
Ein bisschen Verzicht muss schon sein...
... wenn ich in meinem Sport was erreichen will.
Mich mit den anderen treffen und gemeinsam zwischen den Buden herumlaufen...
... kandierten Apfel essen...
... darauf muss ich eben verzichten...

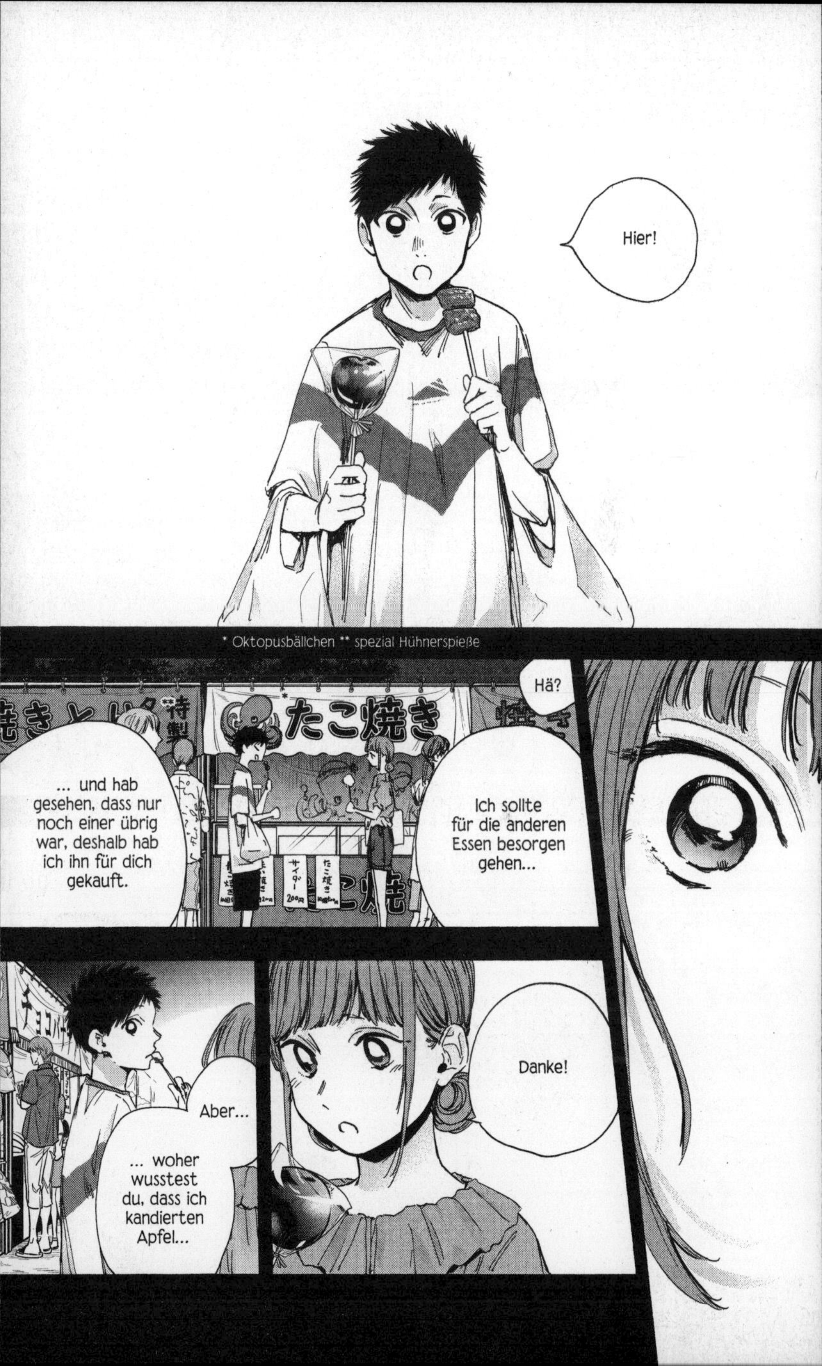
Hier!
* Oktopusbällchen ** spezial Hühnerspieße
Hä?
たこ焼き
Ich sollte für die anderen Essen besorgen gehen...
... und hab gesehen, dass nur noch einer übrig war, deshalb hab ich ihn für dich gekauft.
Danke!
Aber...
... woher wusstest du, dass ich kandierten Apfel...

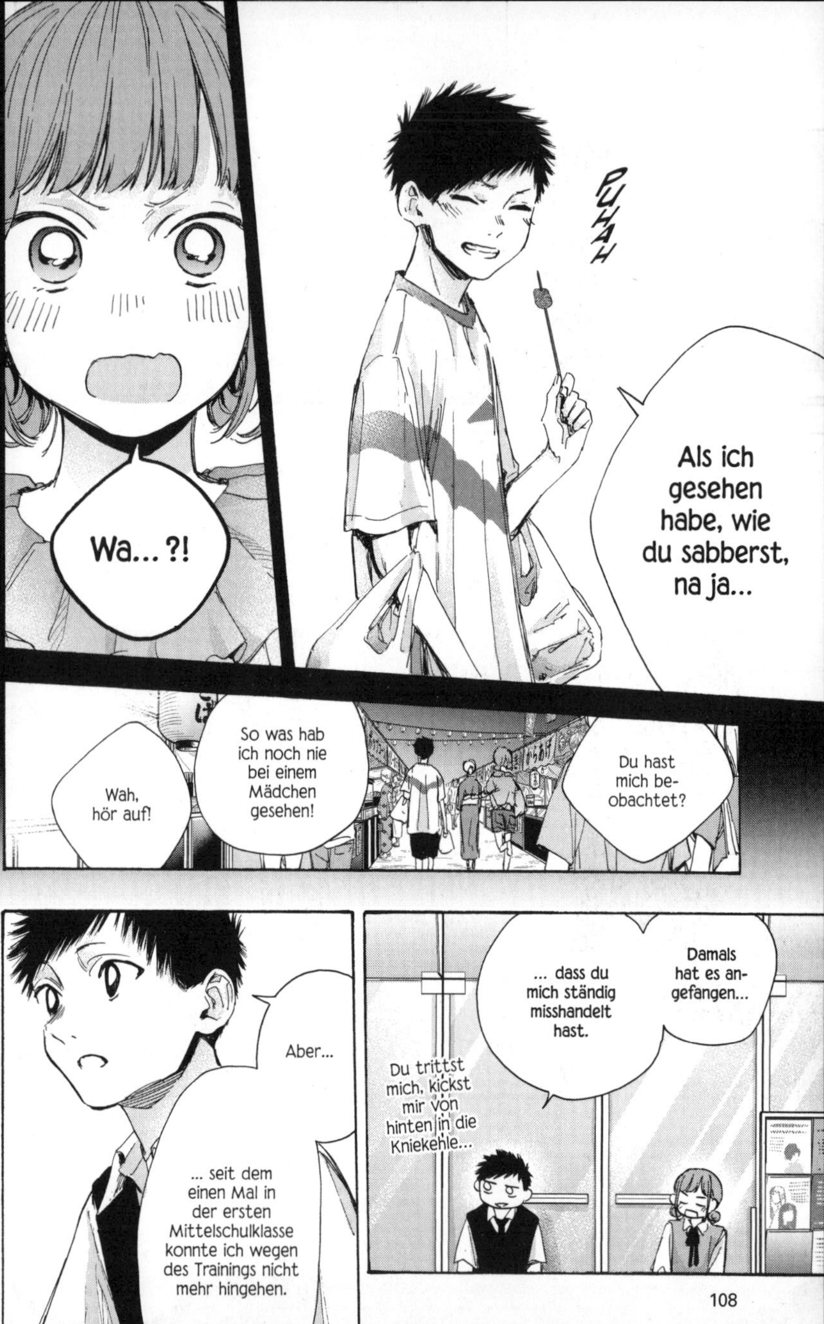
Als ich gesehen habe, wie du sabberst, na ja...
PUHAH
Wa... ?!
Du hast mich be-obachtet?
So was hab ich noch nie bei einem Mädchen gesehen!
Wah, hör auf!
Damals hat es an-gefangen...
... dass du mich ständig misshandelt hast.
Du trittst mich, kickst mir von hinten in die Kniekehle...
Aber...
... seit dem einen Mal in der ersten Mittelschulklasse konnte ich wegen des Trainings nicht mehr hingehen.

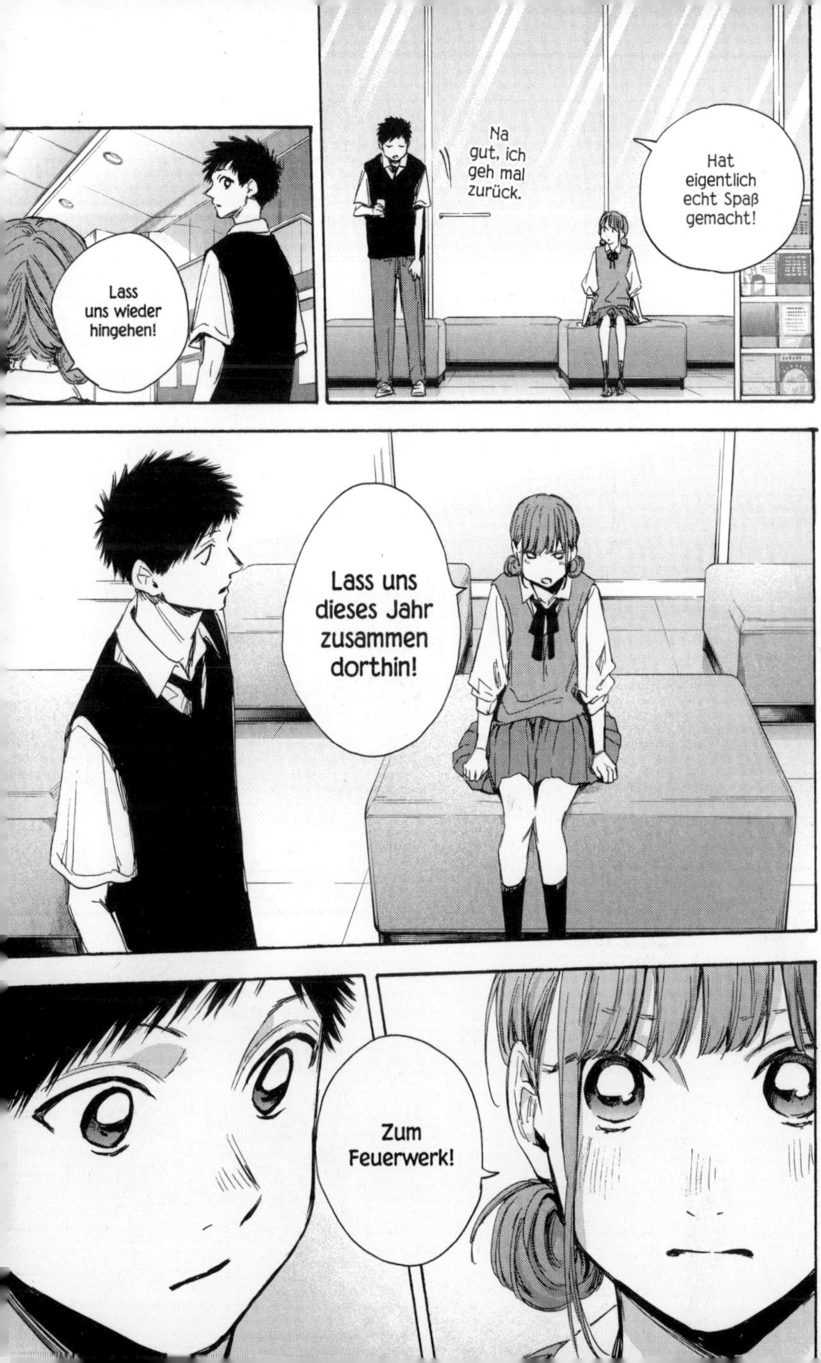
Hat eigentlich echt Spaß gemacht!
Na gut, ich geh mal zurück.
Lass uns wieder hingehen!
Lass uns dieses Jahr zusammen dorthin!
Zum Feuerwerk!

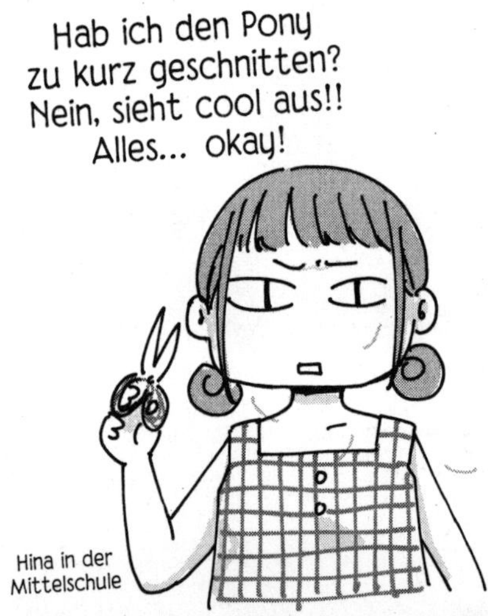
Hab ich den Pony
zu kurz geschnitten?
Nein, sieht cool aus!!
Alles... okay!
Hina in der
Mittelschule

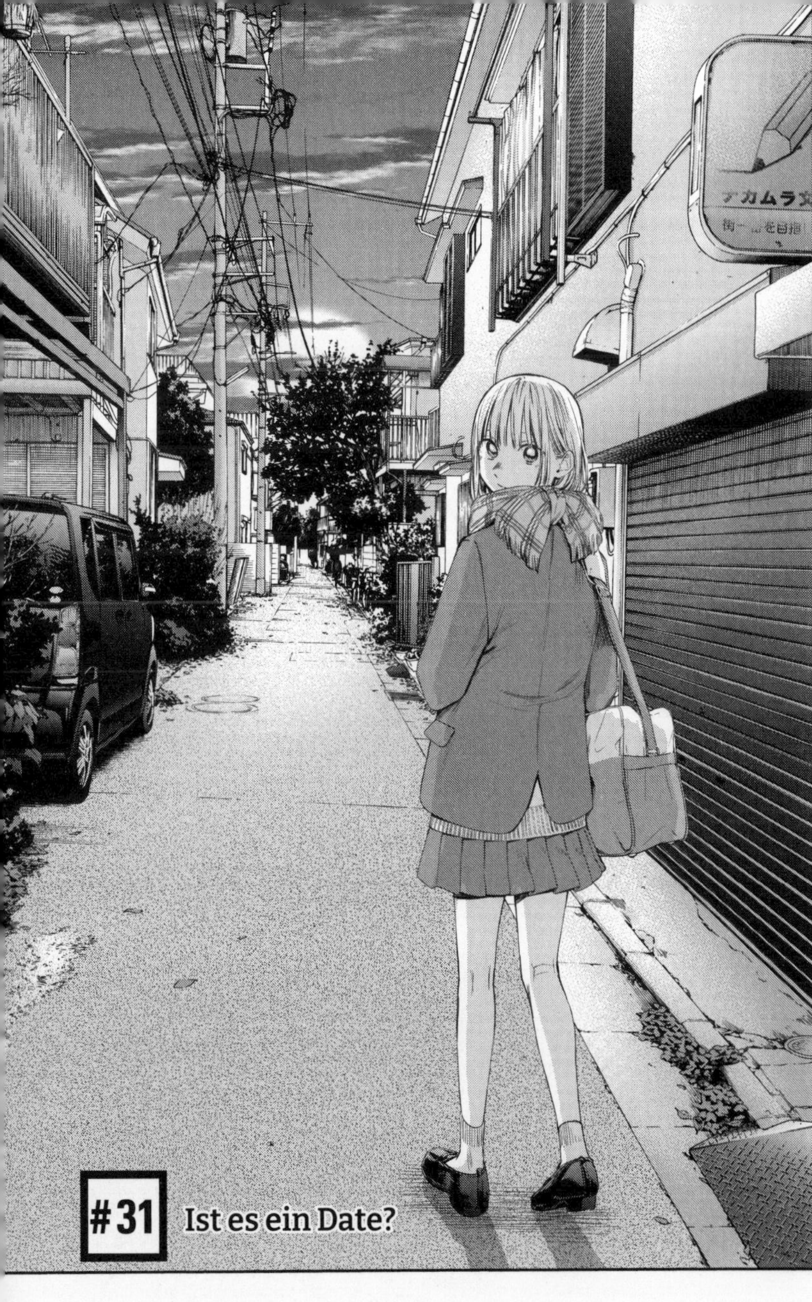

#31 Ist es ein Date?

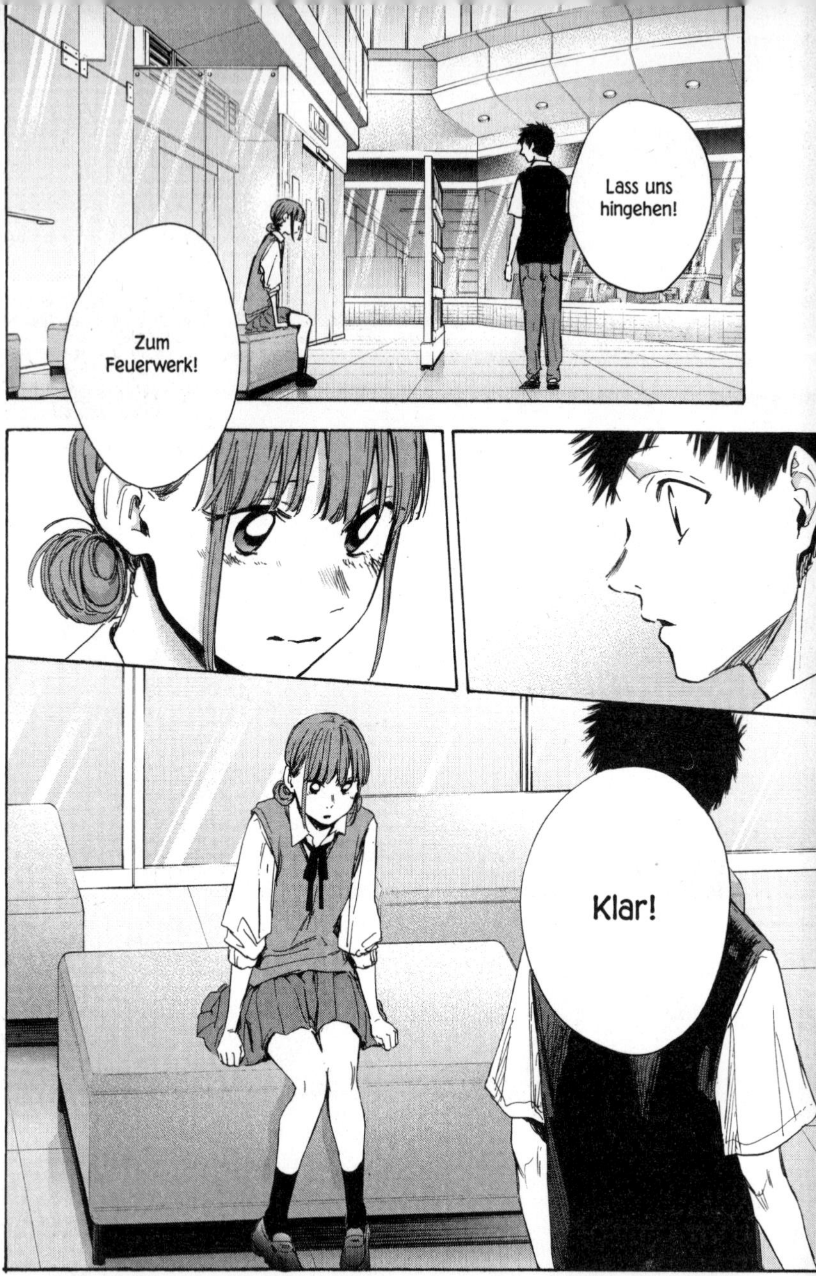
Lass uns hingehen!
Zum Feuerwerk!
Klar!

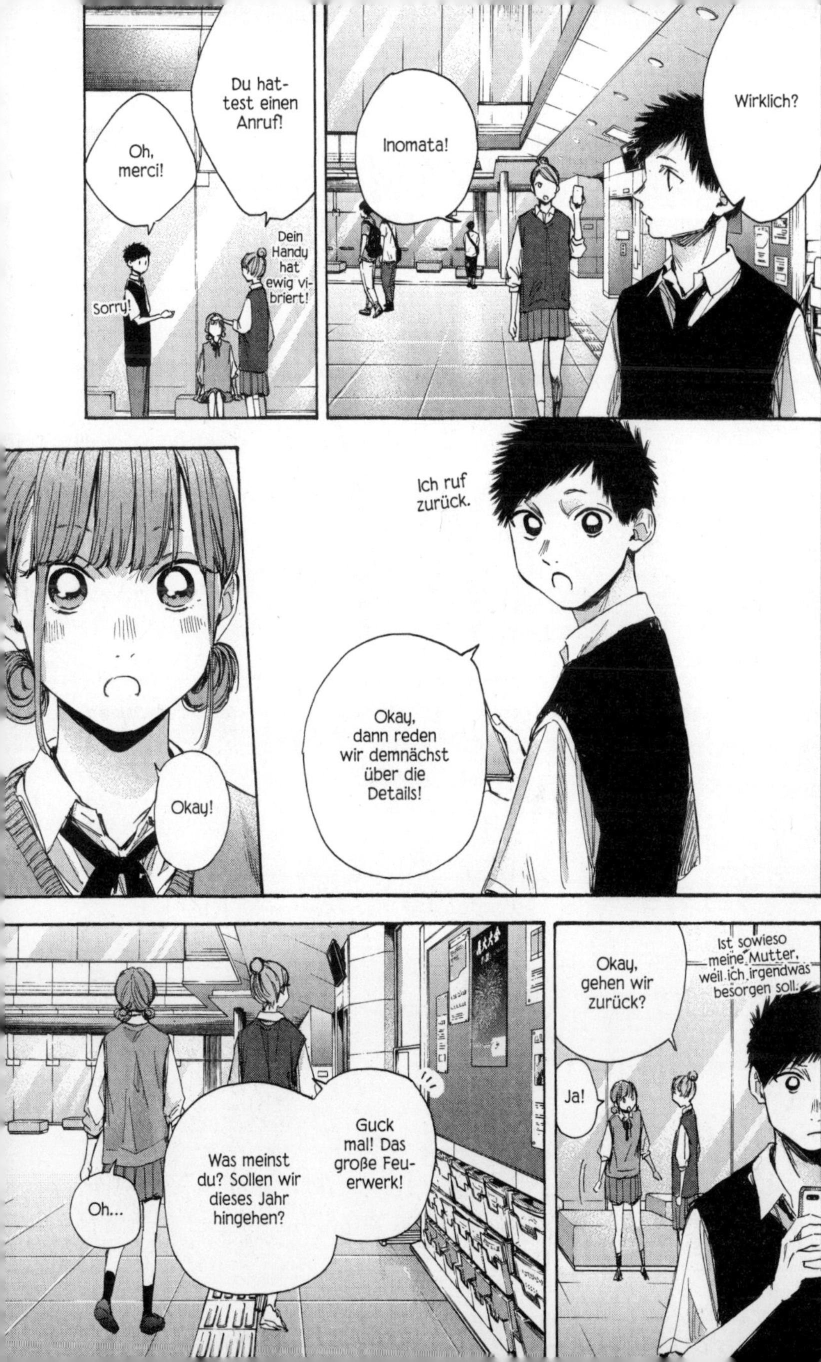
Wirklich?
Inomata!
Du hattest einen Anruf!
Oh, merci!
Dein Handy hat ewig vibriert!
Sorry!
Ich ruf zurück.
Okay, dann reden wir demnächst über die Details!
Okay!
Ist sowieso meine Mutter, weil ich irgendwas besorgen soll.
Okay, gehen wir zurück?
Ja!
Guck mal! Das große Feuerwerk!
Was meinst du? Sollen wir dieses Jahr hingehen?
Oh...

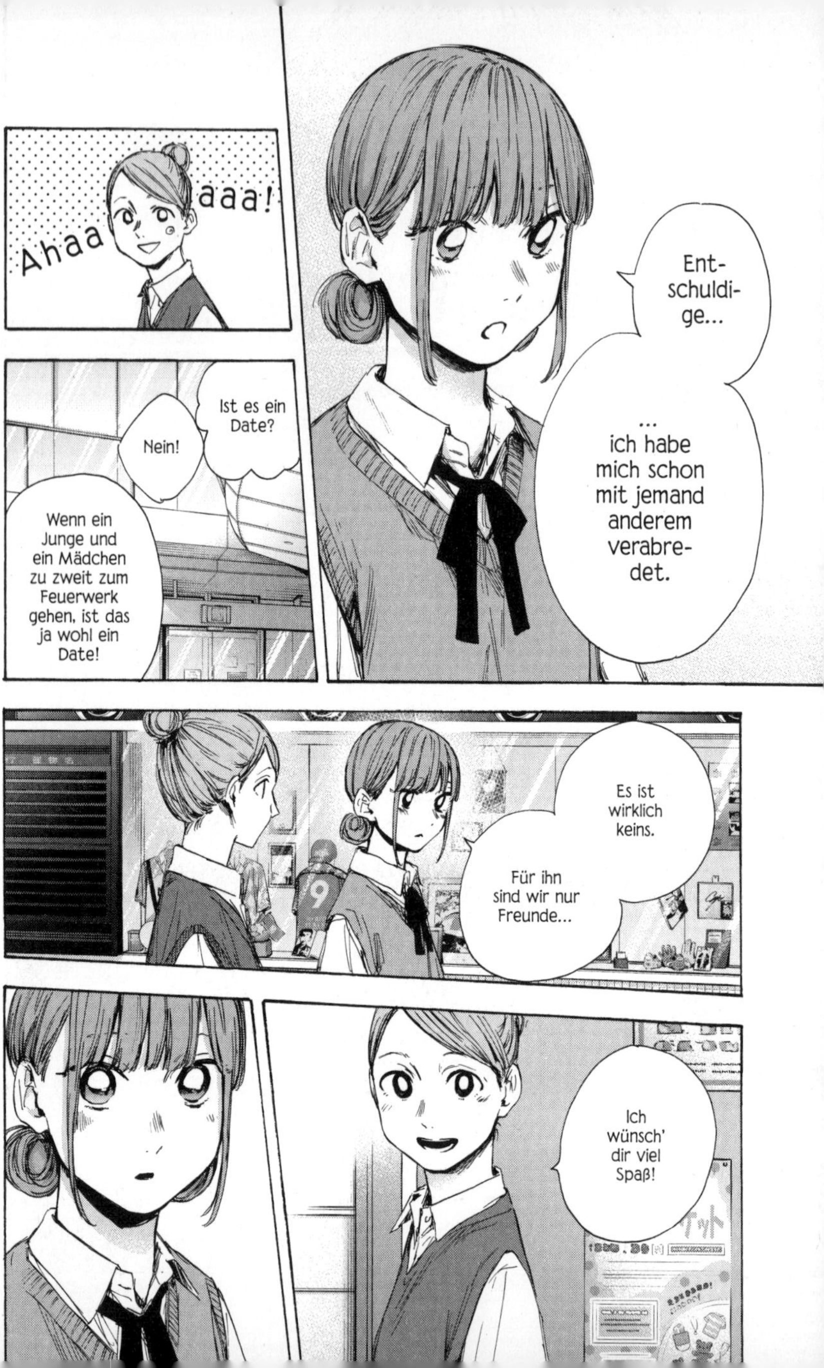
Ent-schuldi-ge...
... ich habe mich schon mit jemand anderem verabre-det.
Ahaaaaa!
Ist es ein Date?
Nein!
Wenn ein Junge und ein Mädchen zu zweit zum Feuerwerk gehen, ist das ja wohl ein Date!
Es ist wirklich keins.
Für ihn sind wir nur Freunde...
Ich wünsch' dir viel Spaß!

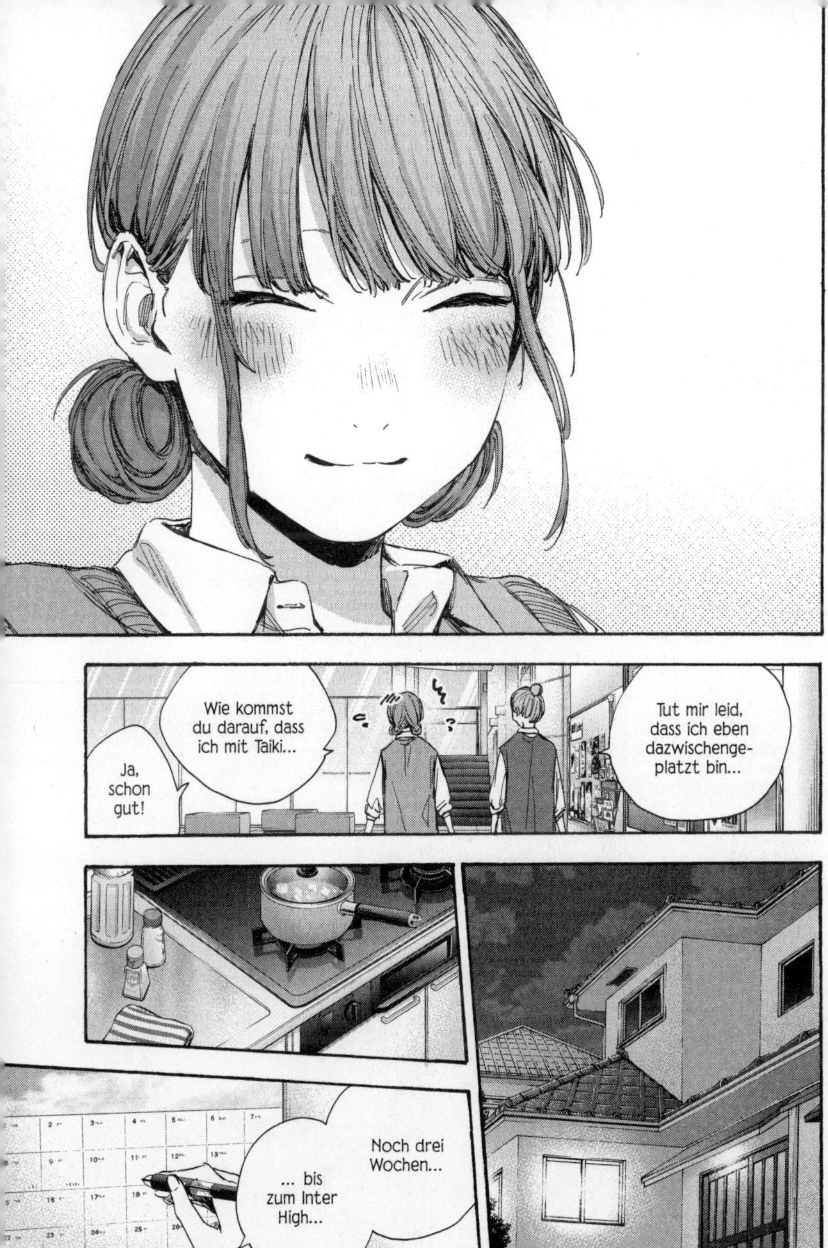
Tut mir leid, dass ich eben dazwischenge-platzt bin...
Wie kommst du darauf, dass ich mit Taiki...
Ja, schon gut!
Noch drei Wochen...
... bis zum Inter High...

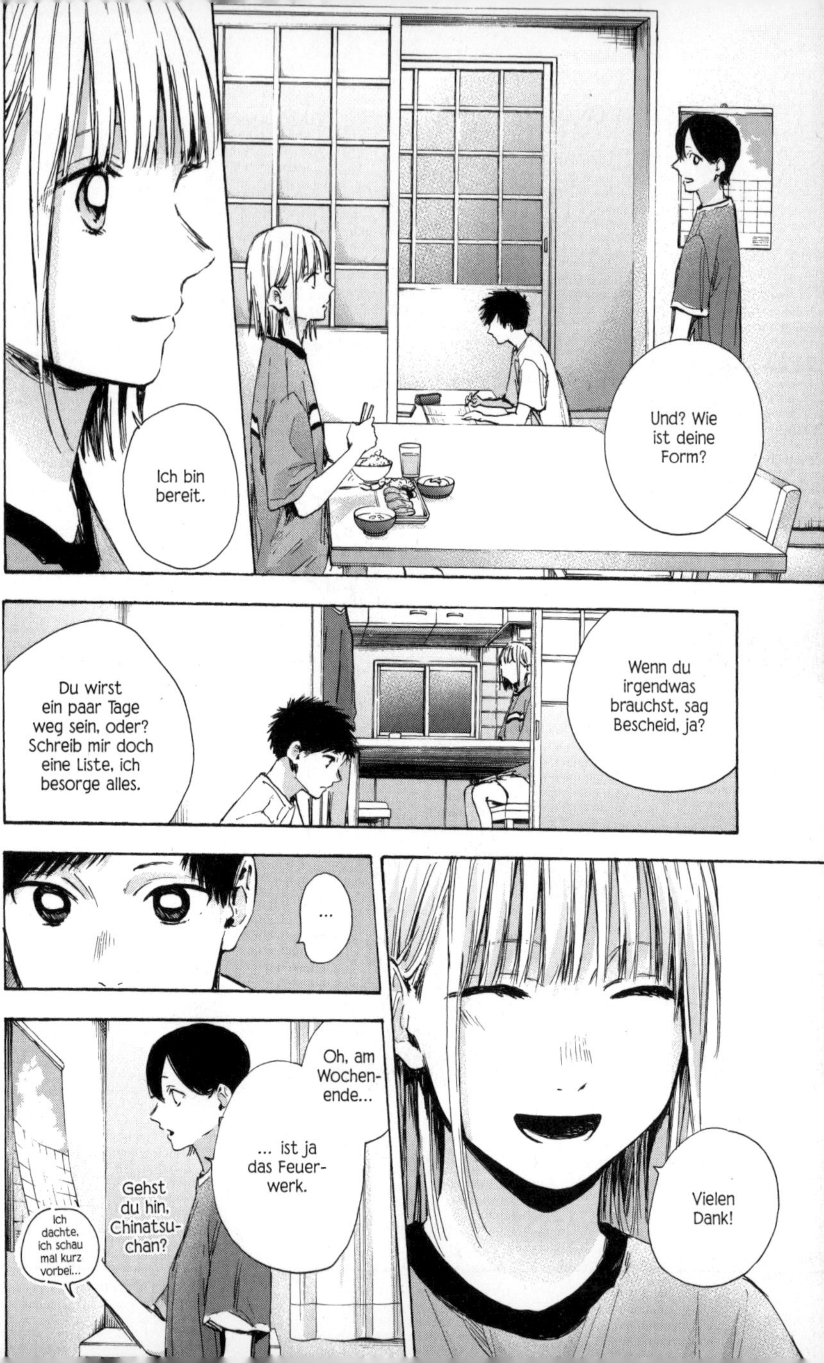
Und? Wie ist deine Form?
Ich bin bereit.
Wenn du irgendwas brauchst, sag Bescheid, ja?
Du wirst ein paar Tage weg sein, oder? Schreib mir doch eine Liste, ich besorge alles.
Vielen Dank!
...
Oh, am Wochenende...
... ist ja das Feuerwerk.
Gehst du hin, Chinatsu-chan?
Ich dachte, ich schau mal kurz vorbei...

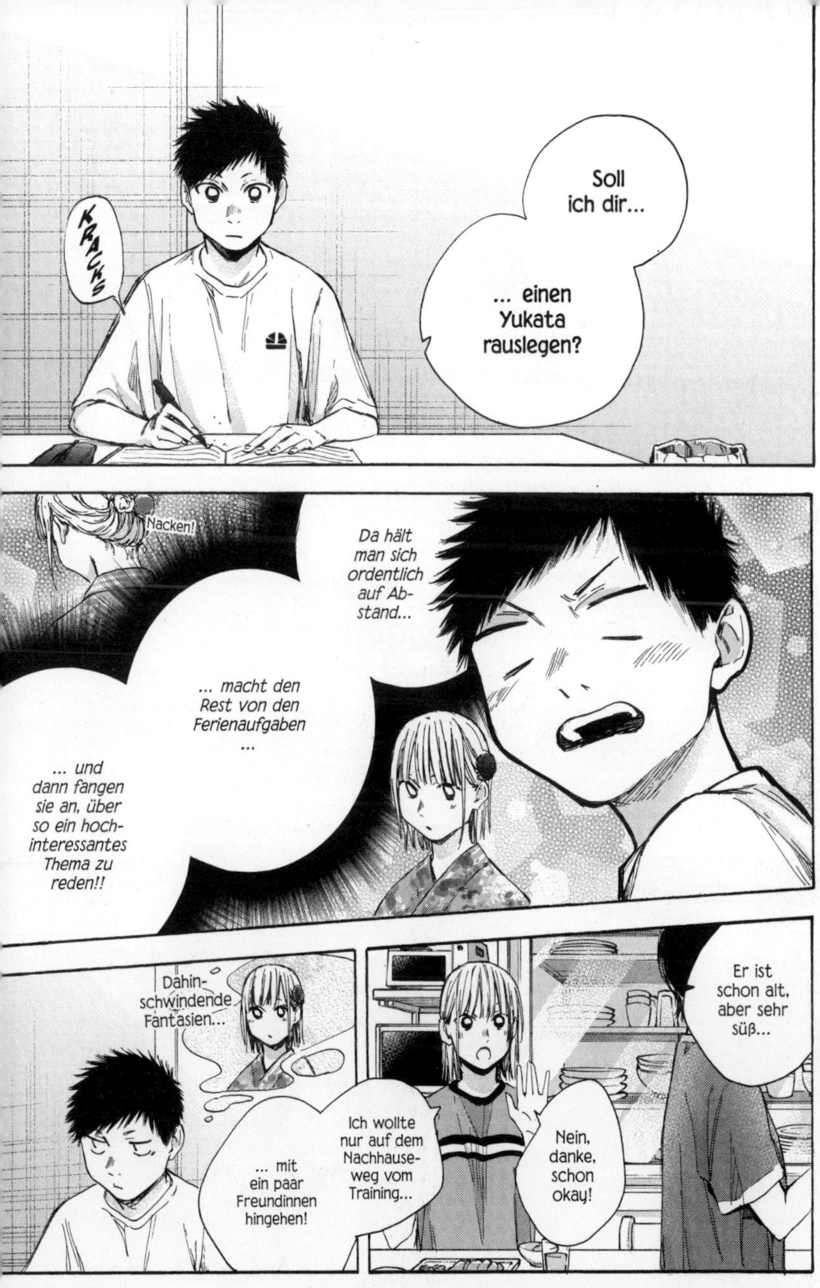
Soll ich dir...
... einen Yukata rauslegen?
KRACKS
Da hält man sich ordentlich auf Abstand...
... macht den Rest von den Ferienaufgaben ...
... und dann fangen sie an, über so ein hochinteressantes Thema zu reden!!
Nacken!
Er ist schon alt, aber sehr süß...
Nein, danke, schon okay!
Ich wollte nur auf dem Nachhauseweg vom Training...
... mit ein paar Freundinnen hingehen!
Dahinschwindende Fantasien...

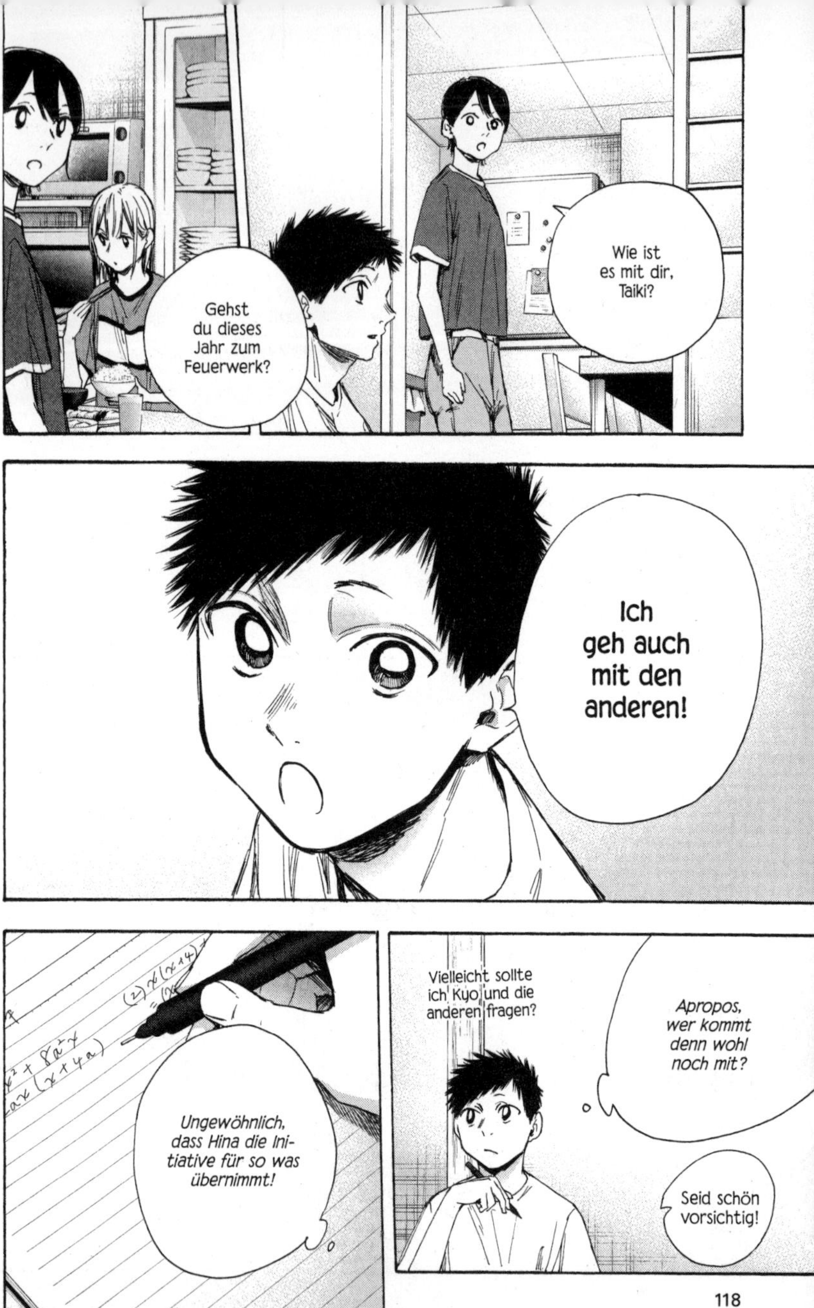
Wie ist es mit dir, Taiki?
Gehst du dieses Jahr zum Feuerwerk?
Ich geh auch mit den anderen!
Apropos, wer kommt denn wohl noch mit?
Vielleicht sollte ich Kyo und die anderen fragen?
Seid schön vorsichtig!
Ungewöhnlich, dass Hina die Initiative für so was übernimmt!

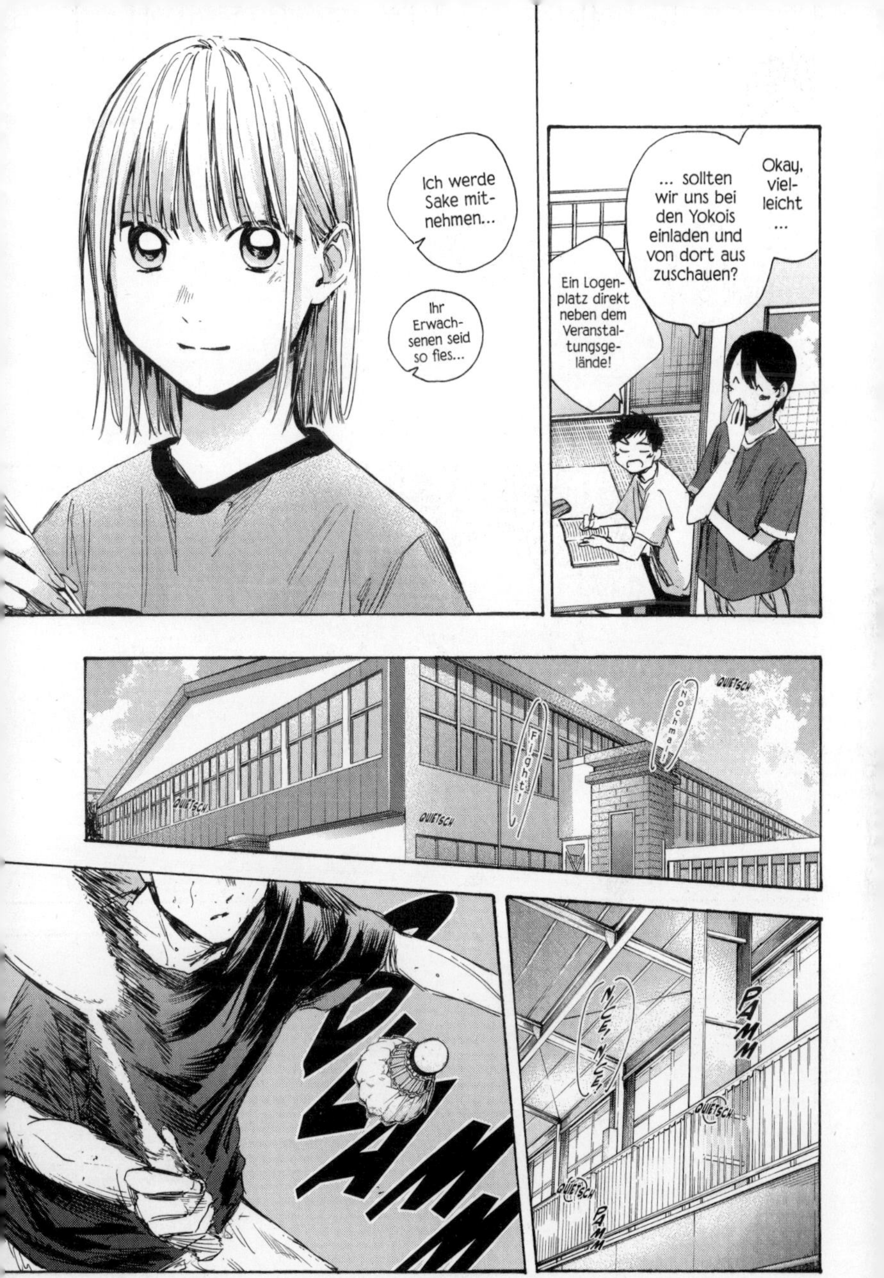

Okay, viel-leicht ...
... sollten wir uns bei den Yokois einladen und von dort aus zuschauen?
Ein Logenplatz direkt neben dem Veranstaltungsgelände!
Ich werde Sake mitnehmen...
Ihr Erwachsenen seid so fies...
QUIETSCH
Nochmal!
Fight!
QUIETSCH
QUIETSCH
Nice, nice!
PAMM
QUIETSCH
QUIETSCH
PAMM

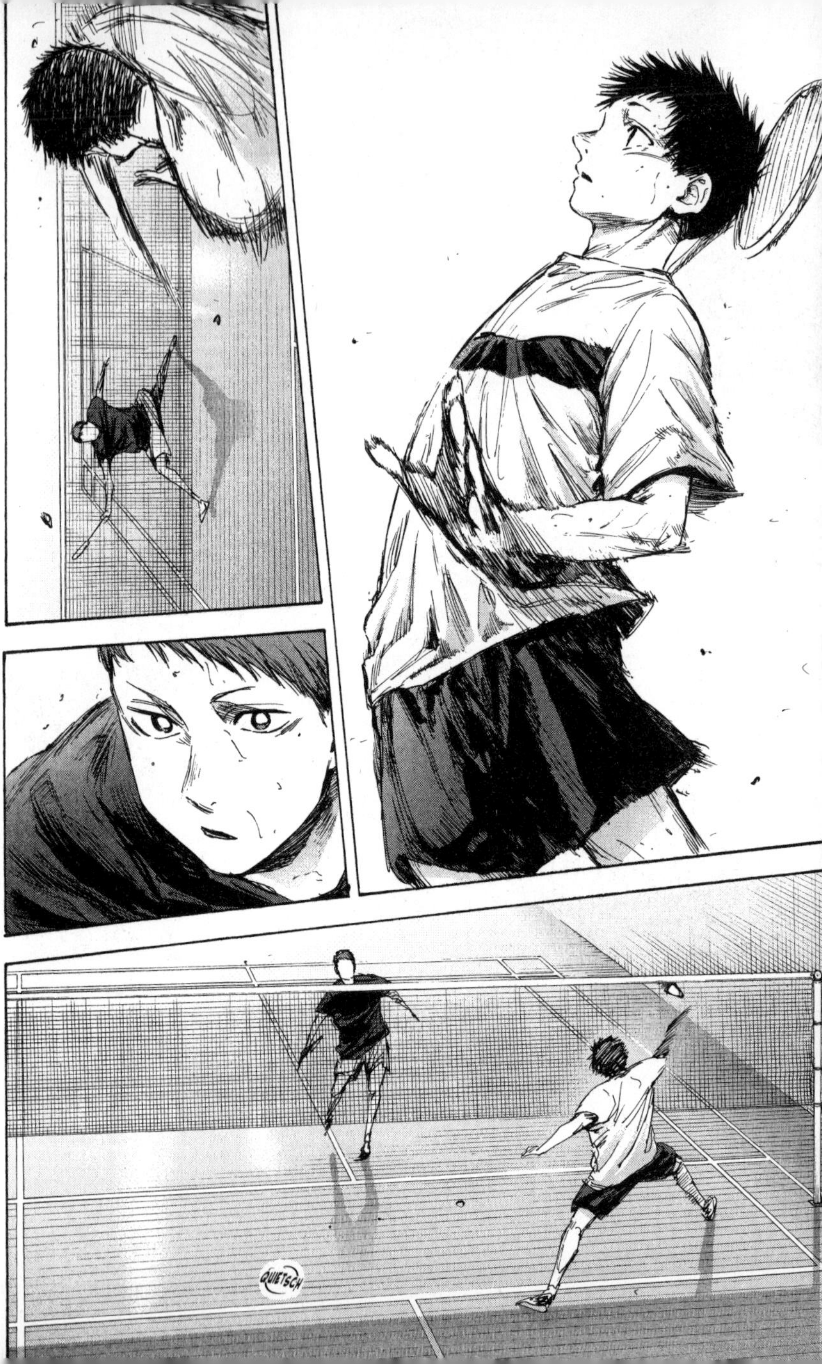
QUIETSCH

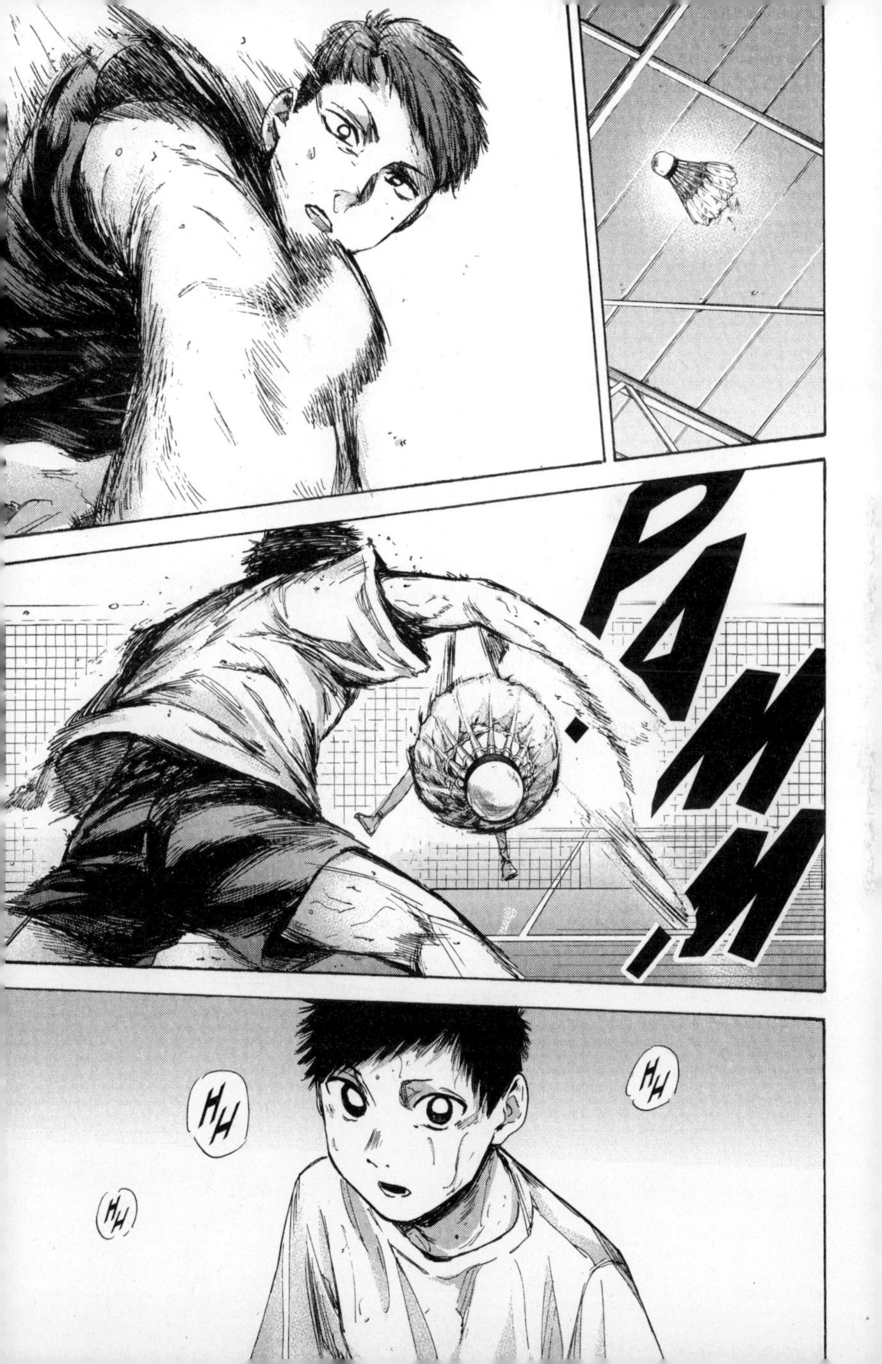
PAMM!
HH
HH
HH

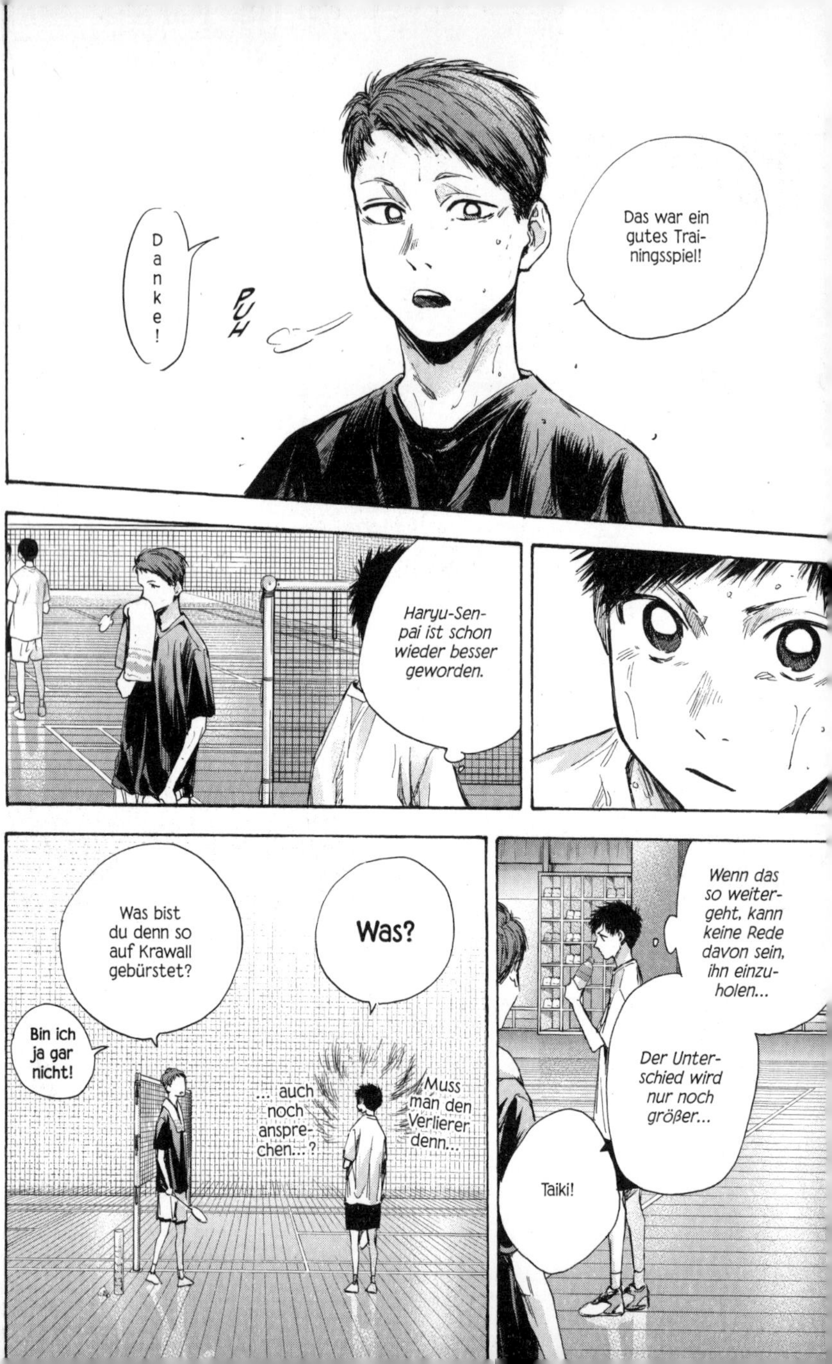
Das war ein gutes Trainingsspiel!
PUH
Danke!
Haryu-Senpai ist schon wieder besser geworden.
Wenn das so weitergeht, kann keine Rede davon sein, ihn einzuholen...
Der Unterschied wird nur noch größer...
Taiki!
Was?
Muss man den Verlierer denn...
... auch noch ansprechen...?
Was bist du denn so auf Krawall gebürstet?
Bin ich ja gar nicht!

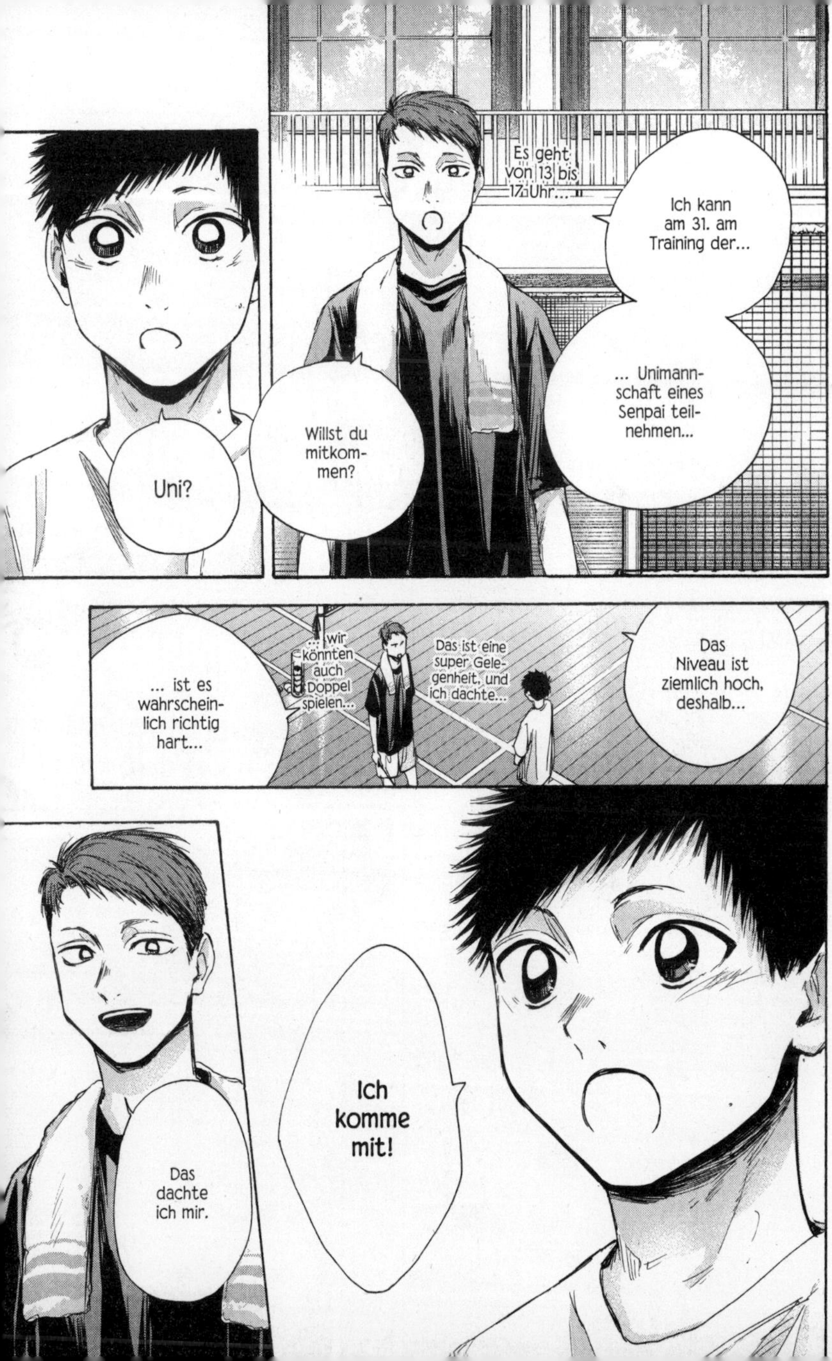

Ich kann am 31. am Training der...
... Unimannschaft eines Senpai teilnehmen...
Es geht von 13 bis 17 Uhr...
Willst du mitkommen?
Uni?
Das Niveau ist ziemlich hoch, deshalb...
Das ist eine super Gelegenheit, und ich dachte...
... wir könnten auch Doppel spielen...
... ist es wahrscheinlich richtig hart...
Ich komme mit!
Das dachte ich mir.

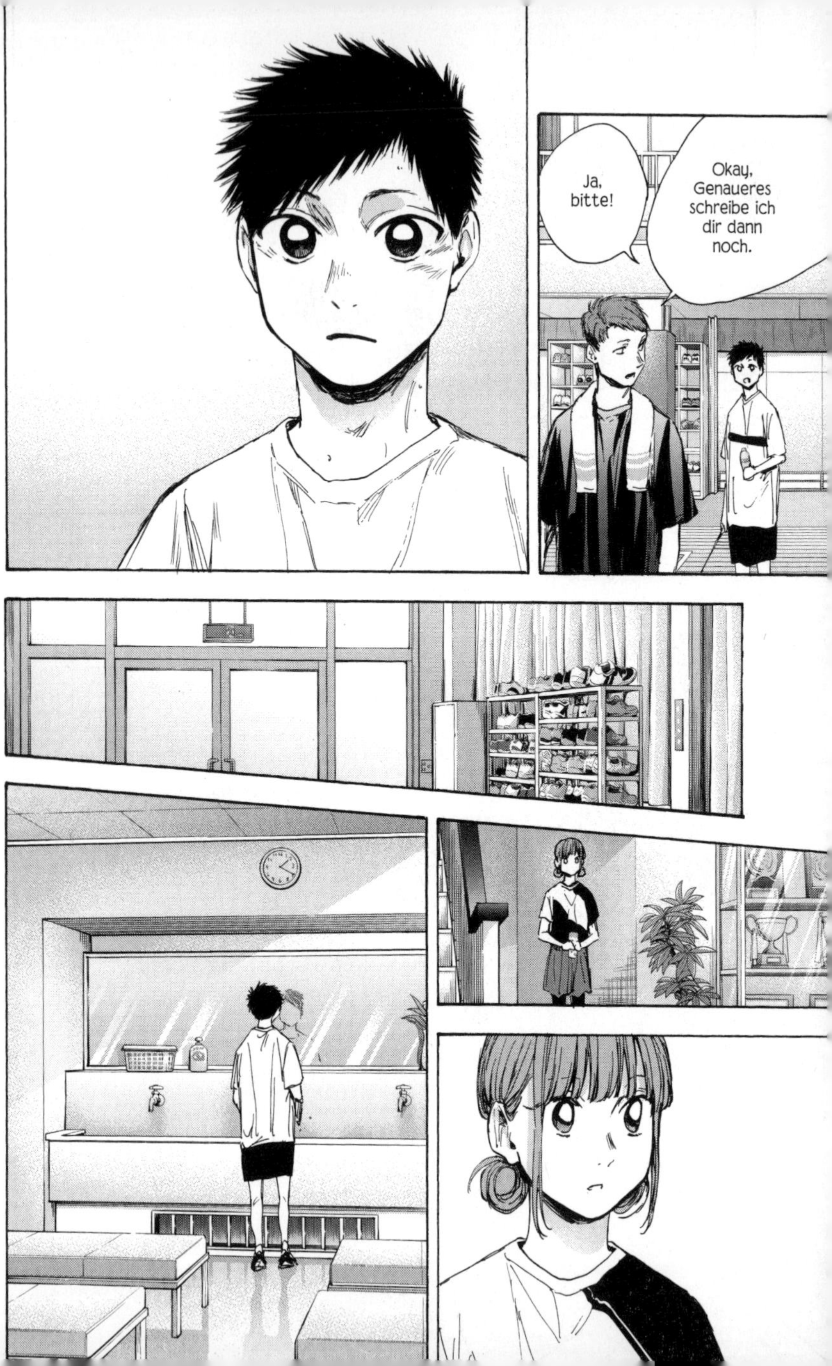
Okay, Genaueres schreibe ich dir dann noch.
Ja, bitte!

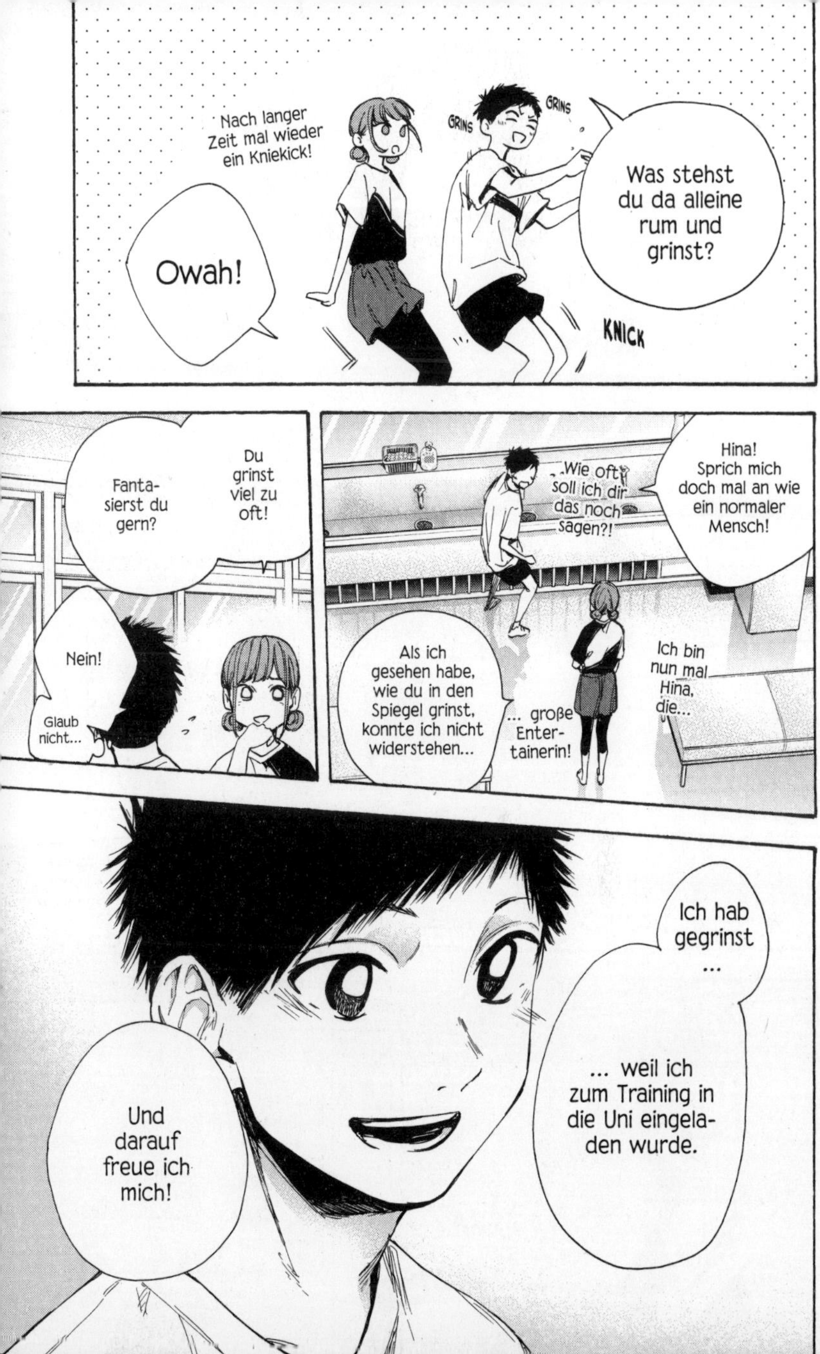

Was stehst du da alleine rum und grinst?
GRINS
GRINS
KNICK
Owah!
Nach langer Zeit mal wieder ein Kniekick!
Hina! Sprich mich doch mal an wie ein normaler Mensch!
... Wie oft soll ich dir das noch sagen?!
Ich bin nun mal Hina, die...
... große Enter-tainerin!
Als ich gesehen habe, wie du in den Spiegel grinst, konnte ich nicht widerstehen...
Du grinst viel zu oft!
Fanta-sierst du gern?
Nein!
Glaub nicht...
Ich hab gegrinst ...
... weil ich zum Training in die Uni eingela-den wurde.
Und darauf freue ich mich!

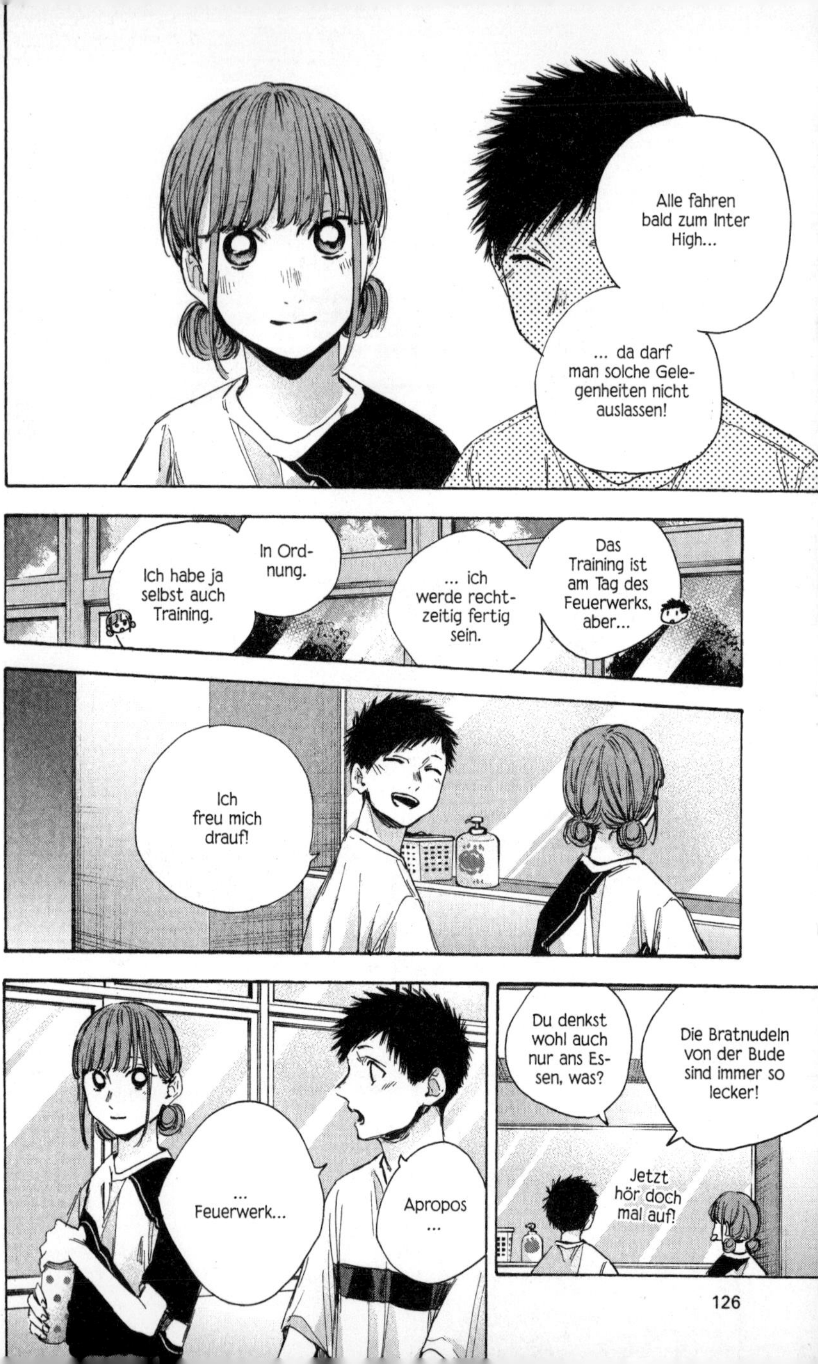
Alle fahren bald zum Inter High...
... da darf man solche Gelegenheiten nicht auslassen!
Das Training ist am Tag des Feuerwerks, aber...
... ich werde rechtzeitig fertig sein.
In Ordnung.
Ich habe ja selbst auch Training.
Ich freu mich drauf!
Die Bratnudeln von der Bude sind immer so lecker!
Du denkst wohl auch nur ans Essen, was?
Jetzt hör doch mal auf!
Apropos ...
... Feuerwerk...

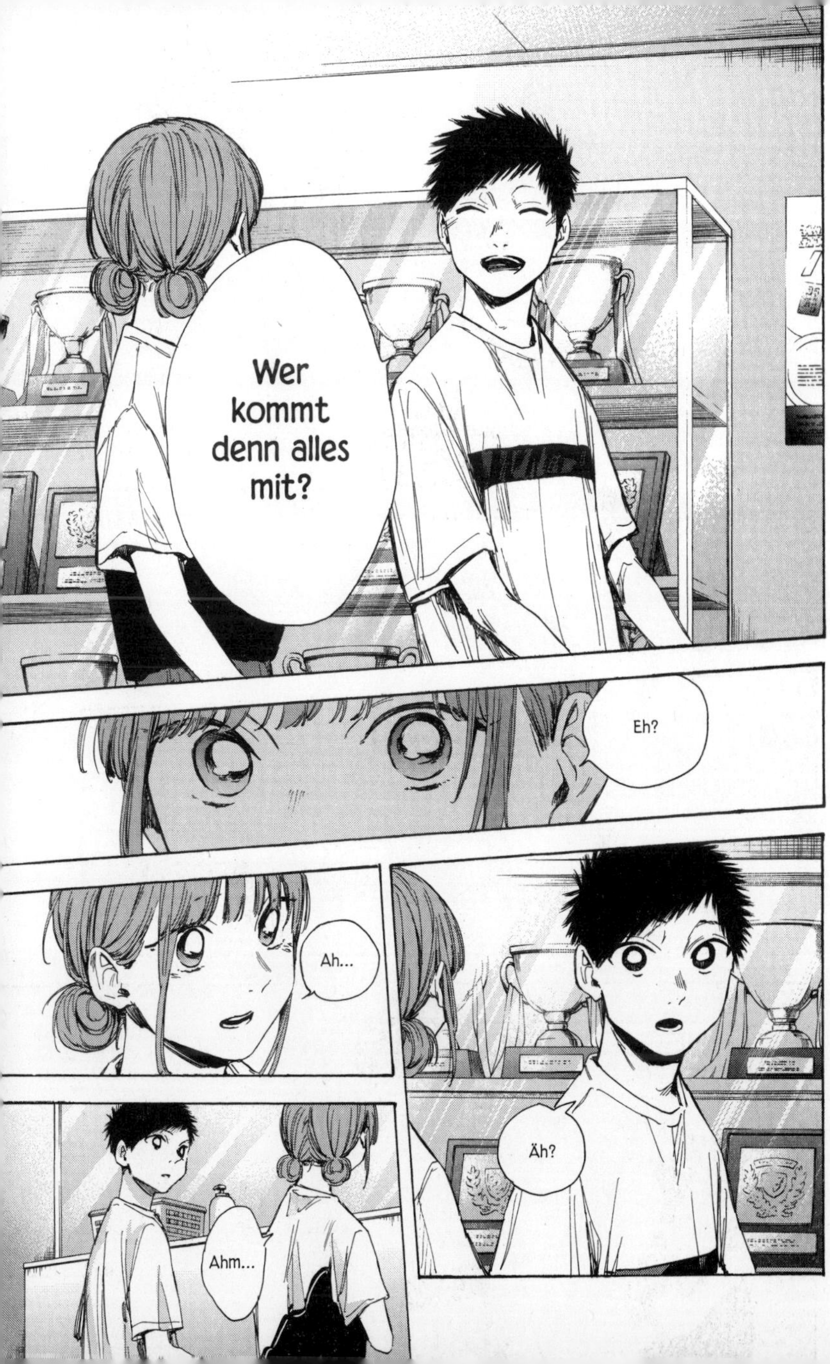
Wer kommt denn alles mit?
Eh?
Äh?
Ah...
Ahm...

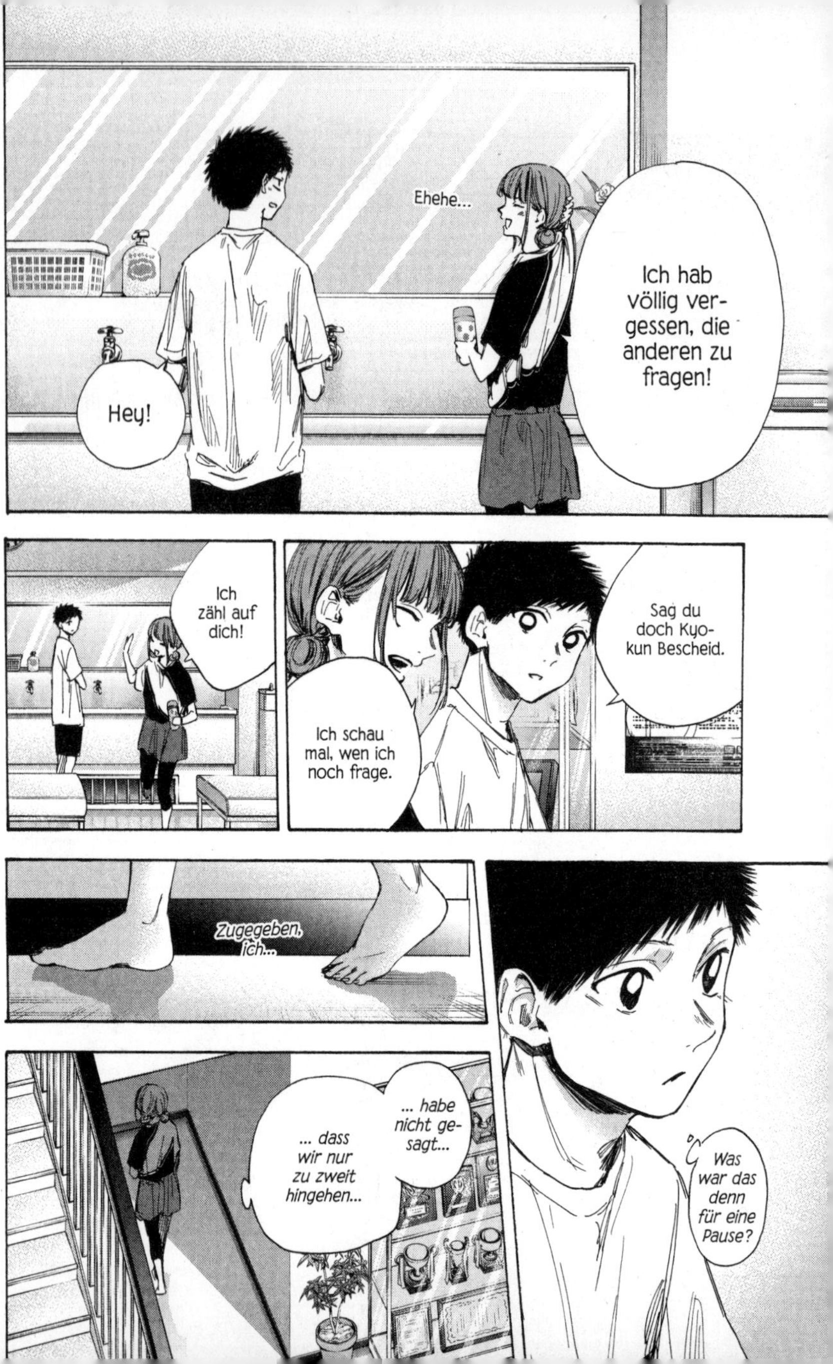
Ich hab völlig vergessen, die anderen zu fragen!
Ehehe...
Hey!
Sag du doch Kyo-kun Bescheid.
Ich schau mal, wen ich noch frage.
Ich zähl auf dich!
Zugegeben, ich...
... habe nicht gesagt...
... dass wir nur zu zweit hingehen...
Was war das denn für eine Pause?

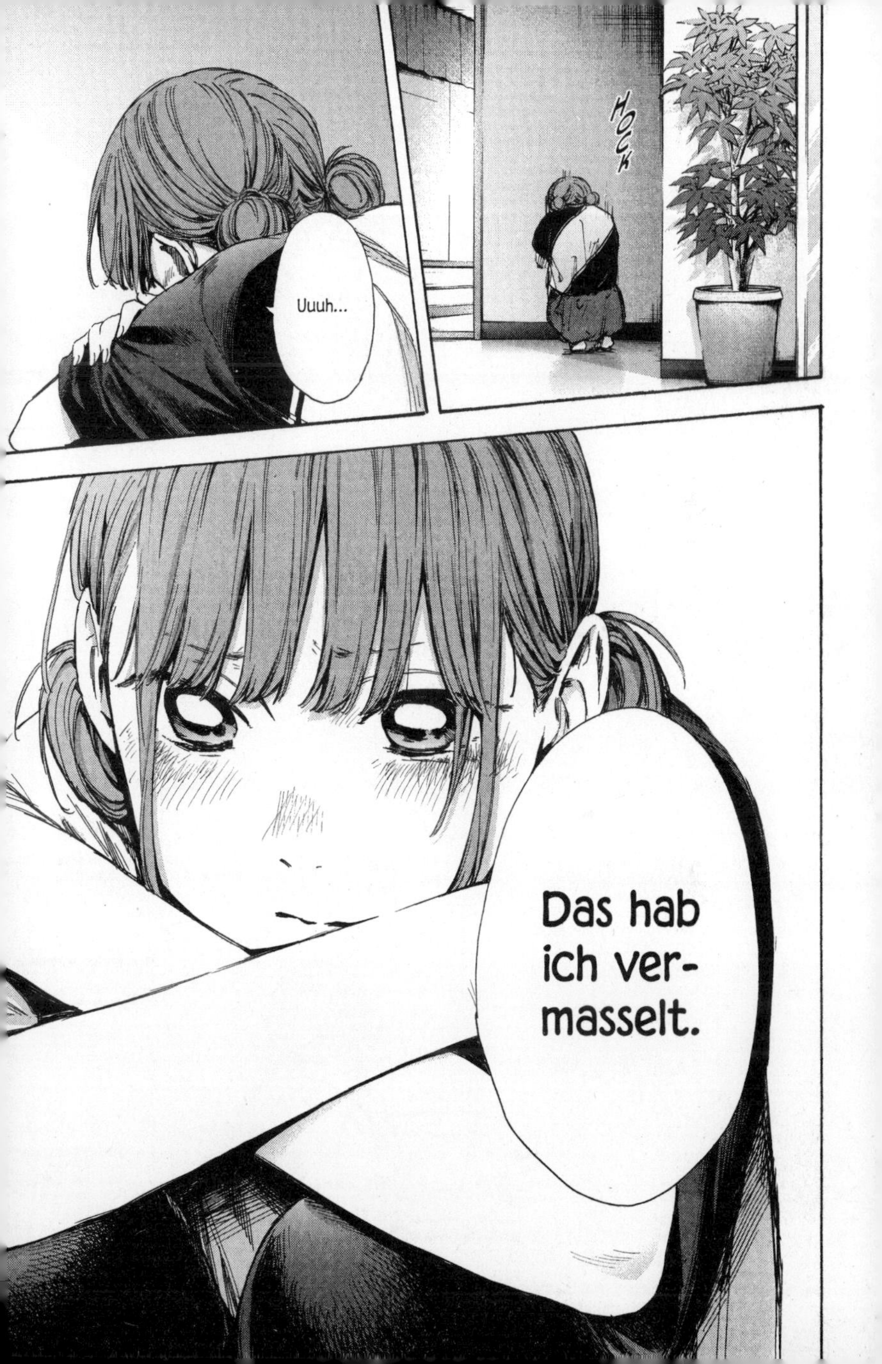
HOCK
Uuuh...
Das hab ich ver-masselt.

Blue Box

#31 Besprechung

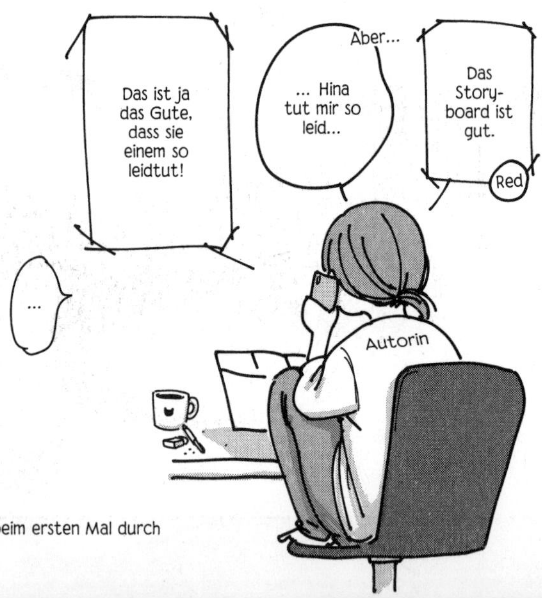

32 Uncool!!

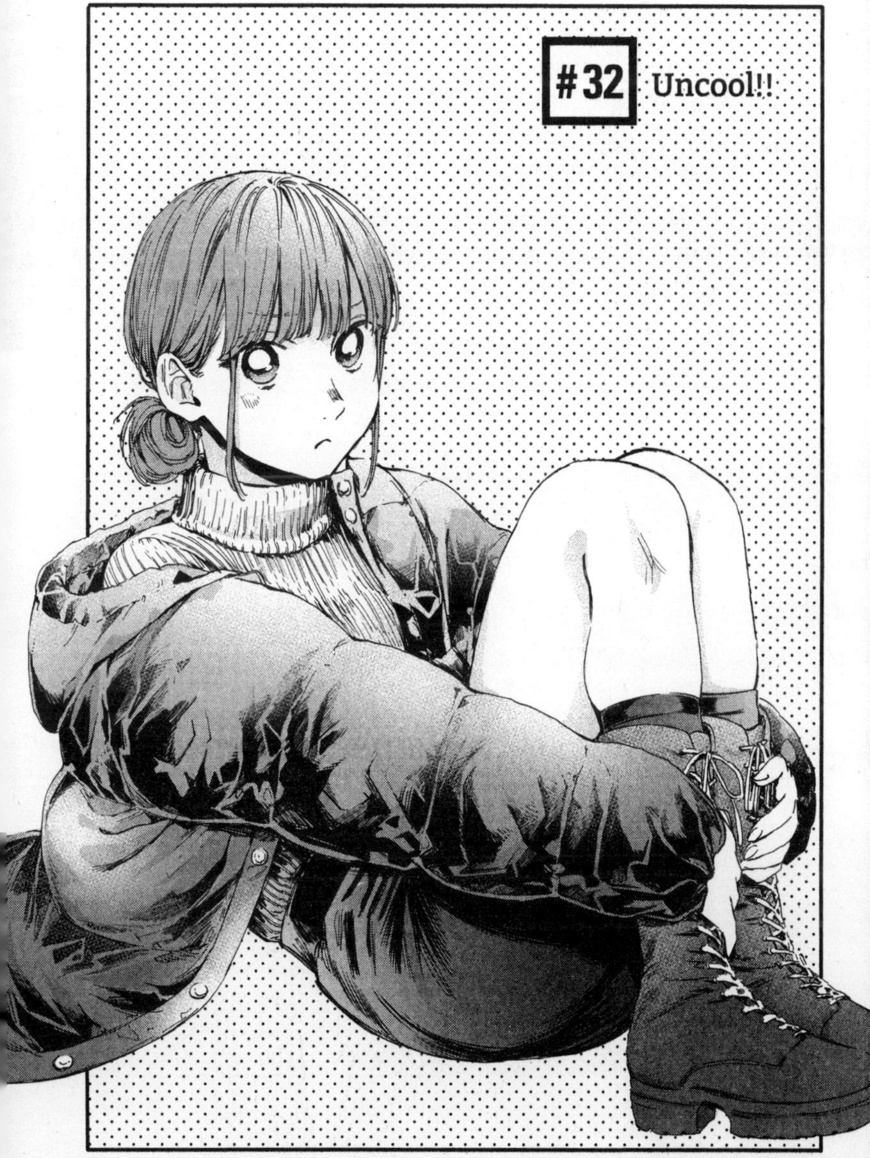

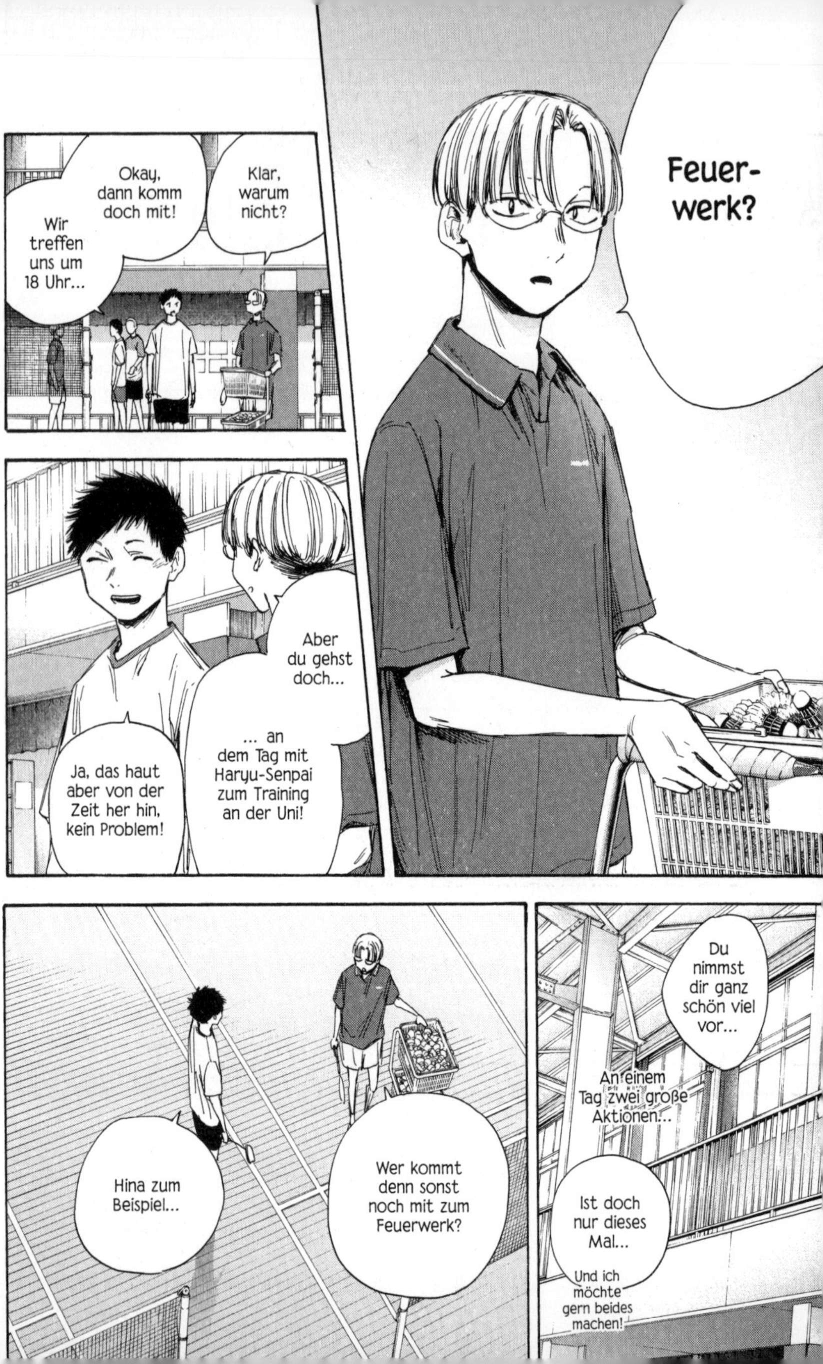
Feuer-werk?
Klar, warum nicht?
Okay, dann komm doch mit!
Wir treffen uns um 18 Uhr...
Aber du gehst doch...
... an dem Tag mit Haryu-Senpai zum Training an der Uni!
Ja, das haut aber von der Zeit her hin, kein Problem!
Du nimmst dir ganz schön viel vor...
An einem Tag zwei große Aktionen...
Ist doch nur dieses Mal...
Und ich möchte gern beides machen!
Wer kommt denn sonst noch mit zum Feuerwerk?
Hina zum Beispiel...

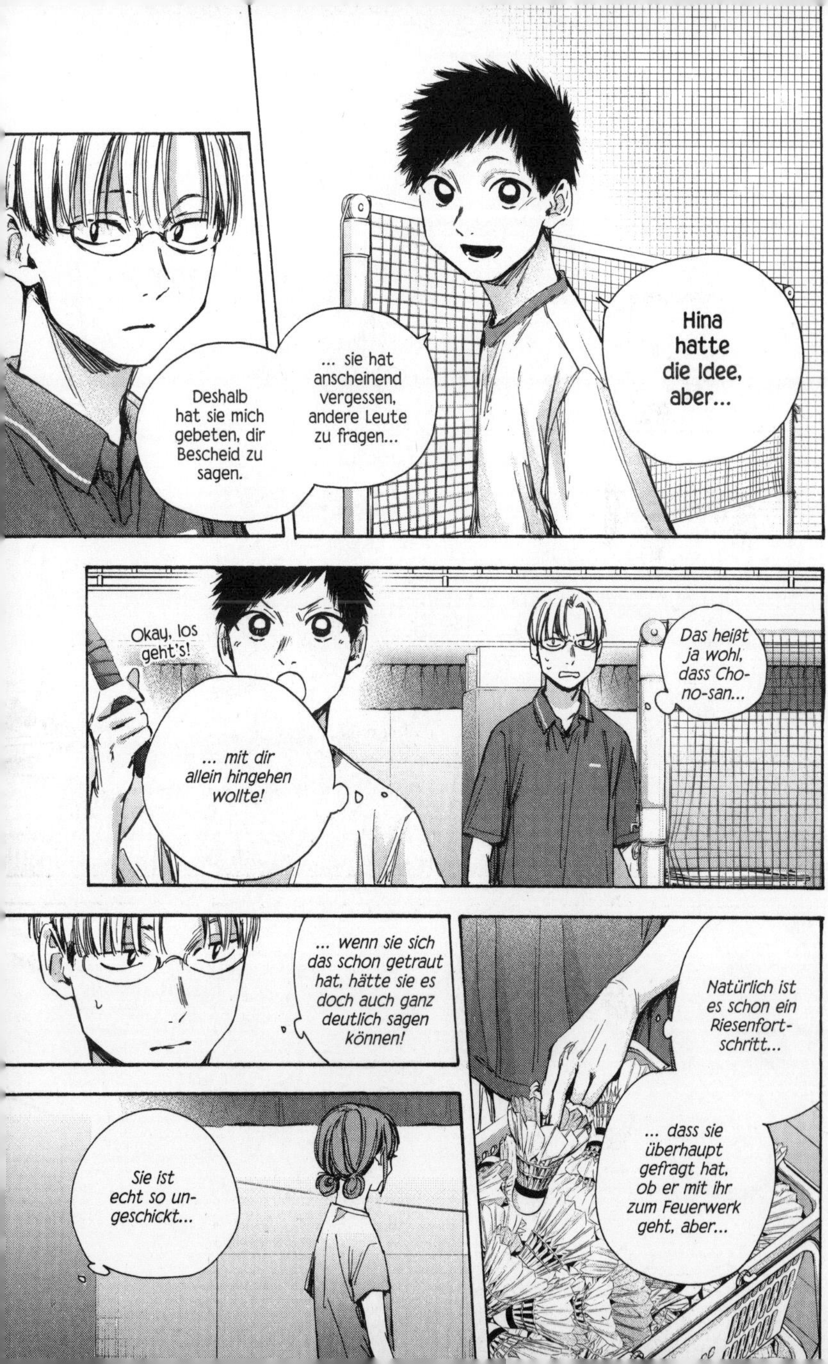
Hina hatte die Idee, aber...
... sie hat anscheinend vergessen, andere Leute zu fragen...
Deshalb hat sie mich gebeten, dir Bescheid zu sagen.
Das heißt ja wohl, dass Cho-no-san...
Okay, los geht's!
... mit dir allein hingehen wollte!
Natürlich ist es schon ein Riesenfort-schritt...
... dass sie überhaupt gefragt hat, ob er mit ihr zum Feuerwerk geht, aber...
... wenn sie sich das schon getraut hat, hätte sie es doch auch ganz deutlich sagen können!
Sie ist echt so un-geschickt...

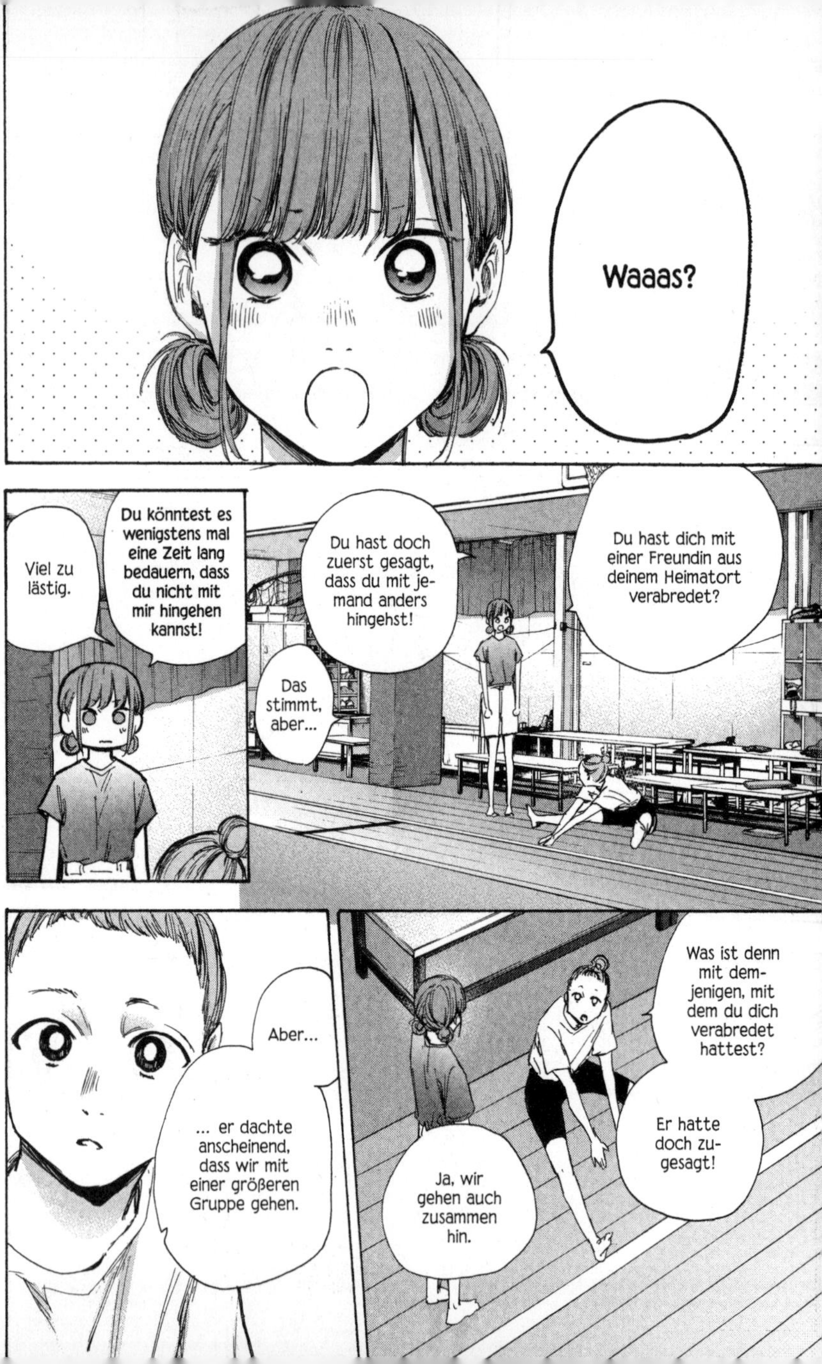
Waaas?
Du hast dich mit einer Freundin aus deinem Heimatort verabredet?
Du hast doch zuerst gesagt, dass du mit jemand anders hingehst!
Das stimmt, aber...
Du könntest es wenigstens mal eine Zeit lang bedauern, dass du nicht mit mir hingehen kannst!
Viel zu lästig.
Was ist denn mit demjenigen, mit dem du dich verabredet hattest?
Er hatte doch zugesagt!
Ja, wir gehen auch zusammen hin.
Aber...
... er dachte anscheinend, dass wir mit einer größeren Gruppe gehen.

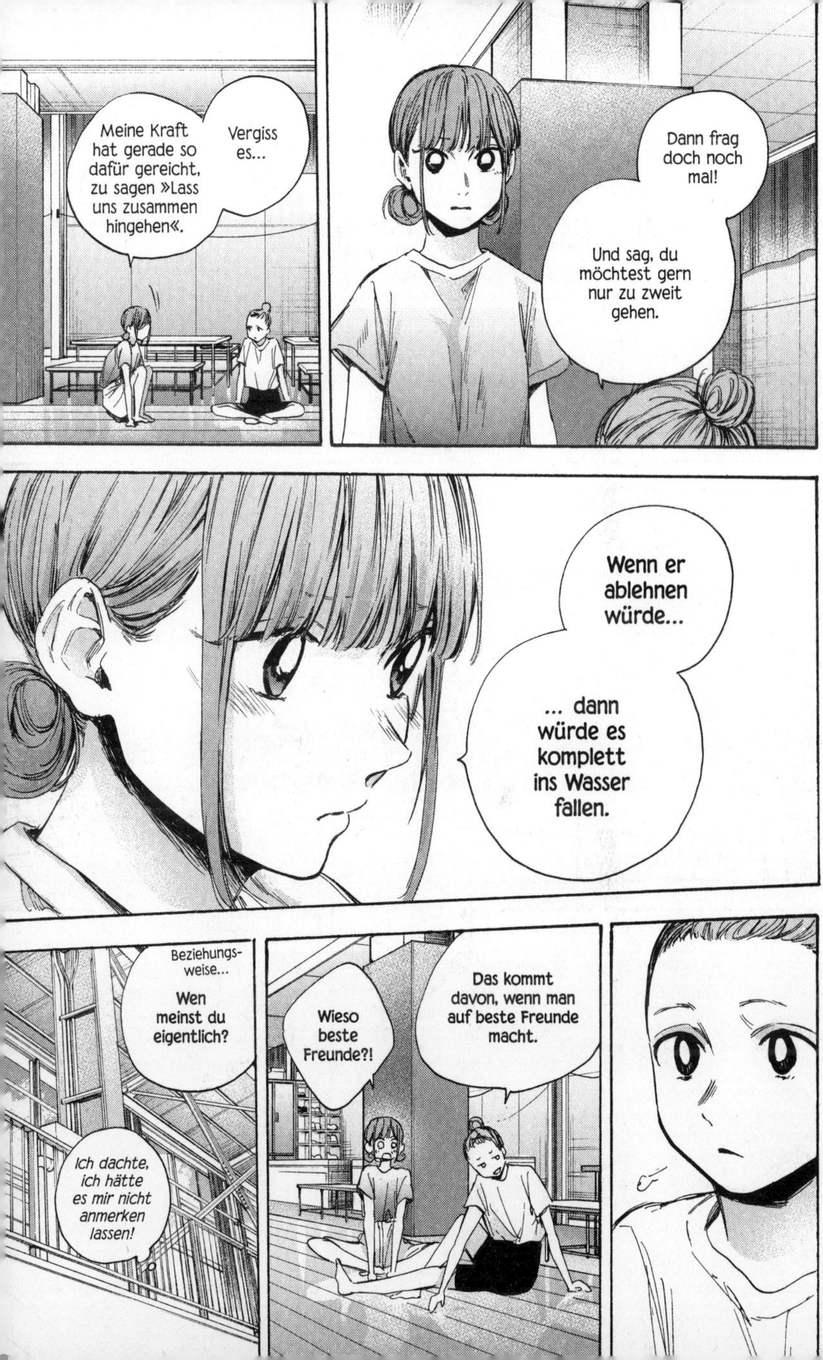
Dann frag doch noch mal!
Und sag, du möchtest gern nur zu zweit gehen.
Vergiss es...
Meine Kraft hat gerade so dafür gereicht, zu sagen »Lass uns zusammen hingehen«.
Wenn er ablehnen würde...
... dann würde es komplett ins Wasser fallen.
Das kommt davon, wenn man auf beste Freunde macht.
Wieso beste Freunde?!
Beziehungsweise...
Wen meinst du eigentlich?
Ich dachte, ich hätte es mir nicht anmerken lassen!

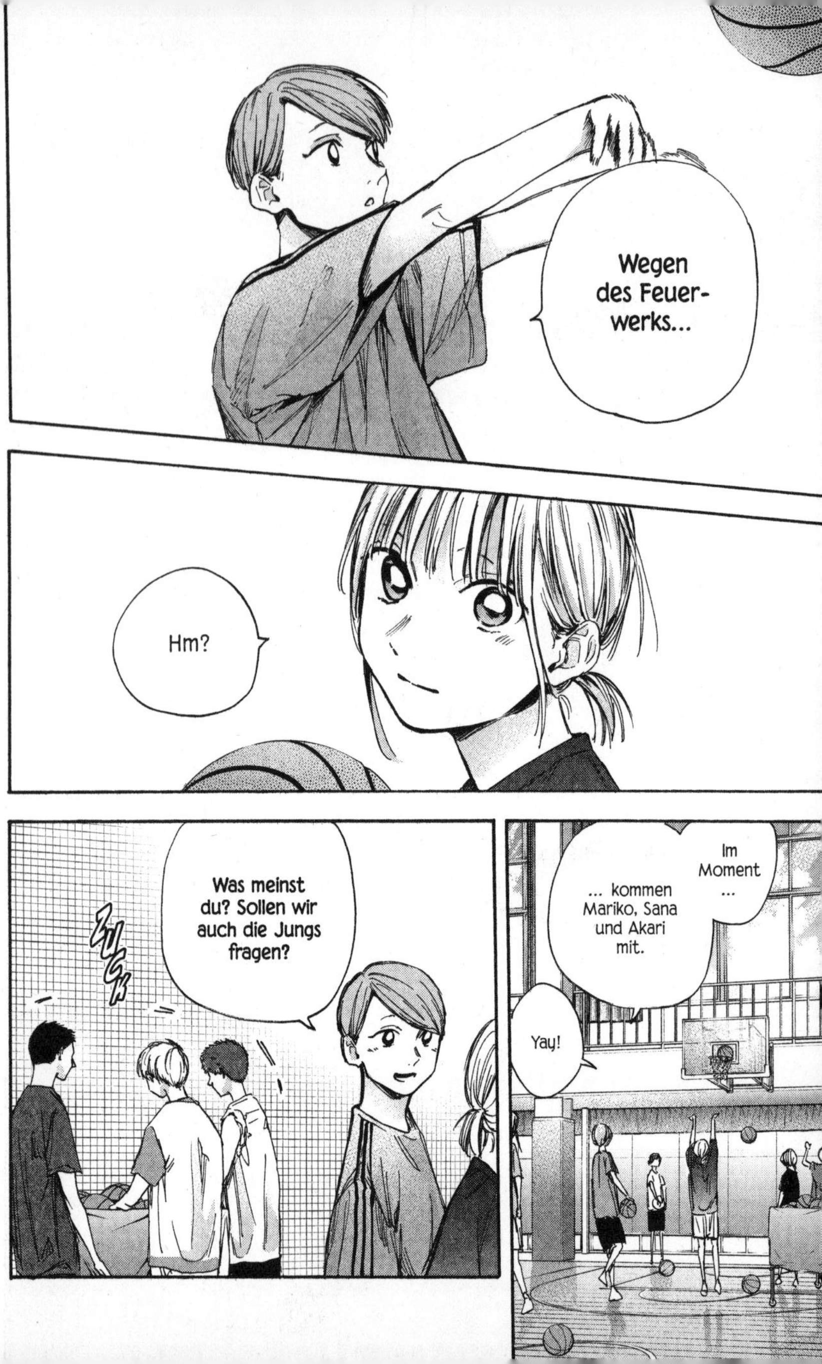
Wegen des Feuerwerks...
Hm?
Im Moment ...
... kommen Mariko, Sana und Akari mit.
Yay!
Was meinst du? Sollen wir auch die Jungs fragen?
ZUCK

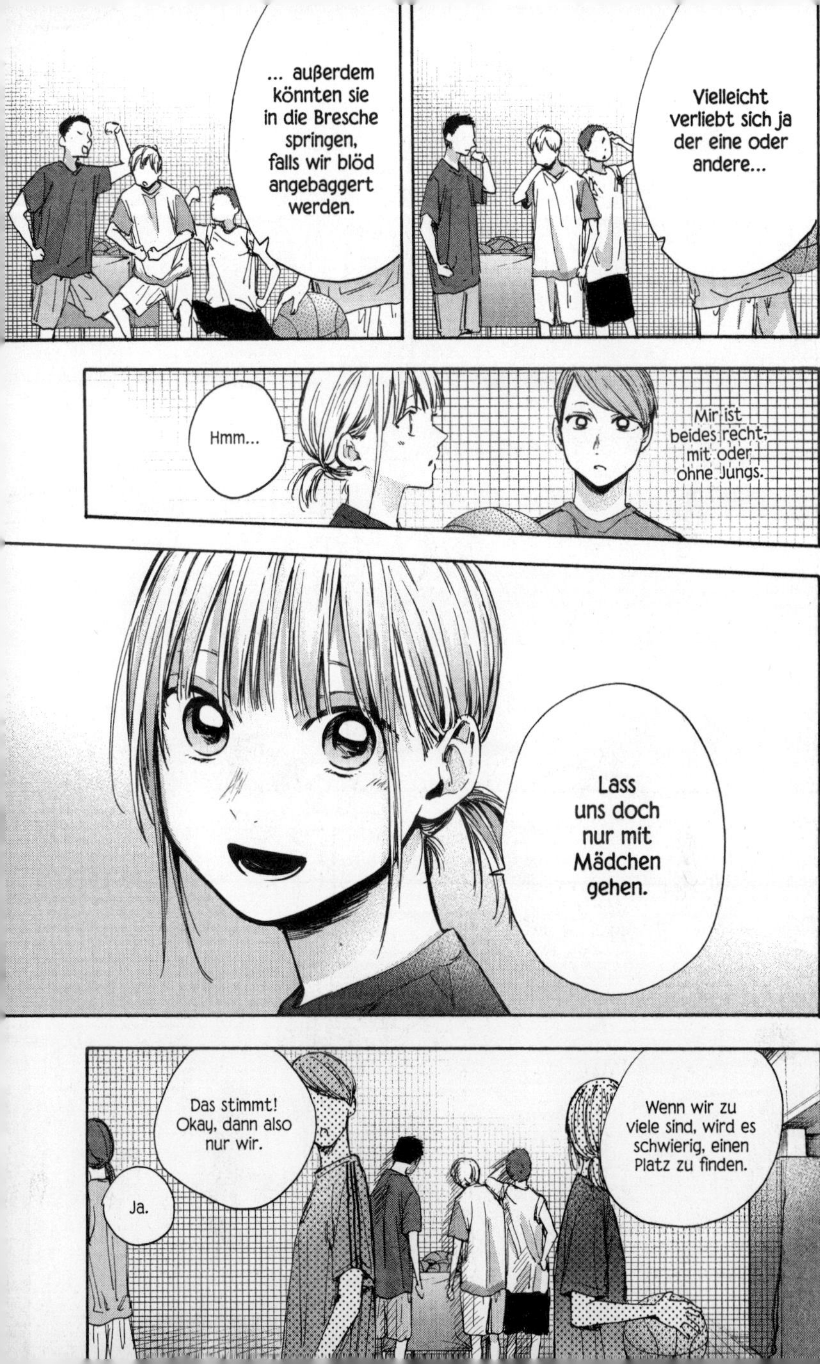
Vielleicht verliebt sich ja der eine oder andere...
... außerdem könnten sie in die Bresche springen, falls wir blöd angebaggert werden.
Mir ist beides recht, mit oder ohne Jungs.
Hmm...
Lass uns doch nur mit Mädchen gehen.
Wenn wir zu viele sind, wird es schwierig, einen Platz zu finden.
Das stimmt! Okay, dann also nur wir.
Ja.

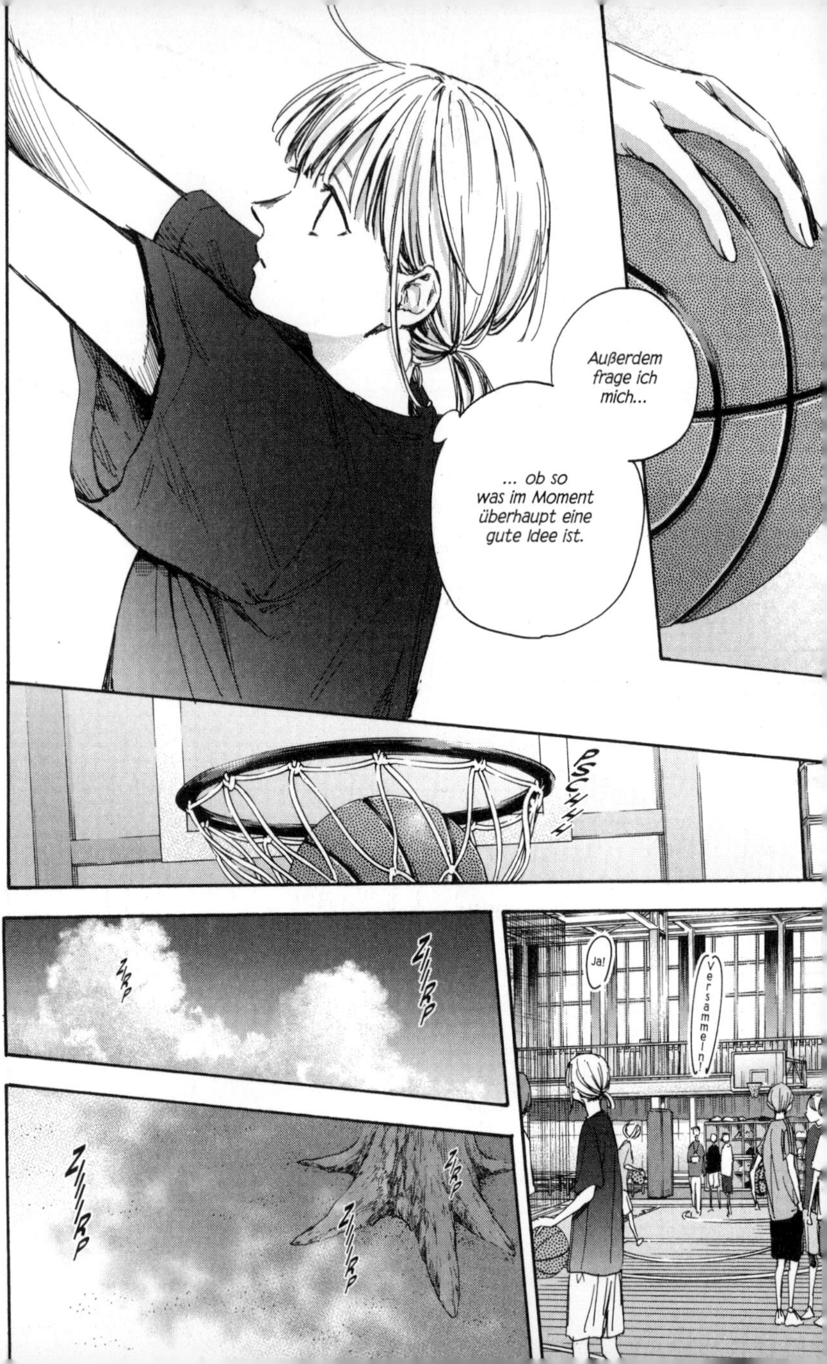
Außerdem frage ich mich...
... ob so was im Moment überhaupt eine gute Idee ist.
PSCHHH
ZIIIRP
ZIRP
Versammeln!
Ja!
ZIIIRP
ZIRP
ZIIIRP

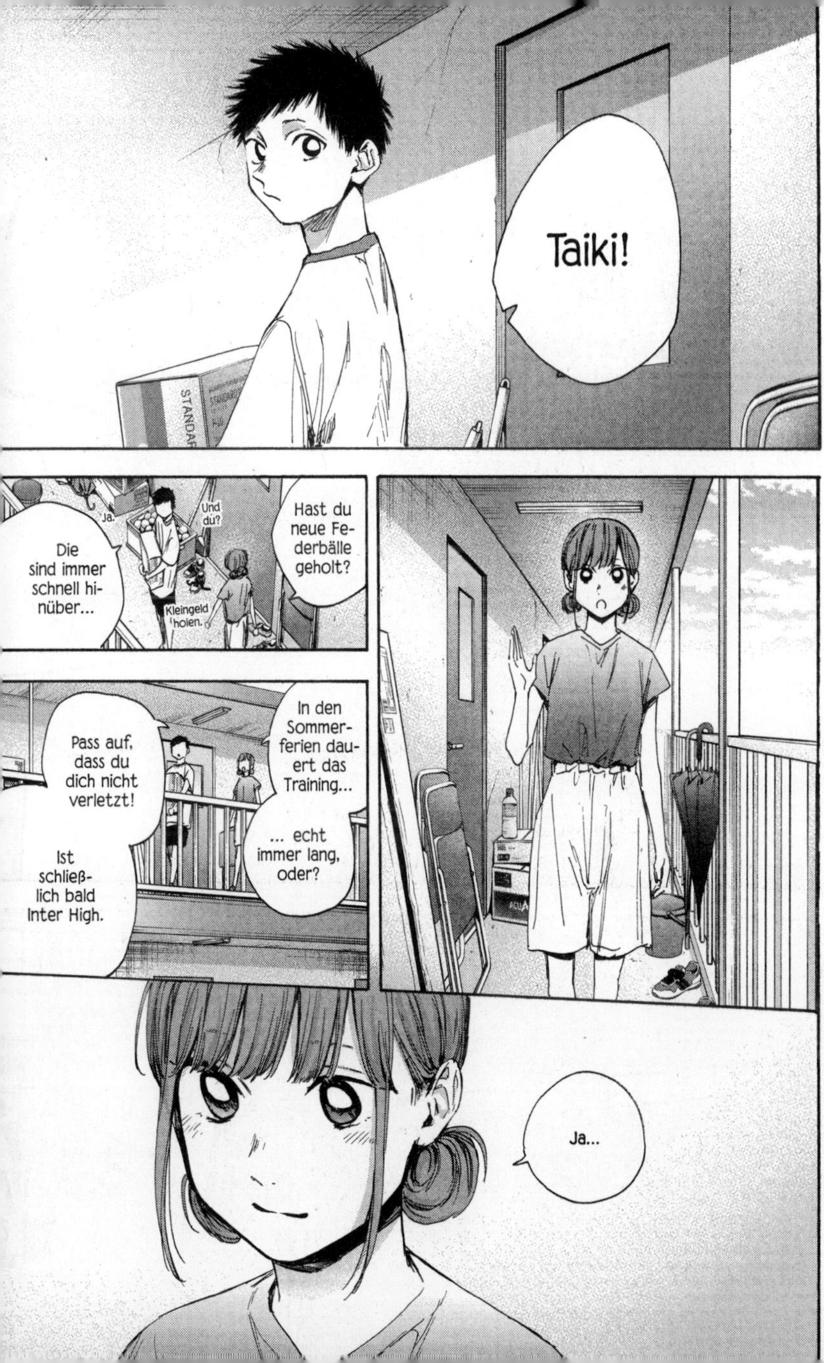
Taiki!
Hast du neue Federbälle geholt?
Und du?
Ja.
Kleingeld holen.
Die sind immer schnell hinüber...
In den Sommerferien dauert das Training...
... echt immer lang, oder?
Pass auf, dass du dich nicht verletzt!
Ist schließlich bald Inter High.
Ja...

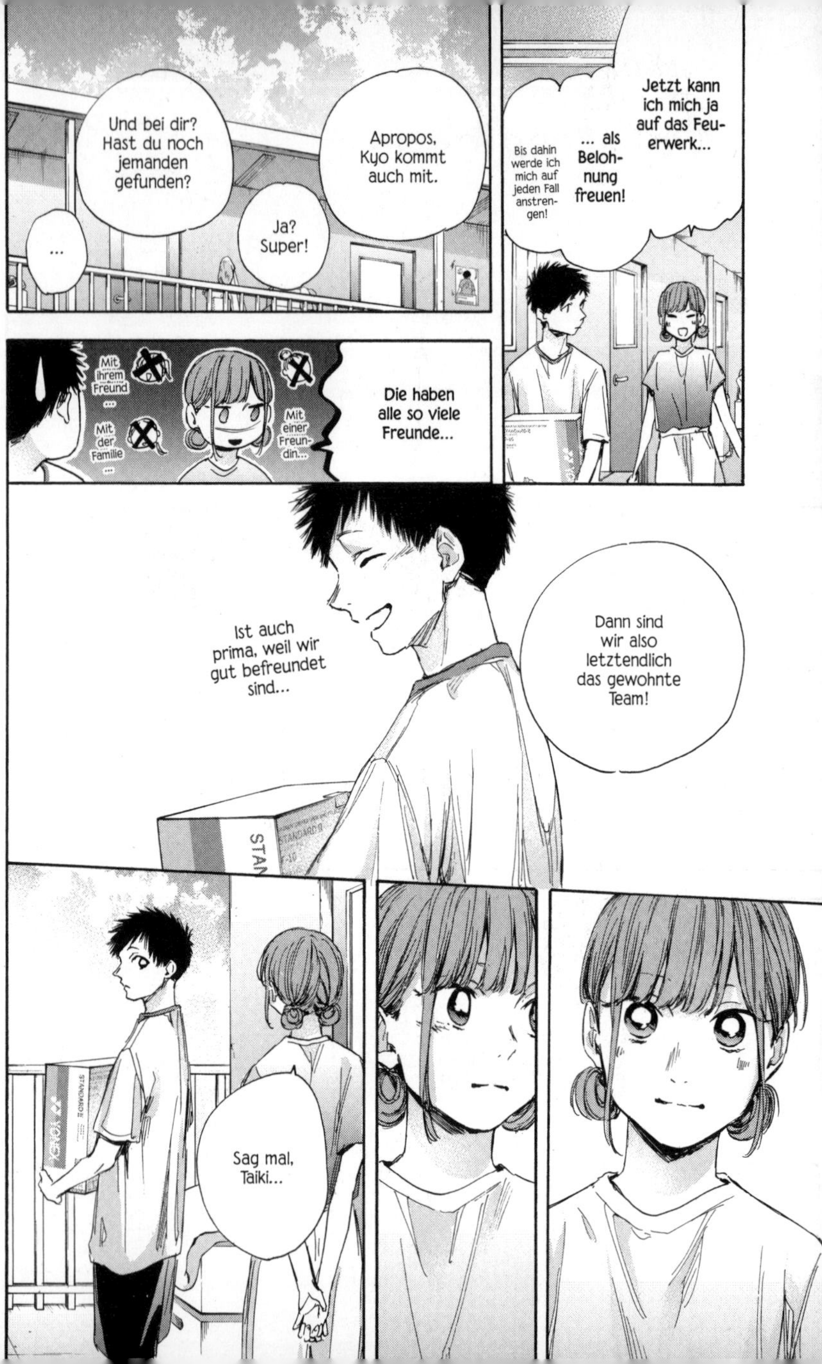
Jetzt kann ich mich ja auf das Feuerwerk...
... als Belohnung freuen!
Bis dahin werde ich mich auf jeden Fall anstrengen!
Apropos, Kyo kommt auch mit.
Ja? Super!
Und bei dir? Hast du noch jemanden gefunden?
...
Die haben alle so viele Freunde...
Mit einer Freundin...
Mit ihrem Freund ...
Mit der Familie ...
Dann sind wir also letztendlich das gewohnte Team!
Ist auch prima, weil wir gut befreundet sind...
Sag mal, Taiki...

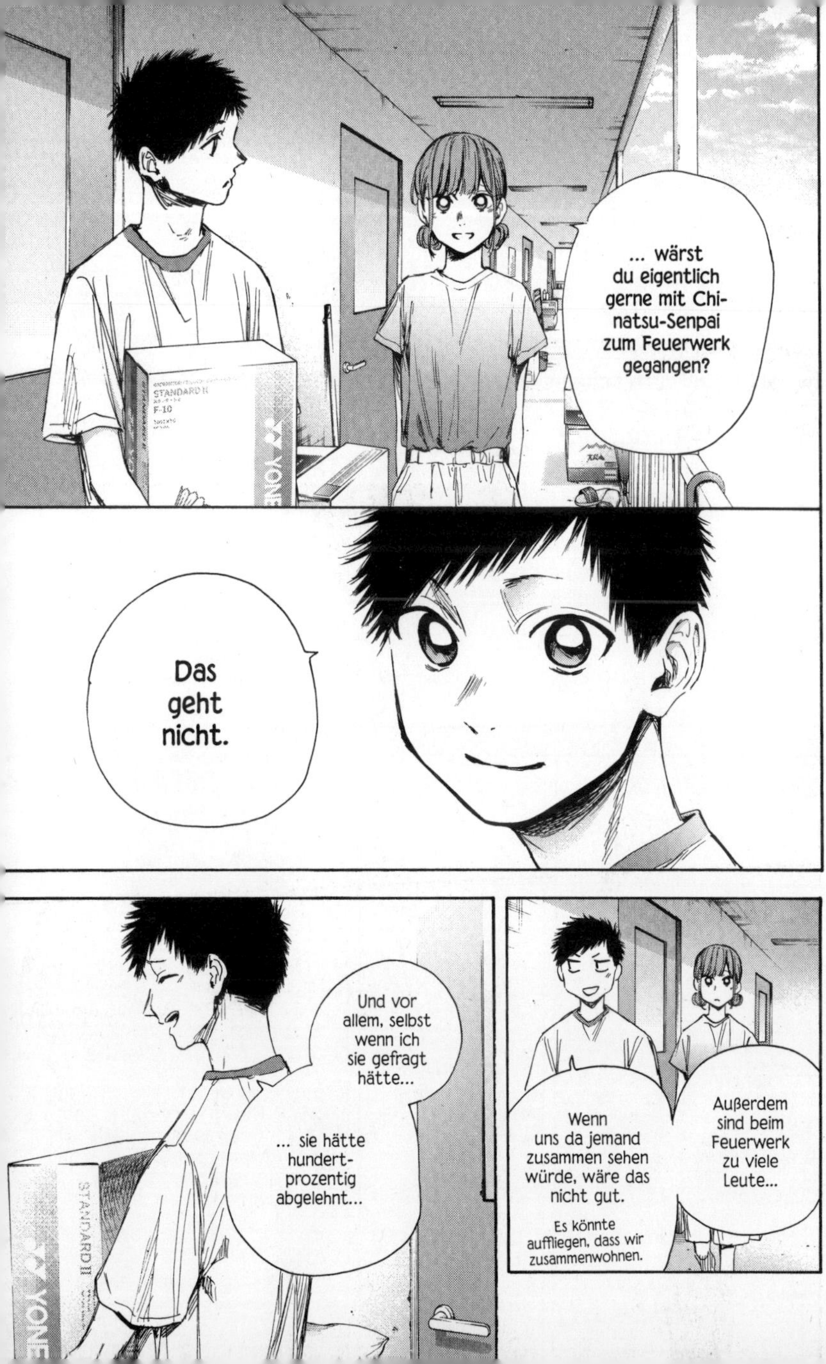
... wärst du eigentlich gerne mit Chi-natsu-Senpai zum Feuerwerk gegangen?
Das geht nicht.
Wenn uns da jemand zusammen sehen würde, wäre das nicht gut.
Es könnte auffliegen, dass wir zusammenwohnen.
Außerdem sind beim Feuerwerk zu viele Leute...
Und vor allem, selbst wenn ich sie gefragt hätte...
... sie hätte hundert-prozentig abgelehnt...

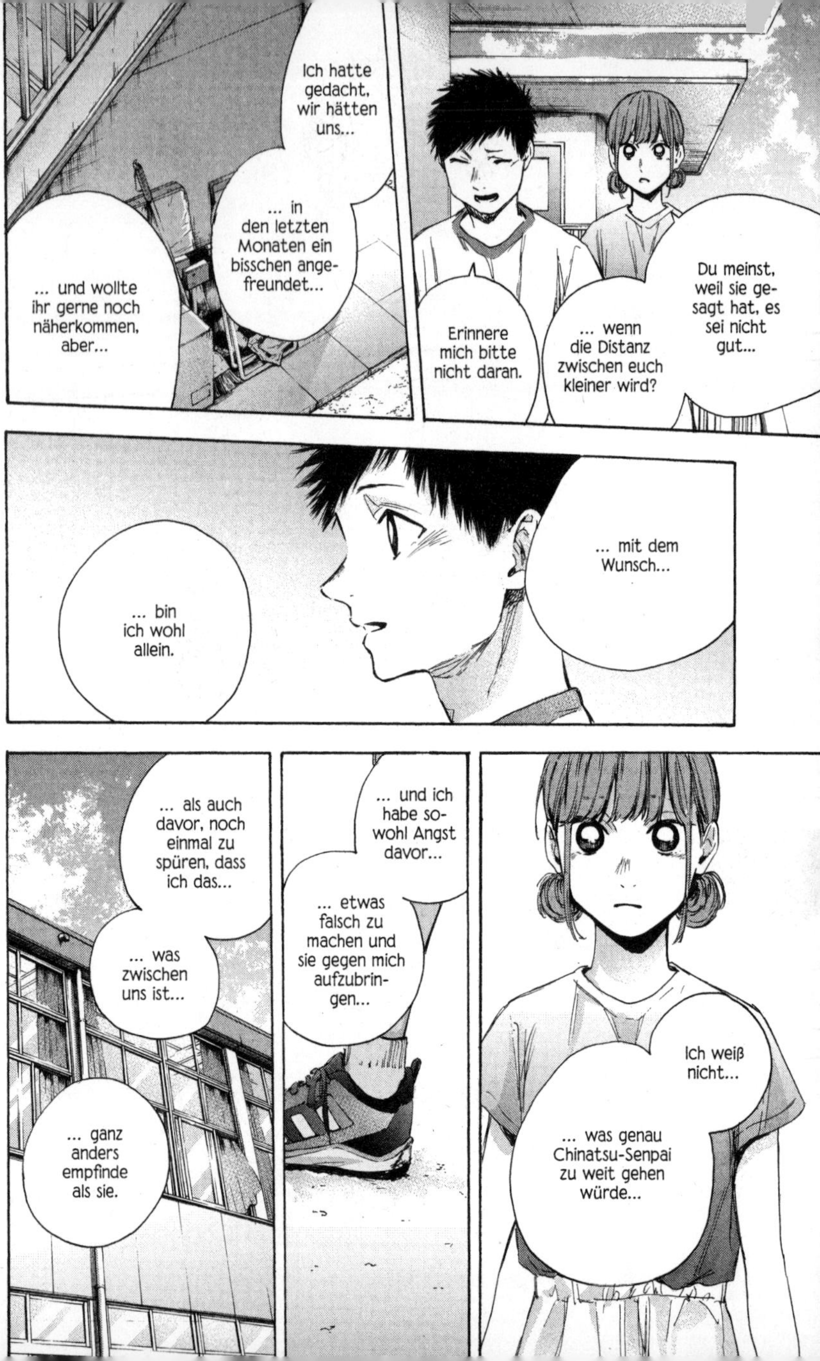
Du meinst, weil sie gesagt hat, es sei nicht gut...
... wenn die Distanz zwischen euch kleiner wird?
Erinnere mich bitte nicht daran.
Ich hatte gedacht, wir hätten uns...
... in den letzten Monaten ein bisschen angefreundet...
... und wollte ihr gerne noch näherkommen, aber...
... mit dem Wunsch...
... bin ich wohl allein.
Ich weiß nicht...
... was genau Chinatsu-Senpai zu weit gehen würde...
... und ich habe sowohl Angst davor...
... etwas falsch zu machen und sie gegen mich aufzubringen...
... als auch davor, noch einmal zu spüren, dass ich das...
... was zwischen uns ist...
... ganz anders empfinde als sie.

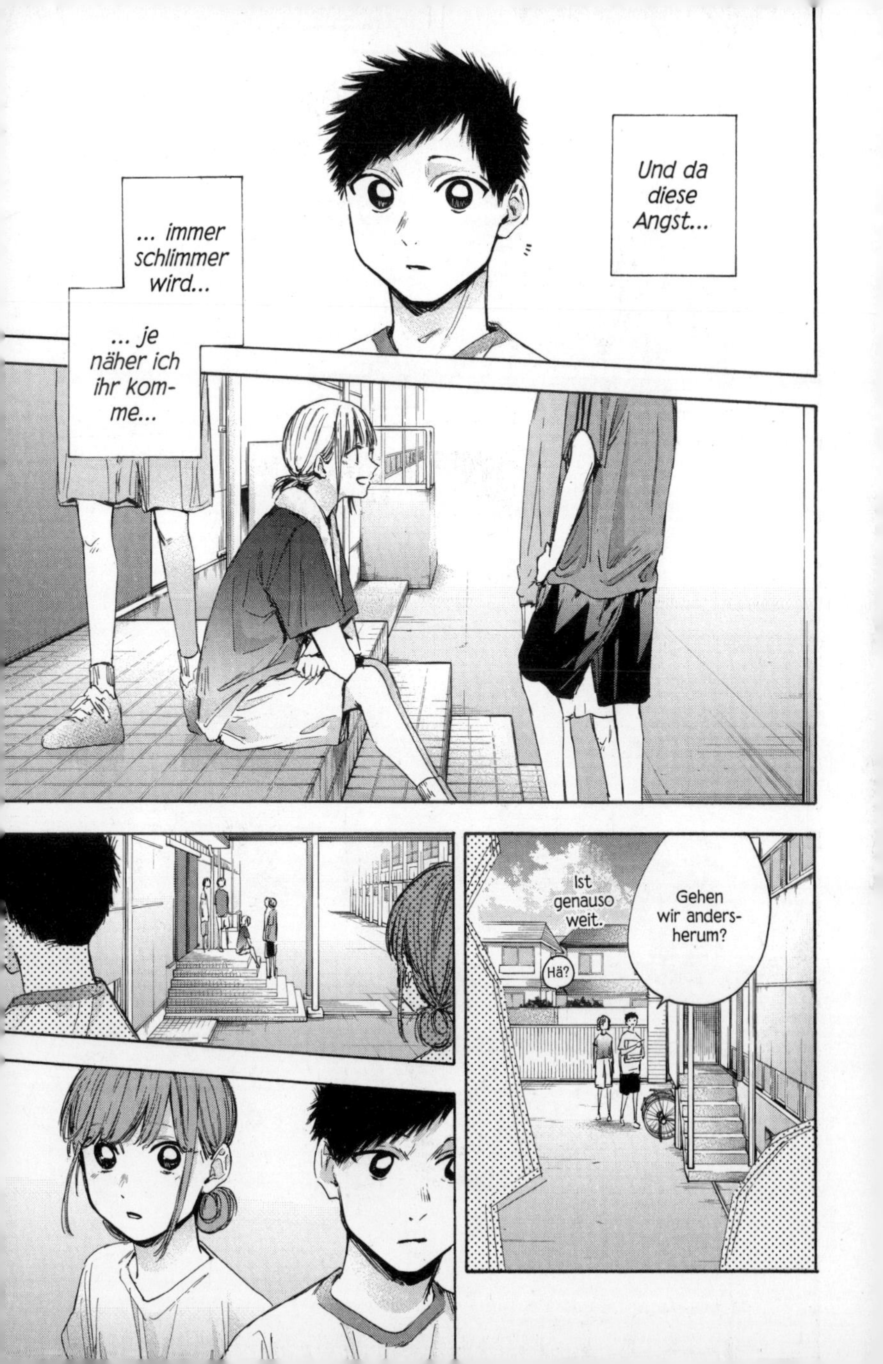
Und da diese Angst...
... immer schlimmer wird...
... je näher ich ihr kom-me...
Gehen wir anders-herum?
Hä?
Ist genauso weit.

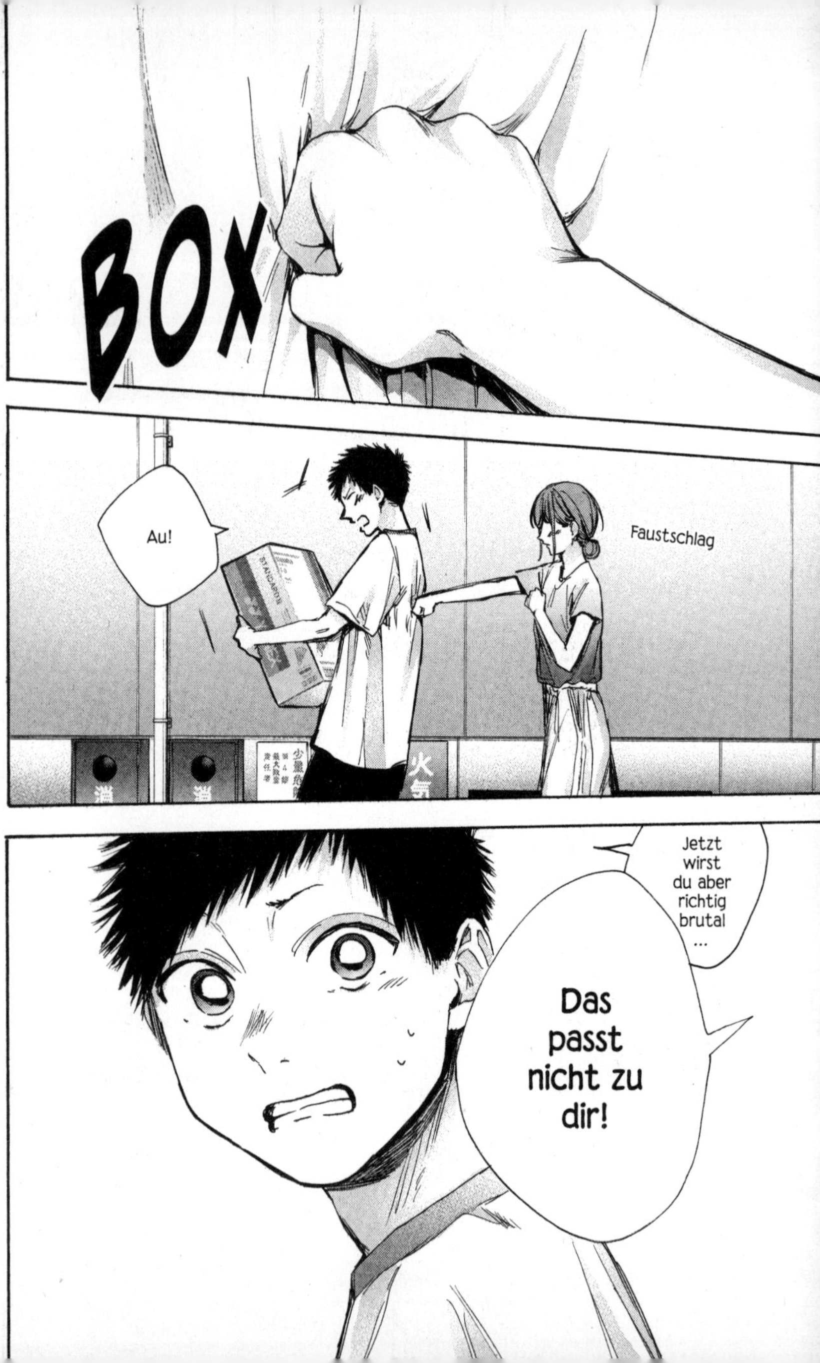
BOX
Faustschlag
Au!
Jetzt wirst du aber richtig brutal ...
Das passt nicht zu dir!

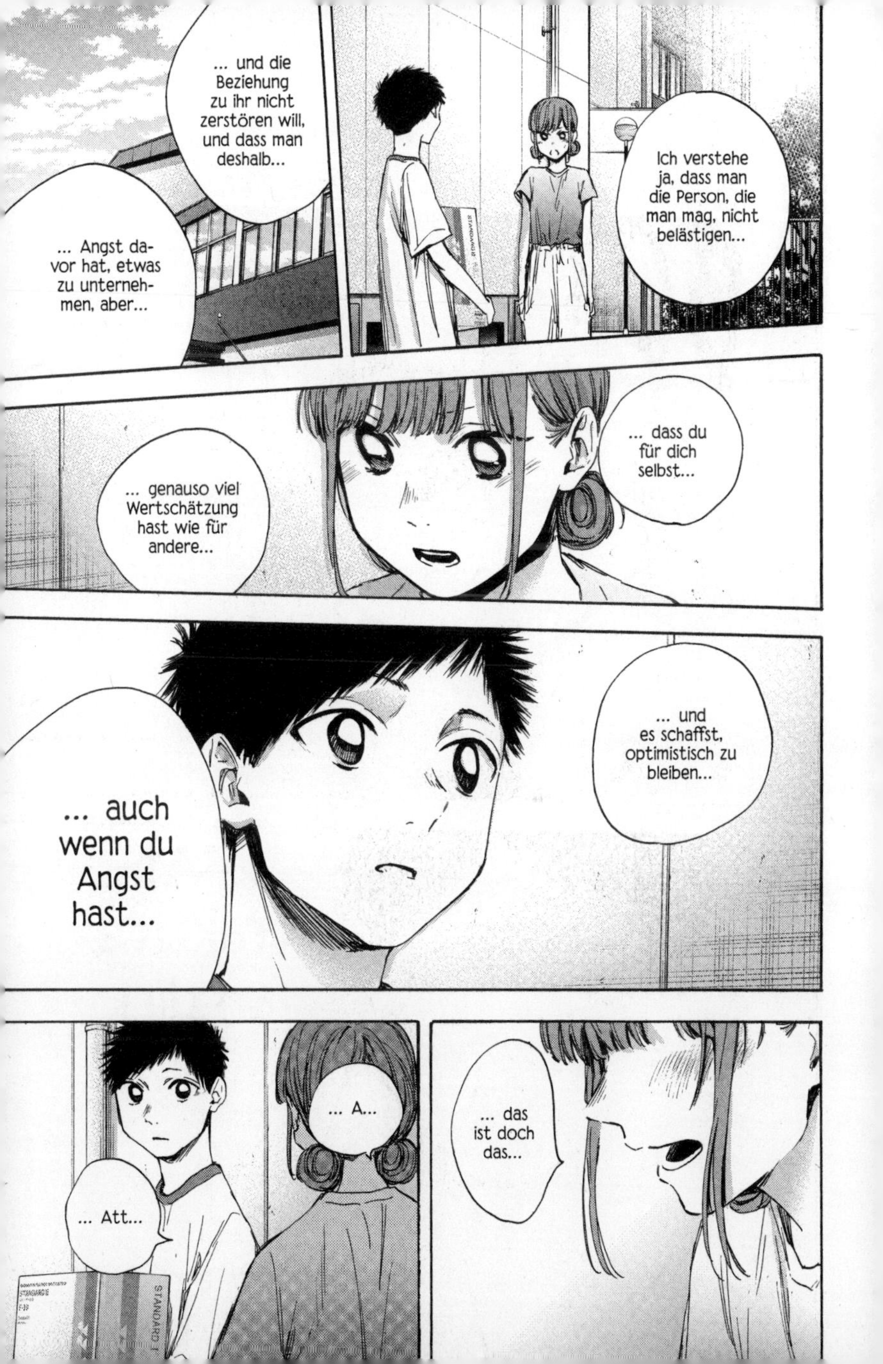
Ich verstehe ja, dass man die Person, die man mag, nicht belästigen...
... und die Beziehung zu ihr nicht zerstören will, und dass man deshalb...
... Angst davor hat, etwas zu unternehmen, aber...
... dass du für dich selbst...
... genauso viel Wertschätzung hast wie für andere...
... und es schaffst, optimistisch zu bleiben...
... auch wenn du Angst hast...
... das ist doch das...
... A...
... Att...

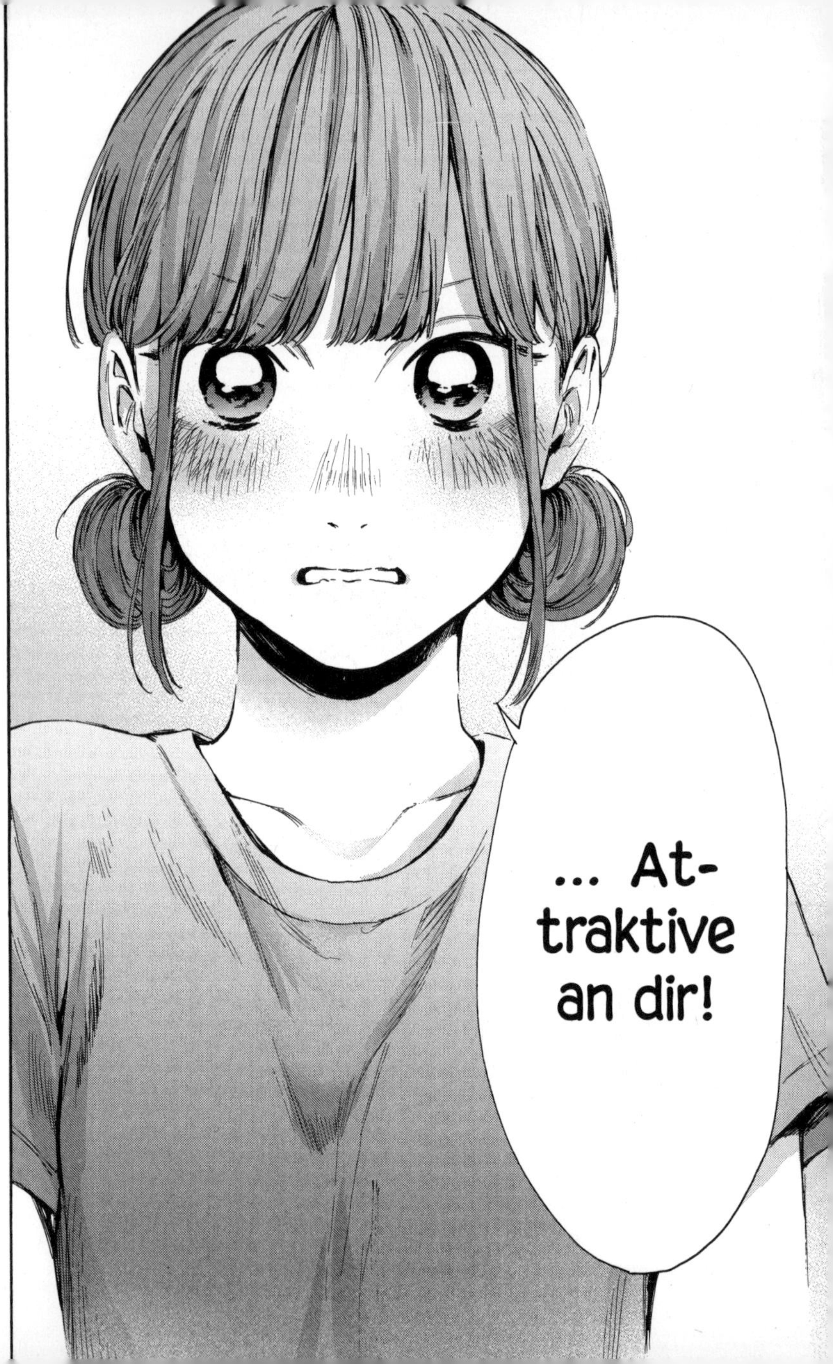
... At-
traktive
an dir!

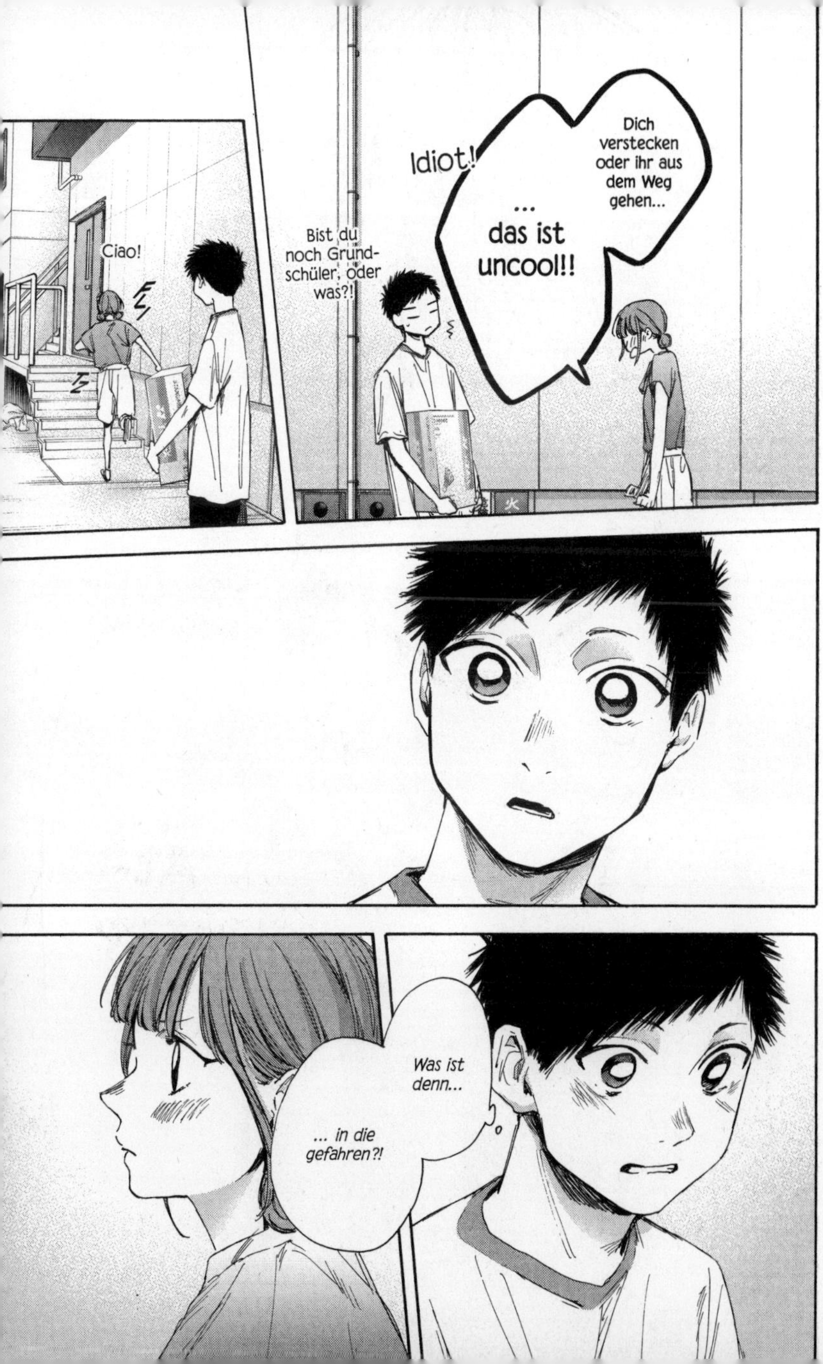
Dich verstecken oder ihr aus dem Weg gehen...
... das ist uncool!!
Idiot!
Bist du noch Grundschüler, oder was?!
Ciao!
Was ist denn...
... in die gefahren?!

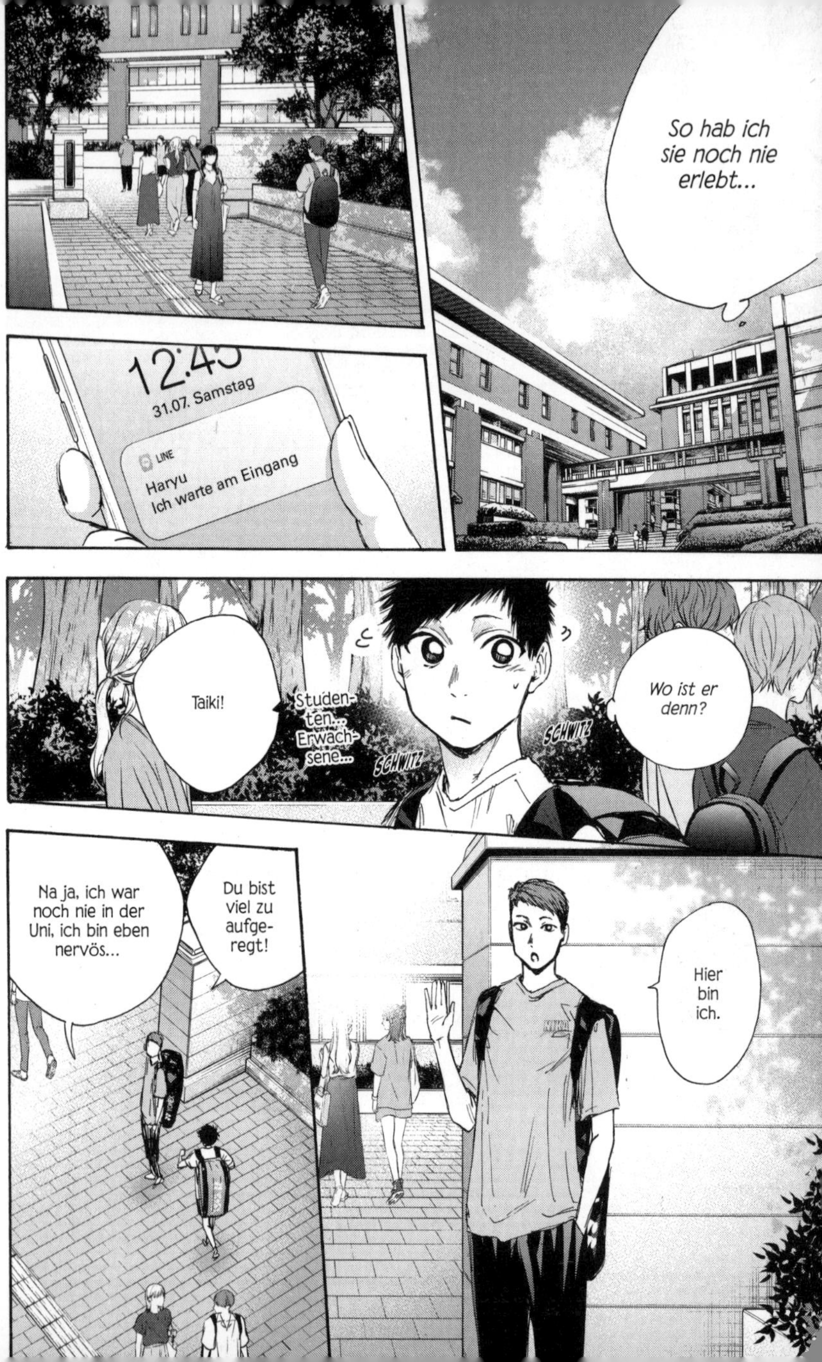
So hab ich sie noch nie erlebt...
31.07. Samstag
LINE
Haryu
Ich warte am Eingang
Wo ist er denn?
SCHWITZ
Studenten... Erwachsene...
SCHWITZ
Taiki!
Hier bin ich.
Du bist viel zu aufgeregt!
Na ja, ich war noch nie in der Uni, ich bin eben nervös...

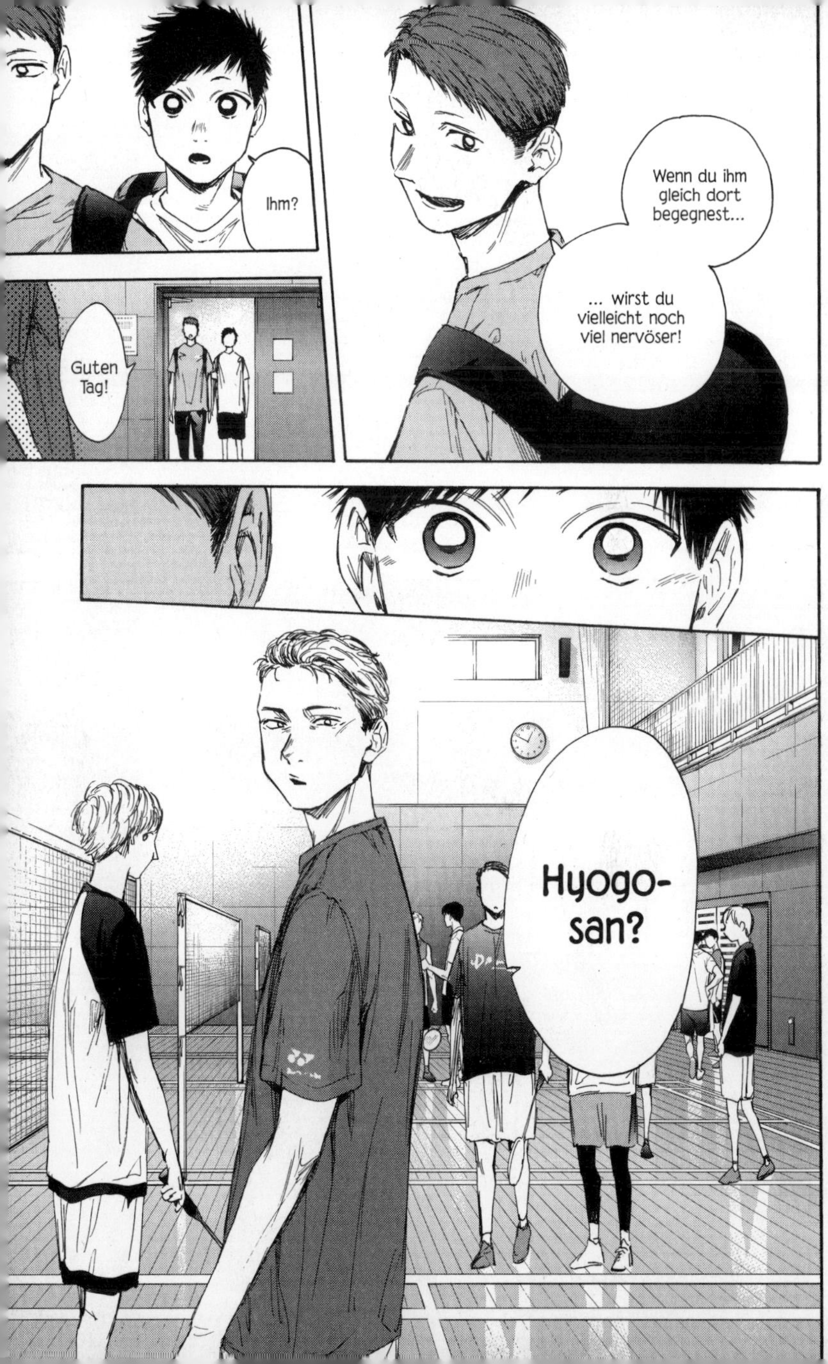
Wenn du ihm gleich dort begegnest...
... wirst du vielleicht noch viel nervöser!
Ihm?
Guten Tag!
Hyogo-san?

BLUE ■ BOX

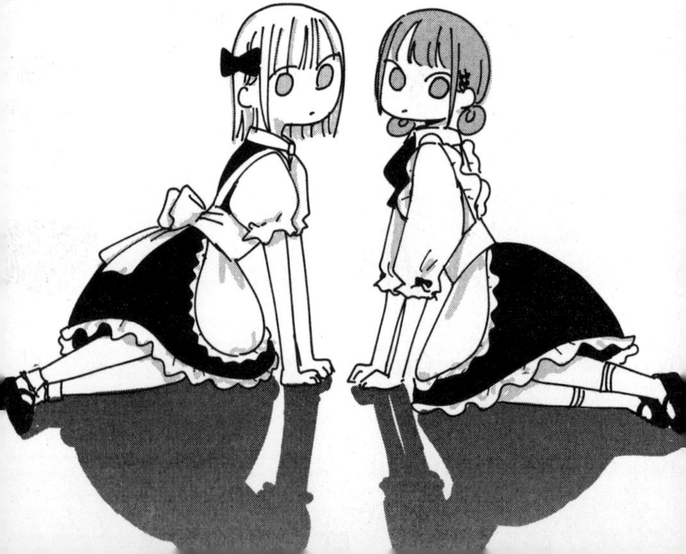

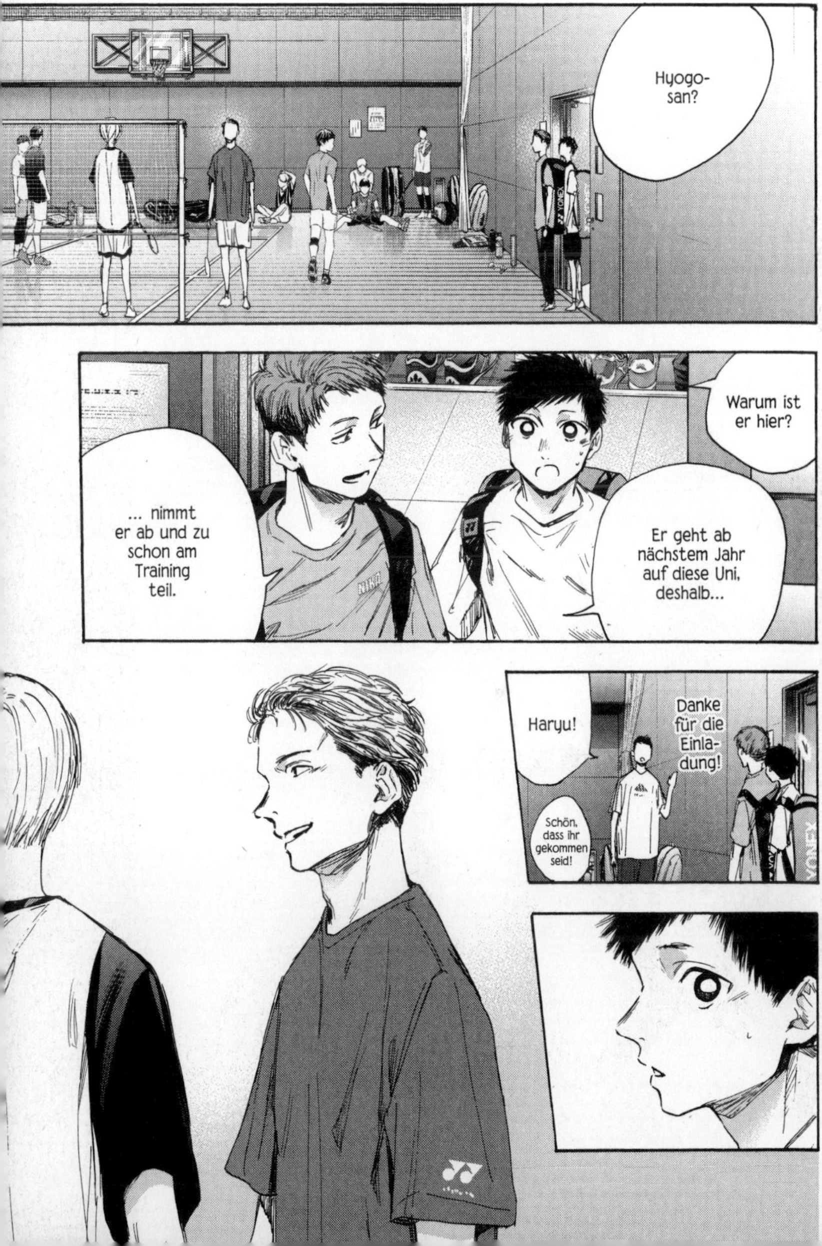
Hyogo-san?
Warum ist er hier?
Er geht ab nächstem Jahr auf diese Uni, deshalb...
... nimmt er ab und zu schon am Training teil.
Danke für die Einladung!
Haryu!
Schön, dass ihr gekommen seid!

#33 Storys, bei denen ein Überraschungsgegner den anderen den Sieg wegschnappt

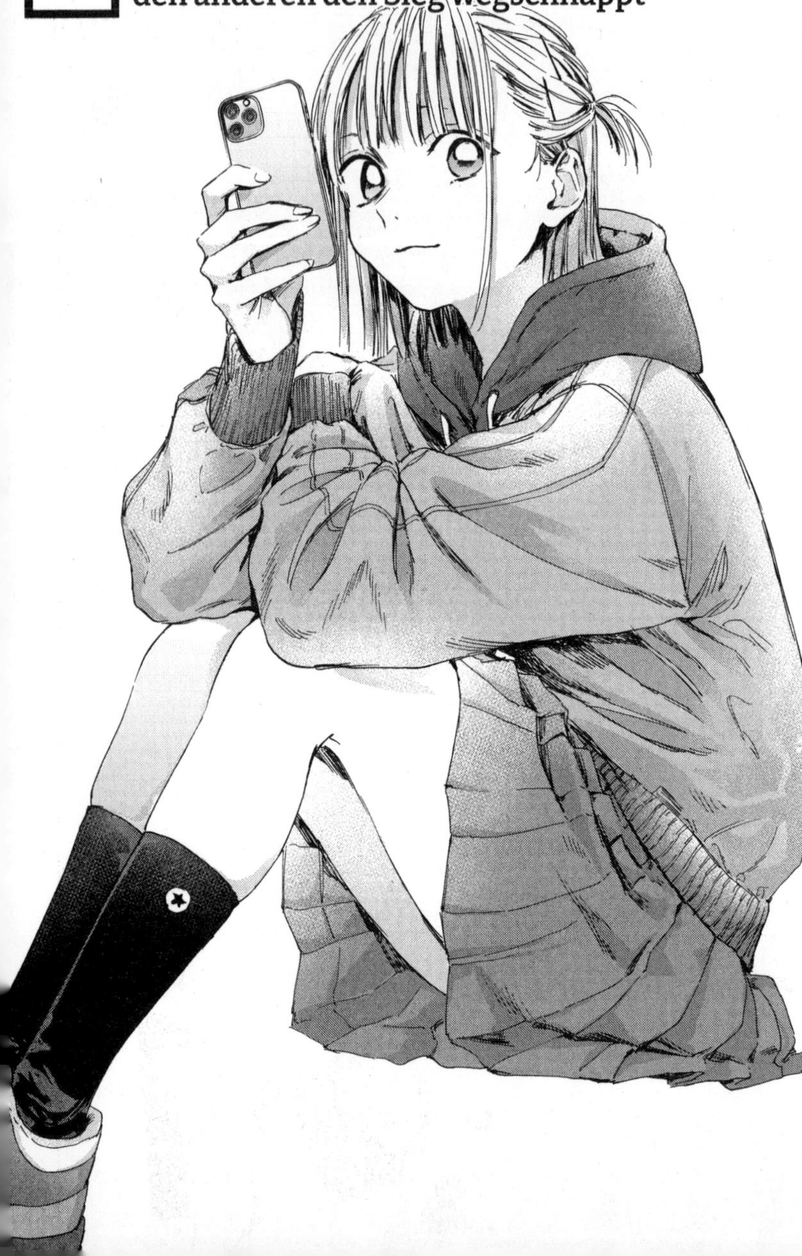

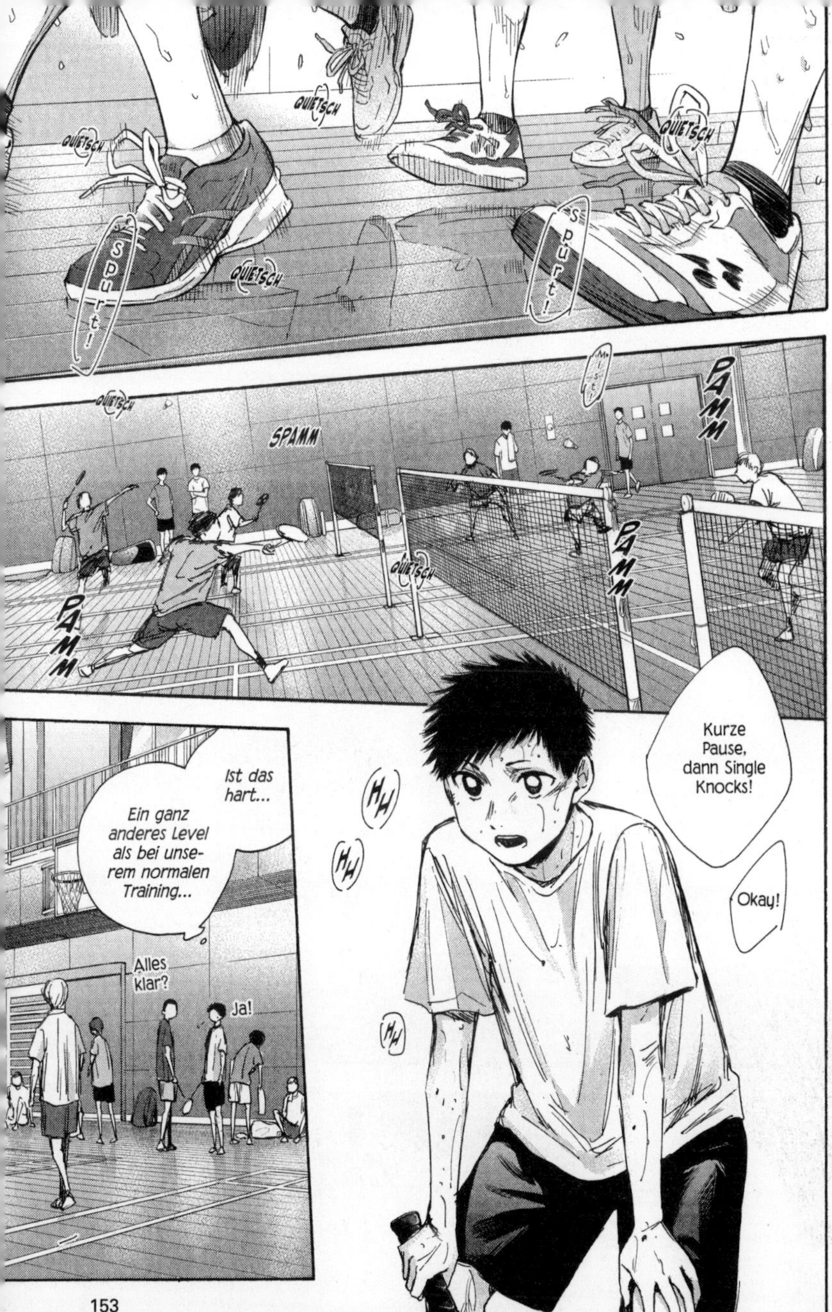
QUIETSCH
QUIETSCH
Spurt!
QUIETSCH
QUIETSCH
Spurt!
PAMM
Mist!
PAMM
QUIETSCH
SPAMM
QUIETSCH
PAMM
Kurze Pause, dann Single Knocks!
Okay!
HH
HH
HH
Ist das hart...
Ein ganz anderes Level als bei unserem normalen Training...
Alles klar?
Ja!

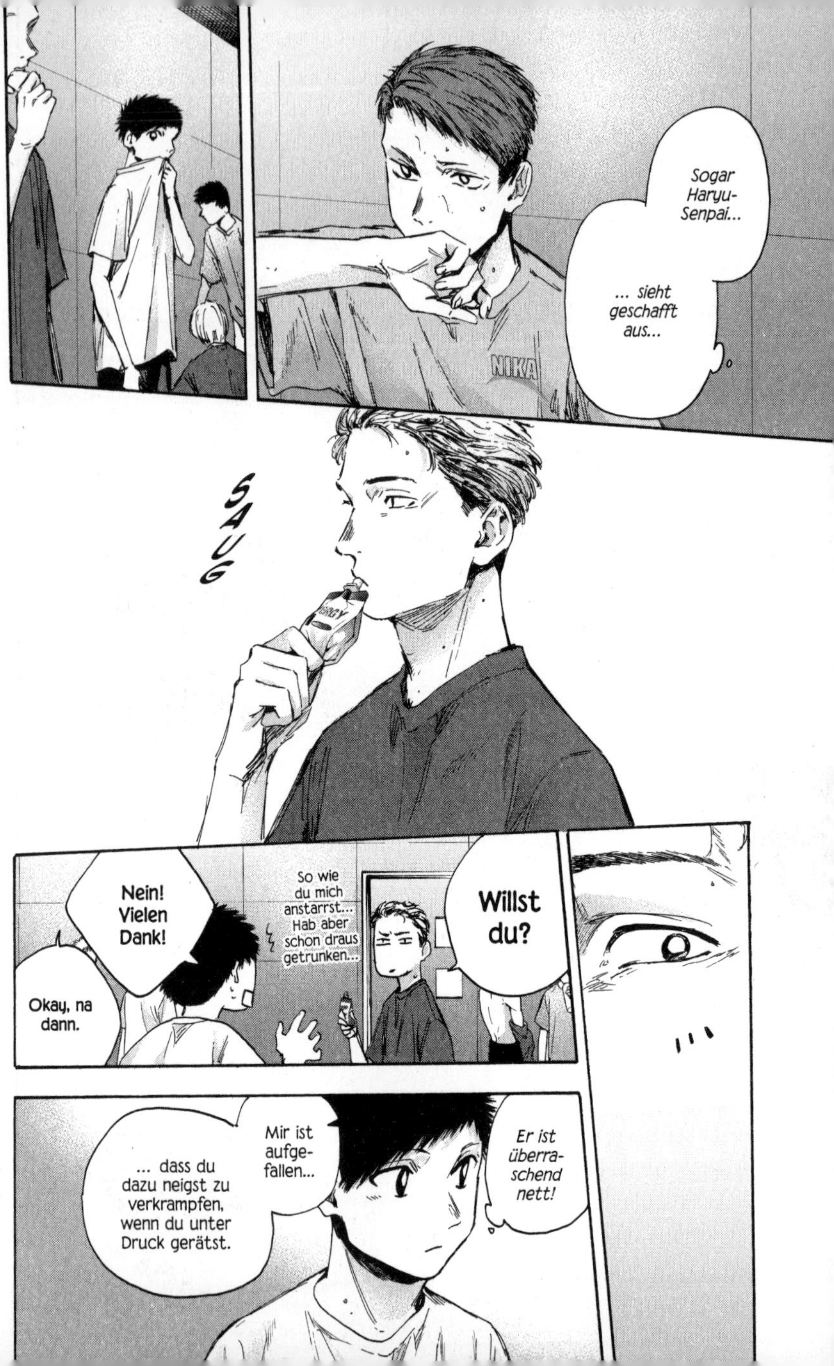
Sogar Haryu-Senpai...
... sieht geschafft aus...
SAUG
Willst du?
So wie du mich anstarrst... Hab aber schon draus getrunken...
Nein! Vielen Dank!
Okay, na dann.
Er ist überraschend nett!
Mir ist aufgefallen...
... dass du dazu neigst zu verkrampfen, wenn du unter Druck gerätst.

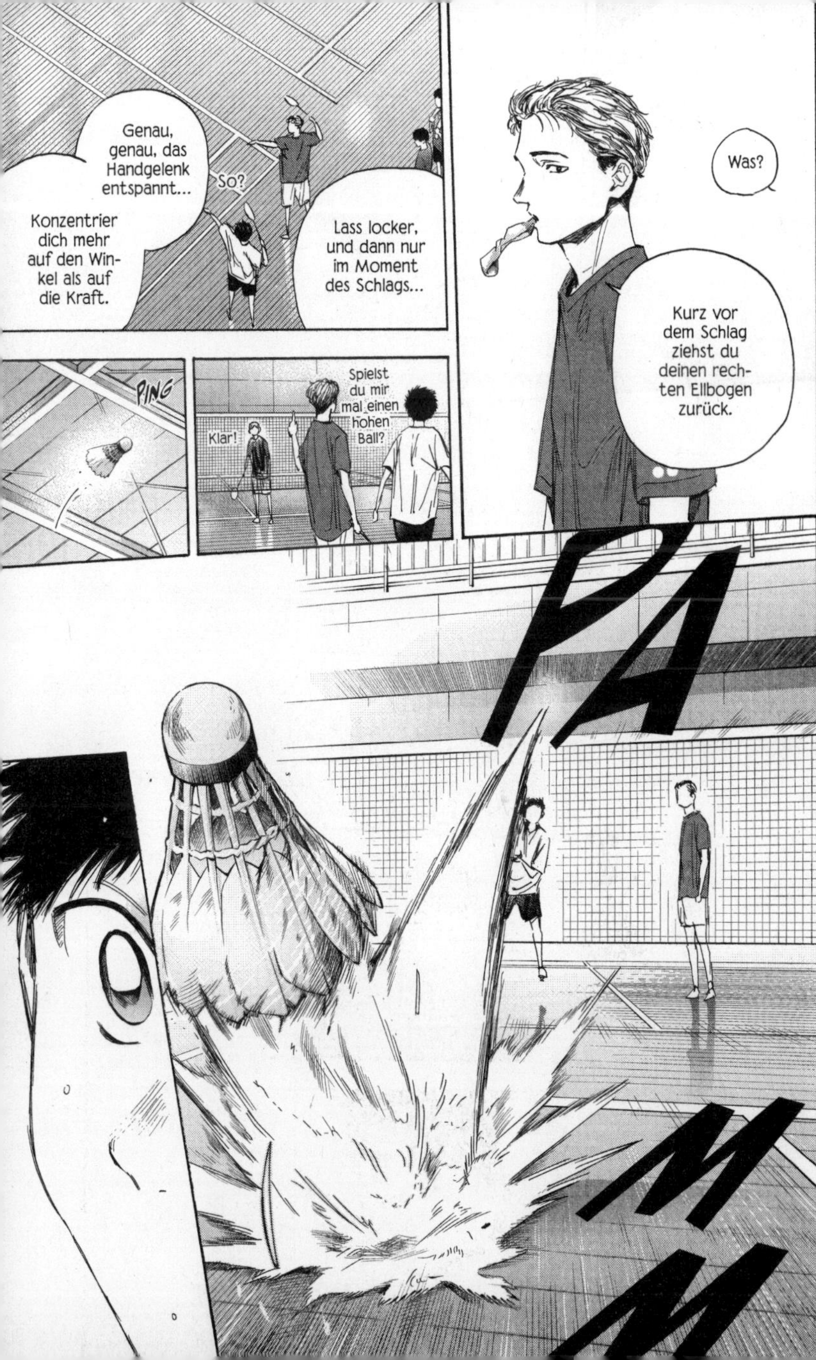
Was?
Kurz vor dem Schlag ziehst du deinen rechten Ellbogen zurück.
Genau, genau, das Handgelenk entspannt...
Lass locker, und dann nur im Moment des Schlags...
So?
Konzentrier dich mehr auf den Winkel als auf die Kraft.
Spielst du mir mal einen hohen Ball?
Klar!
PING
PA
MM

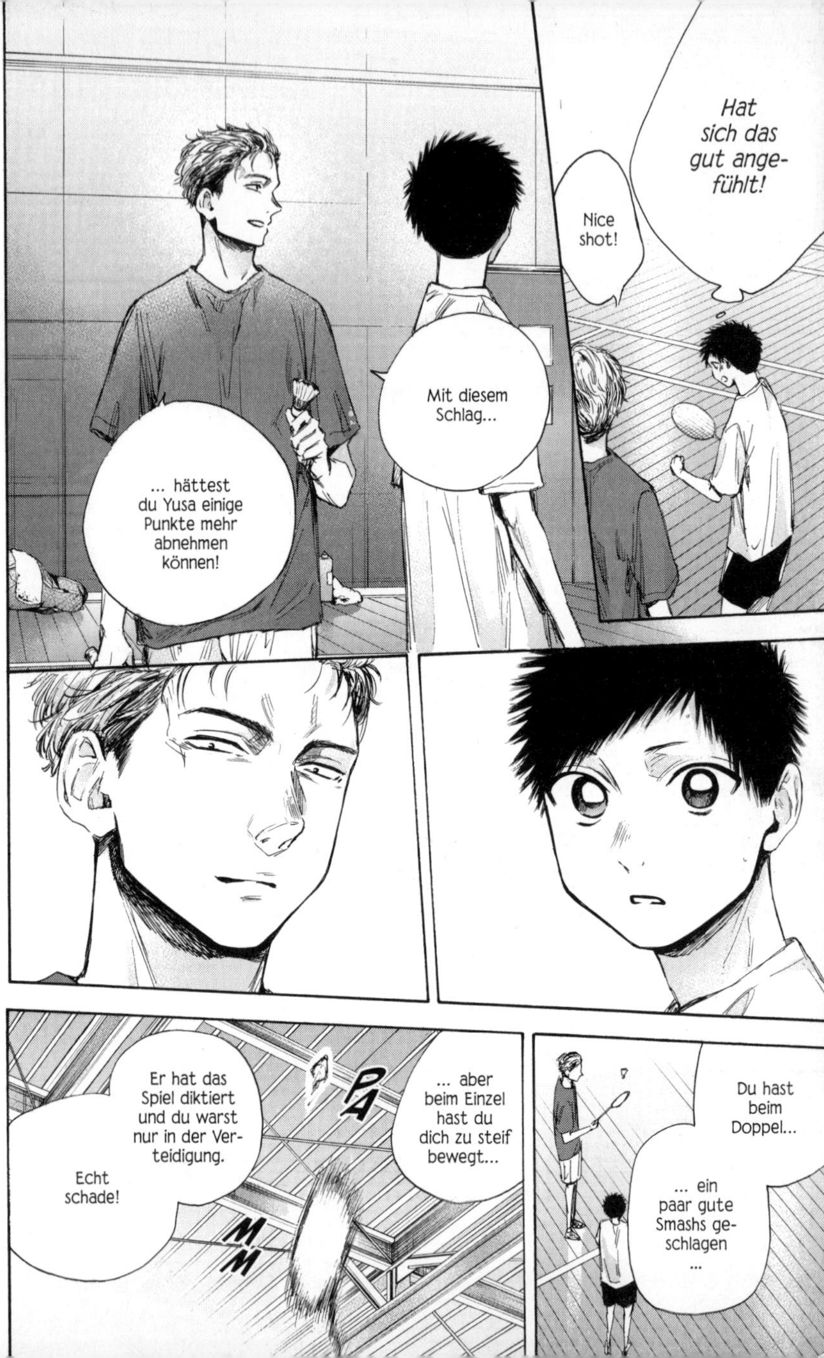
Nice shot!
Hat sich das gut angefühlt!
Mit diesem Schlag...
... hättest du Yusa einige Punkte mehr abnehmen können!
Du hast beim Doppel...
... ein paar gute Smashs geschlagen ...
... aber beim Einzel hast du dich zu steif bewegt...
PA
Er hat das Spiel diktiert und du warst nur in der Verteidigung.
Echt schade!
MM

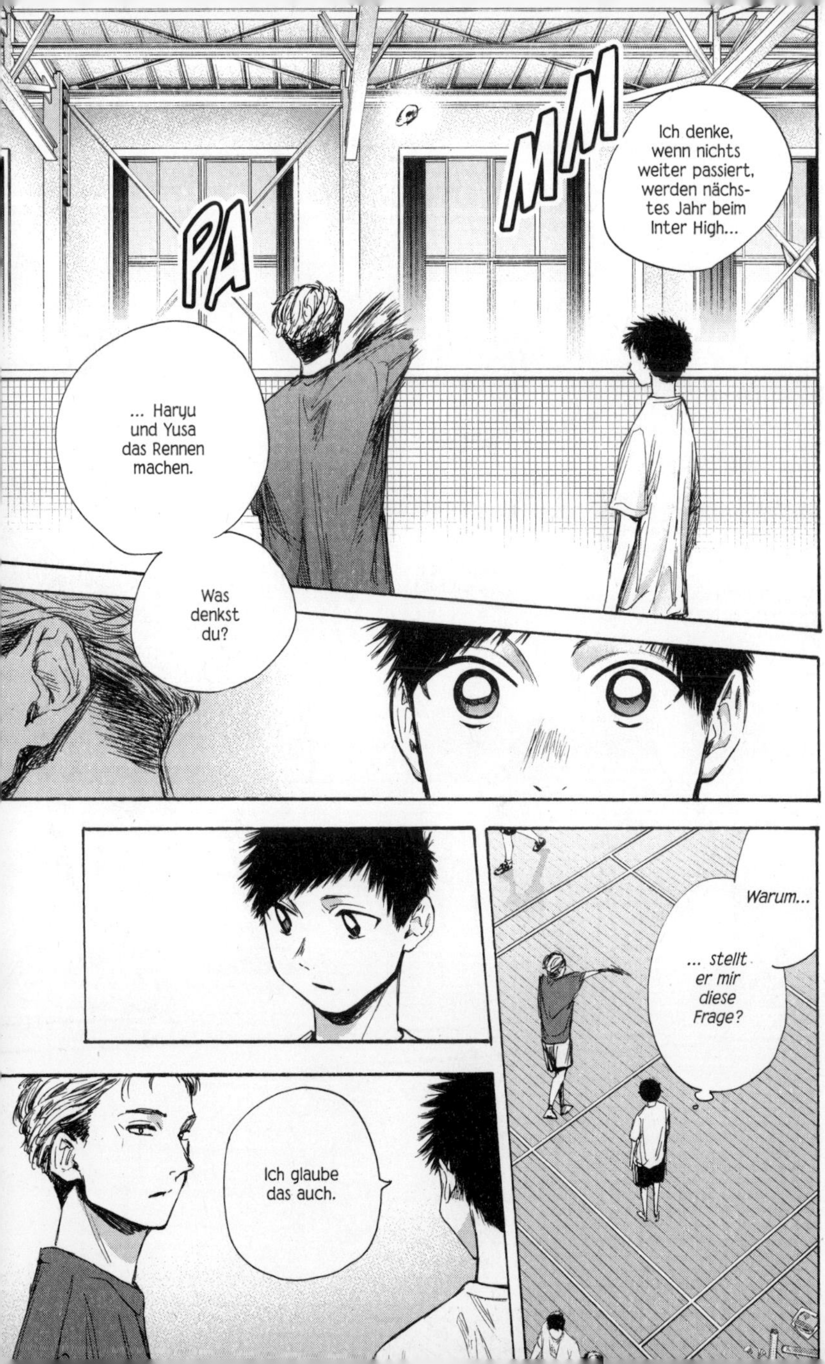
PA
MM
Ich denke, wenn nichts weiter passiert, werden nächstes Jahr beim Inter High...
... Haryu und Yusa das Rennen machen.
Was denkst du?
Warum...
... stellt er mir diese Frage?
Ich glaube das auch.

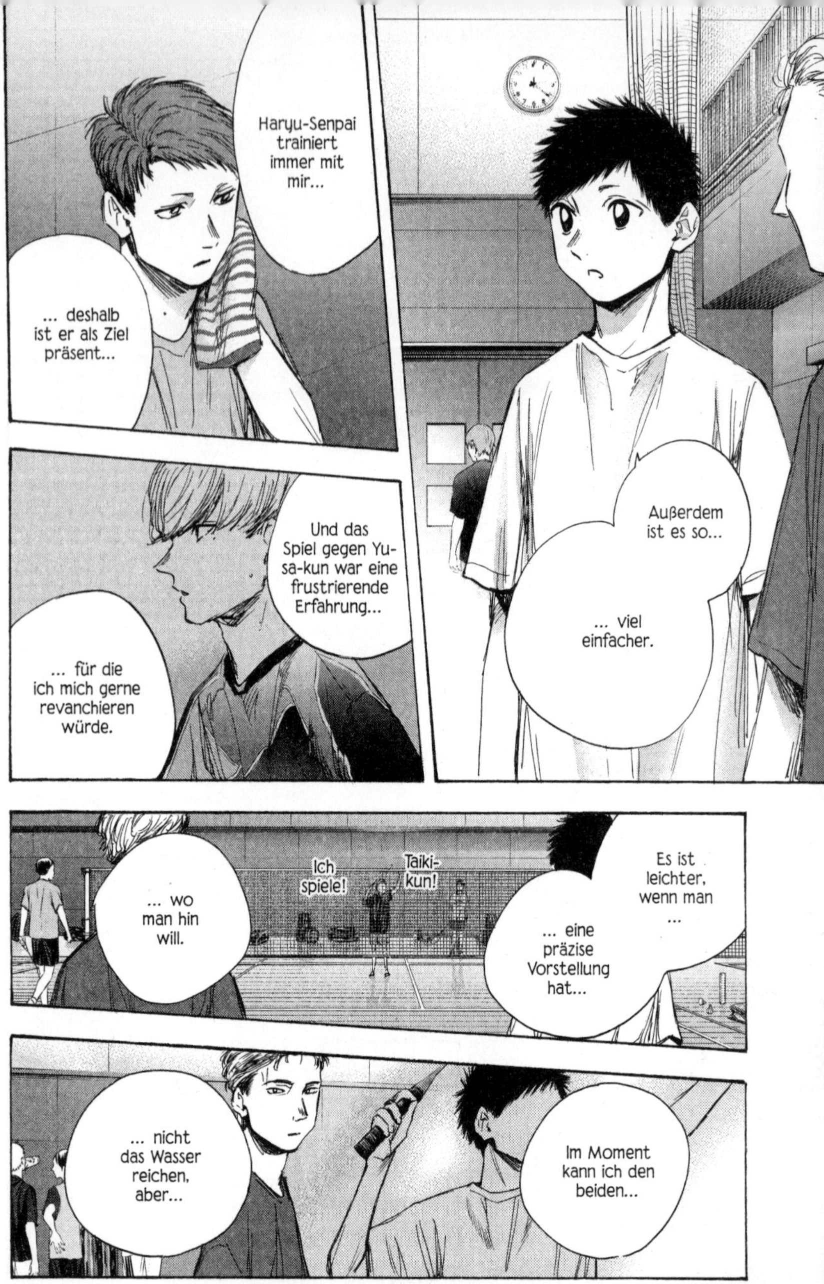
Haryu-Senpai trainiert immer mit mir...
... deshalb ist er als Ziel präsent...
Und das Spiel gegen Yu-sa-kun war eine frustrierende Erfahrung...
... für die ich mich gerne revanchieren würde.
Außerdem ist es so...
... viel einfacher.
Es ist leichter, wenn man ...
... eine präzise Vorstellung hat...
... wo man hin will.
Taiki-kun!
Ich spiele!
Im Moment kann ich den beiden...
... nicht das Wasser reichen, aber...

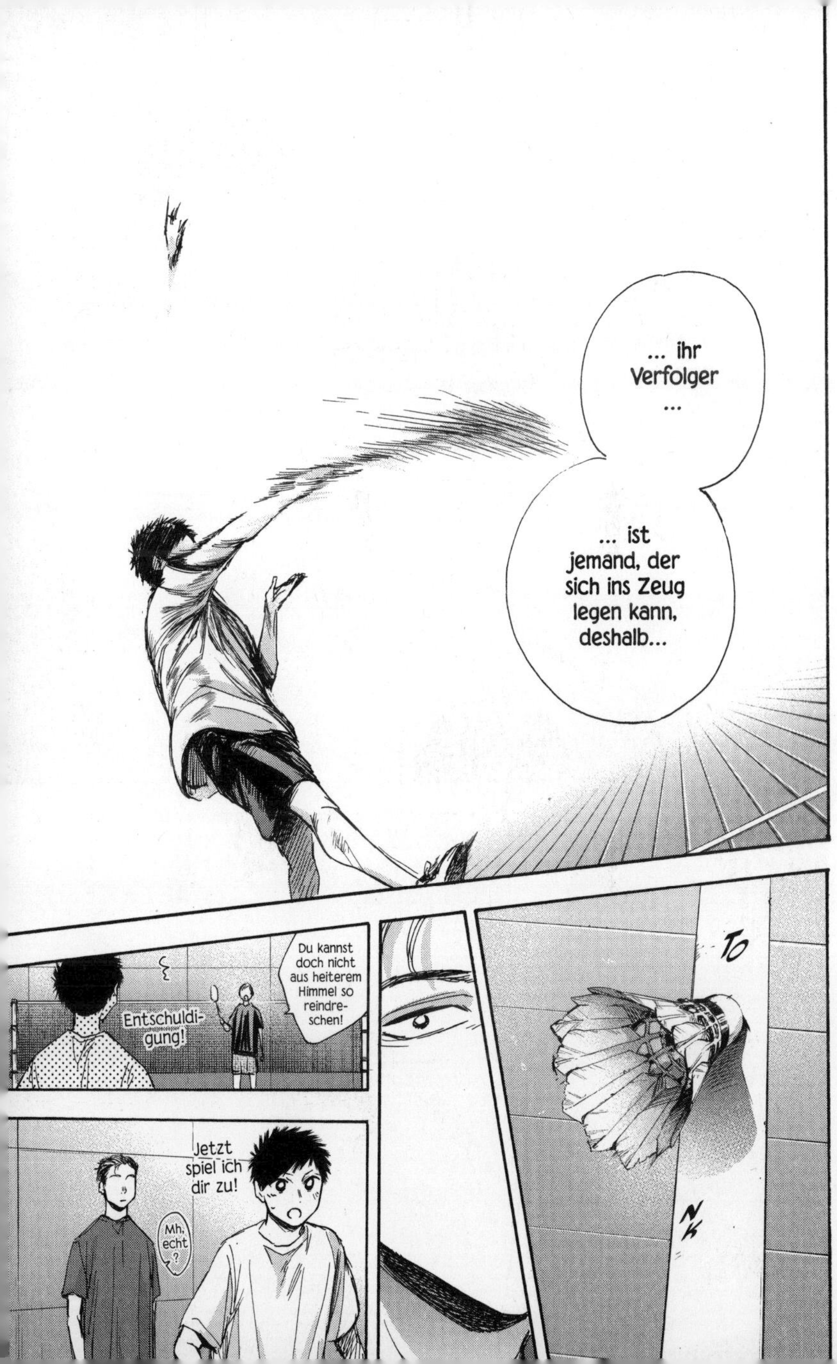
... ihr Verfolger ...
... ist jemand, der sich ins Zeug legen kann, deshalb...
TO
NK
Du kannst doch nicht aus heiterem Himmel so reindreschen!
Entschuldigung!
Jetzt spiel ich dir zu!
Mh, echt?

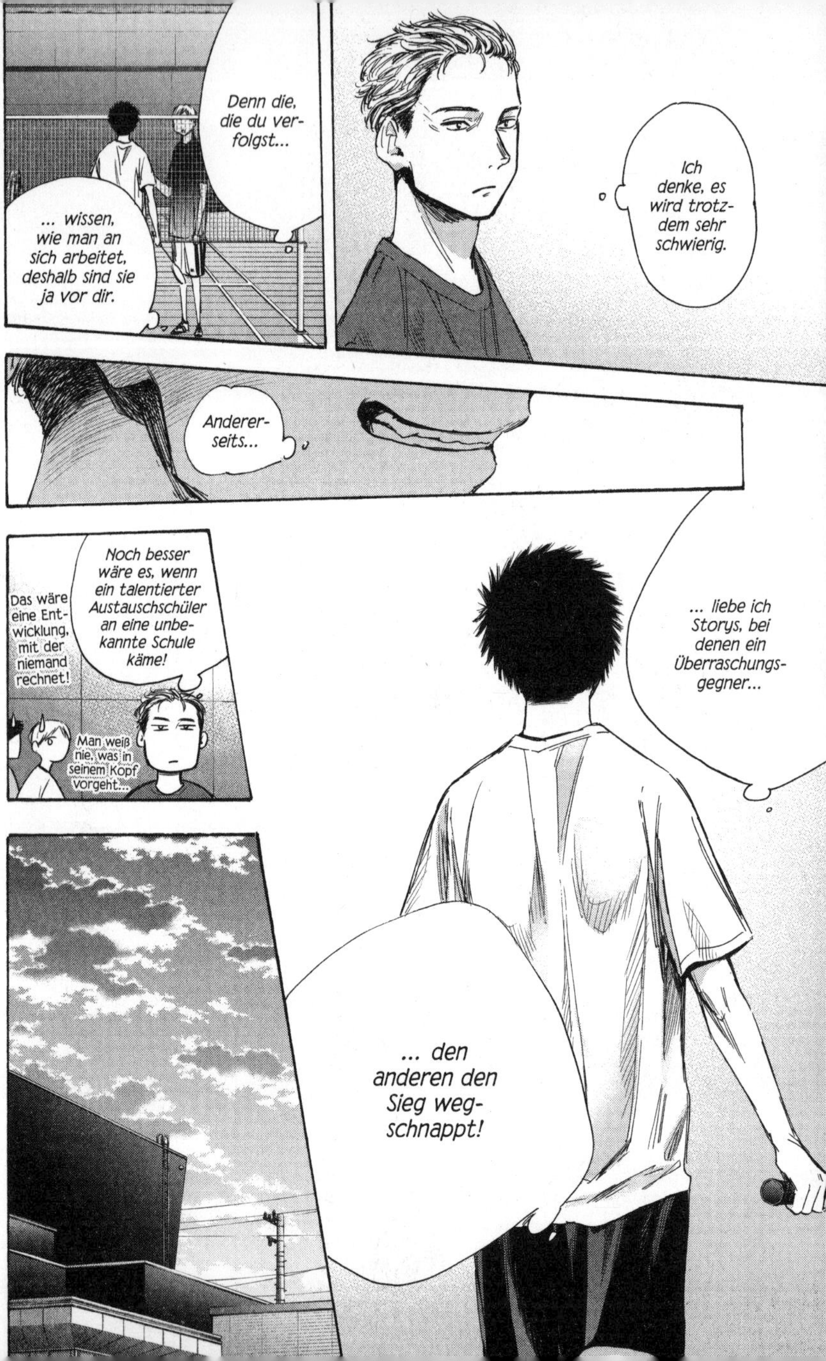
Ich denke, es wird trotzdem sehr schwierig.
Denn die, die du verfolgst...
... wissen, wie man an sich arbeitet, deshalb sind sie ja vor dir.
Andererseits...
... liebe ich Storys, bei denen ein Überraschungsgegner...
... den anderen den Sieg wegschnappt!
Noch besser wäre es, wenn ein talentierter Austauschschüler an eine unbekannte Schule käme!
Das wäre eine Entwicklung, mit der niemand rechnet!
Man weiß nie, was in seinem Kopf vorgeht...

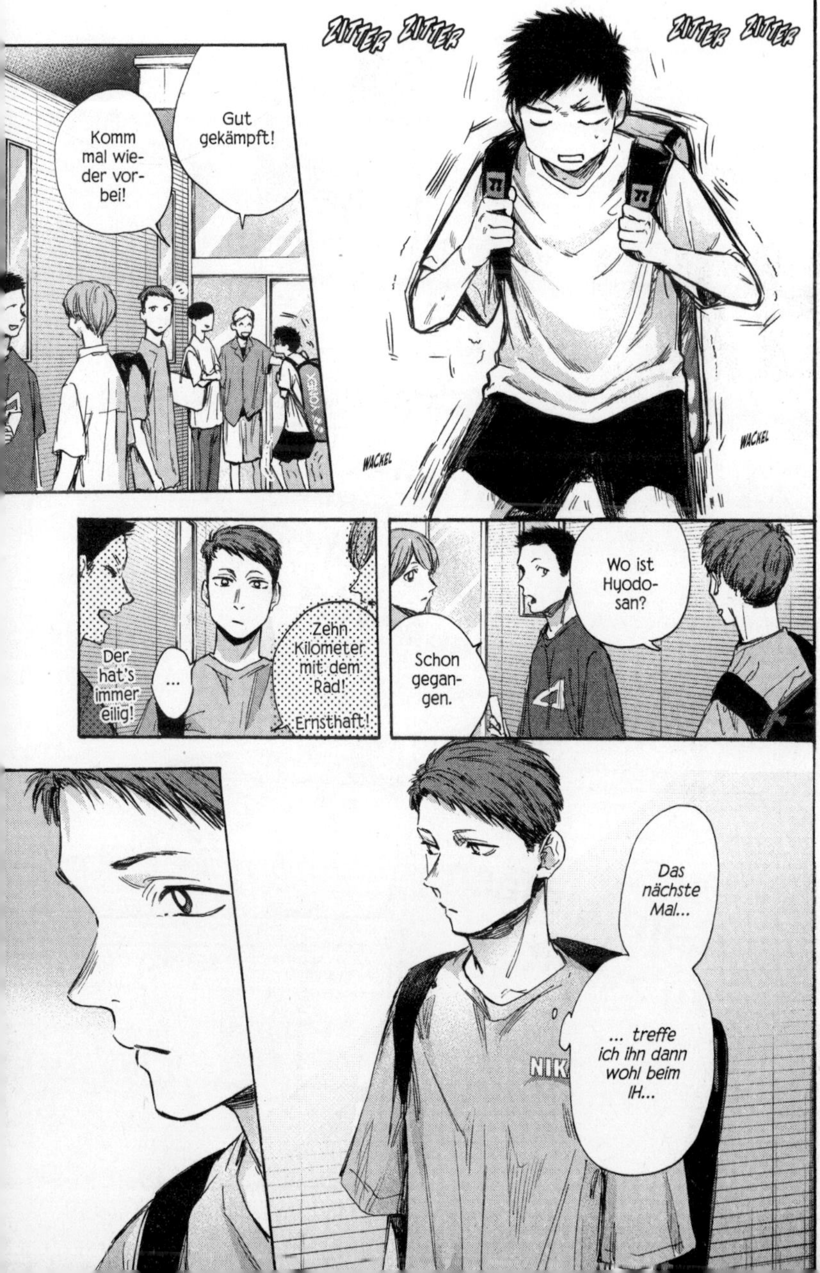
ZITTER ZITTER
ZITTER ZITTER
WACKEL
WACKEL
Gut gekämpft!
Komm mal wieder vorbei!
Wo ist Hyodo-san?
Schon gegangen.
Zehn Kilometer mit dem Rad! Ernsthaft!
...
Der hat's immer eilig!
Das nächste Mal...
... treffe ich ihn dann wohl beim IH...

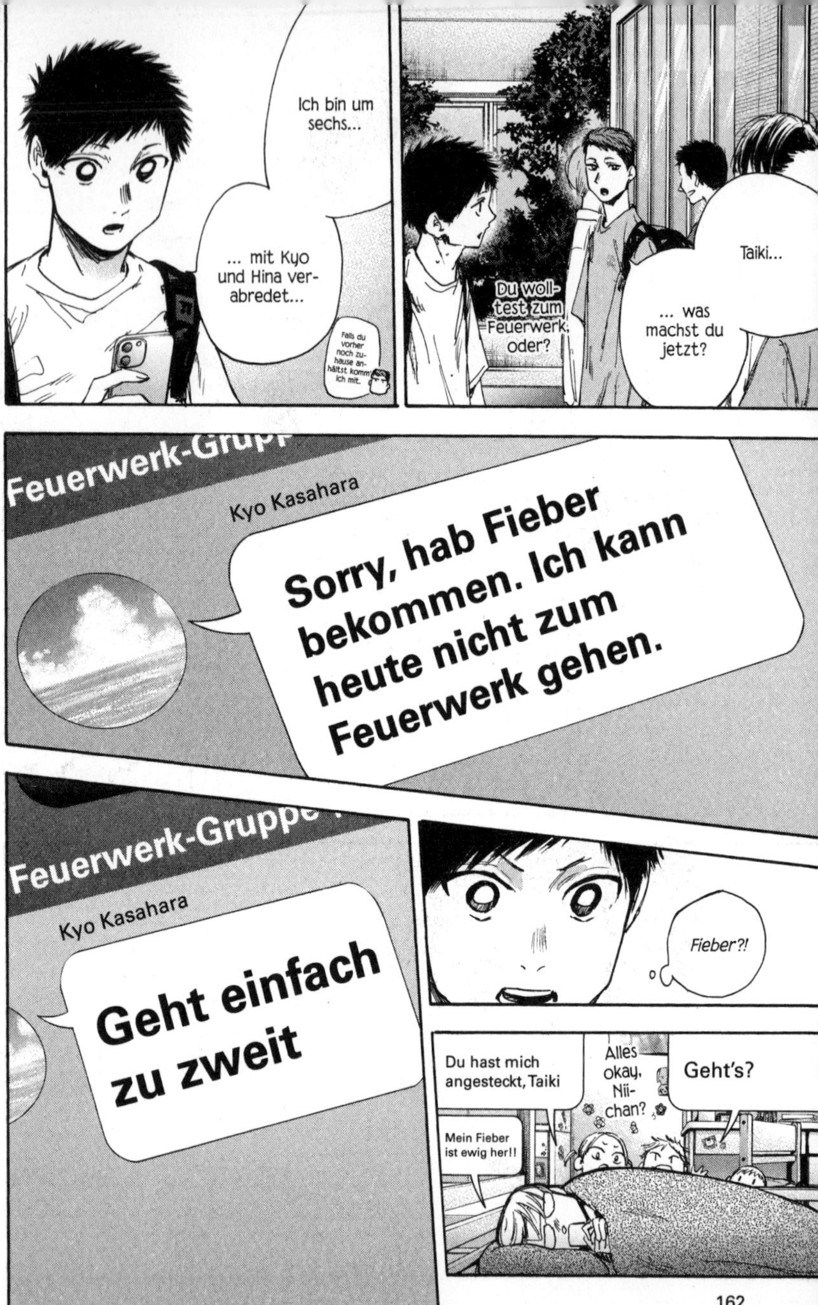
Taiki...
... was machst du jetzt?
Du wolltest zum Feuerwerk, oder?
Ich bin um sechs...
... mit Kyo und Hina verabredet...
Falls du vorher noch zuhause anhältst komm ich mit.
Feuerwerk-Grupp
Kyo Kasahara
Sorry, hab Fieber bekommen. Ich kann heute nicht zum Feuerwerk gehen.
Fieber?!
Feuerwerk-Gruppe
Kyo Kasahara
Geht einfach zu zweit
Geht's?
Alles okay, Nii-chan?
Du hast mich angesteckt, Taiki
Mein Fieber ist ewig her!!

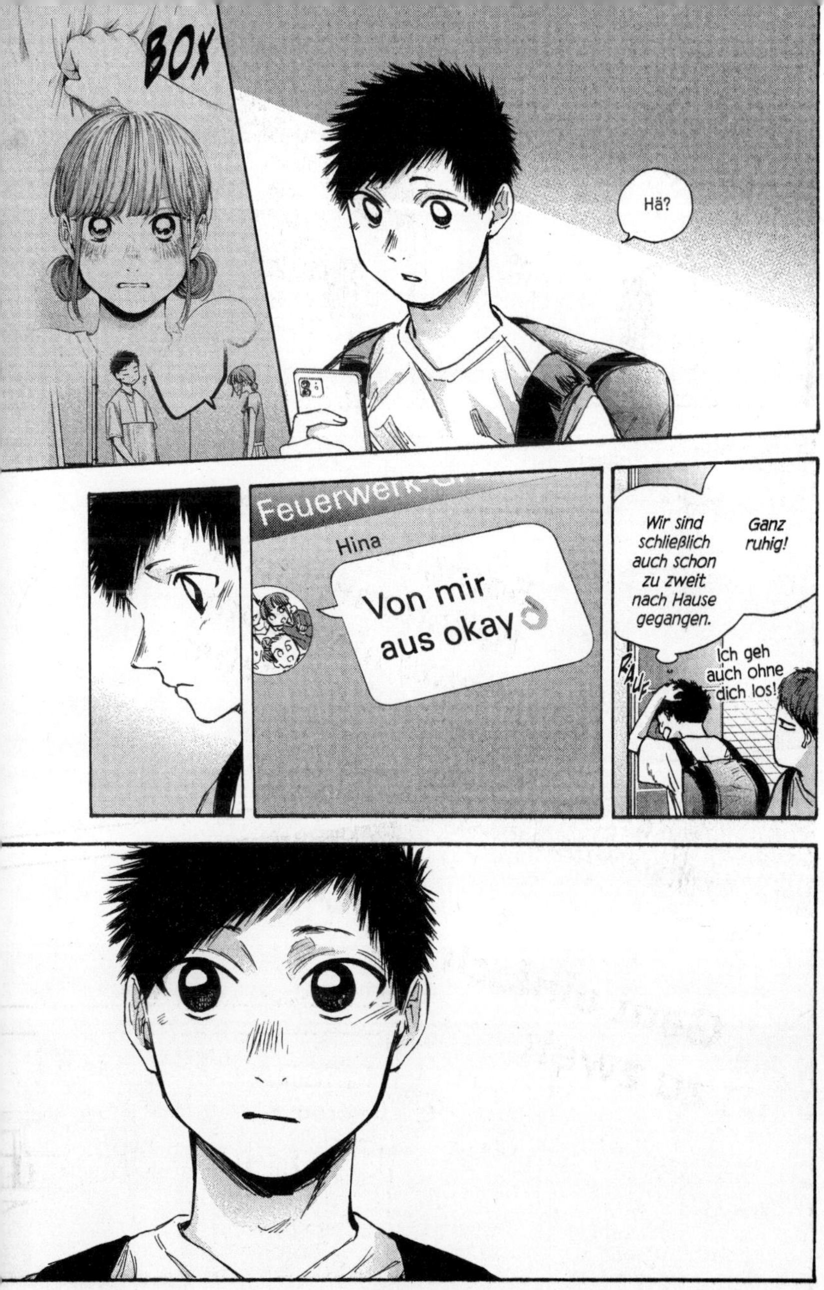
BOX
Hä?
Feuerwerk-
Hina
Von mir aus okay
Ganz ruhig!
Wir sind schließlich auch schon zu zweit nach Hause gegangen.
RAUF
Ich geh auch ohne dich los!

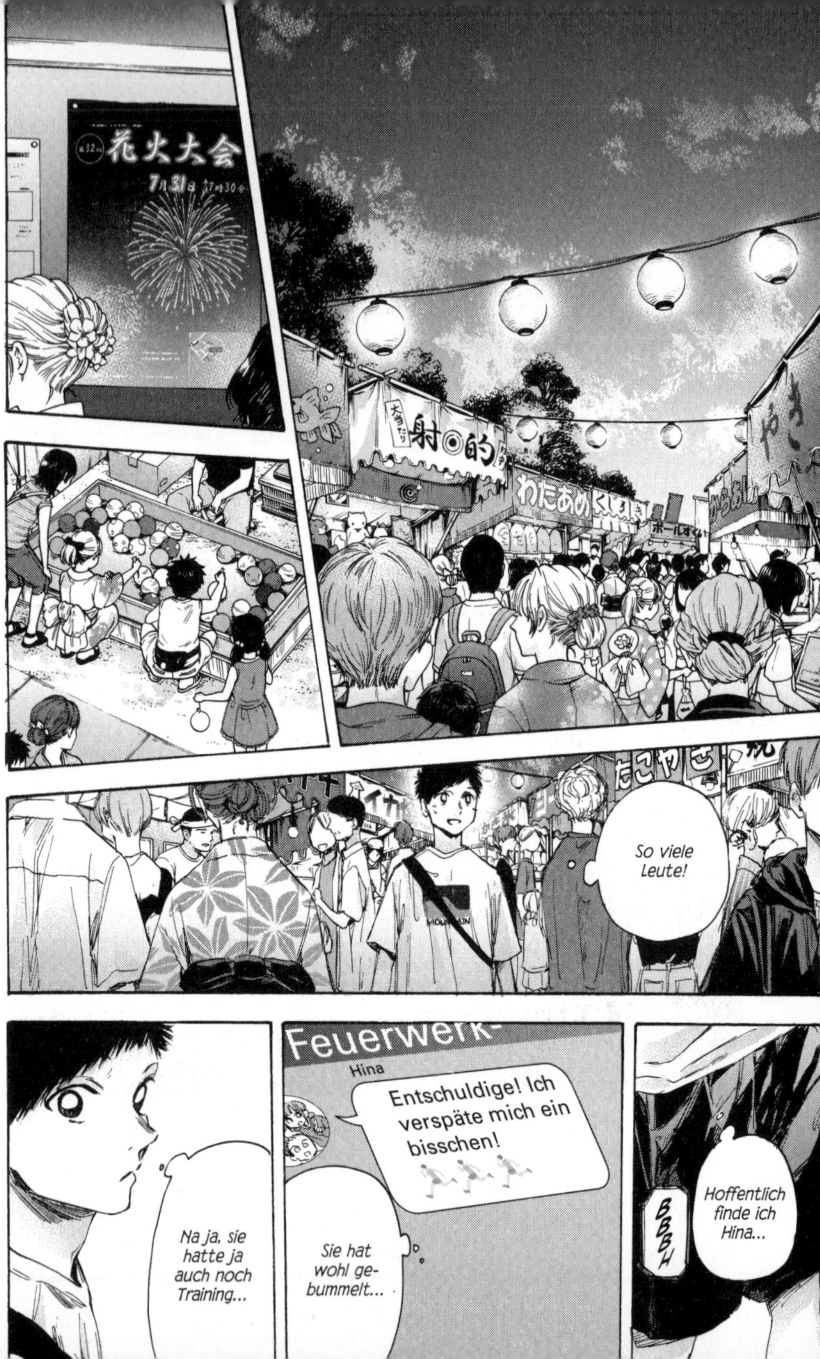
射的
わたあめ
くじびき
花火大会
7月31日
たこやき
So viele Leute!
BBBH
Hoffentlich finde ich Hina...
Feuerwerk-
Hina
Entschuldige! Ich verspäte mich ein bisschen!
Sie hat wohl gebummelt...
Na ja, sie hatte ja auch noch Training...

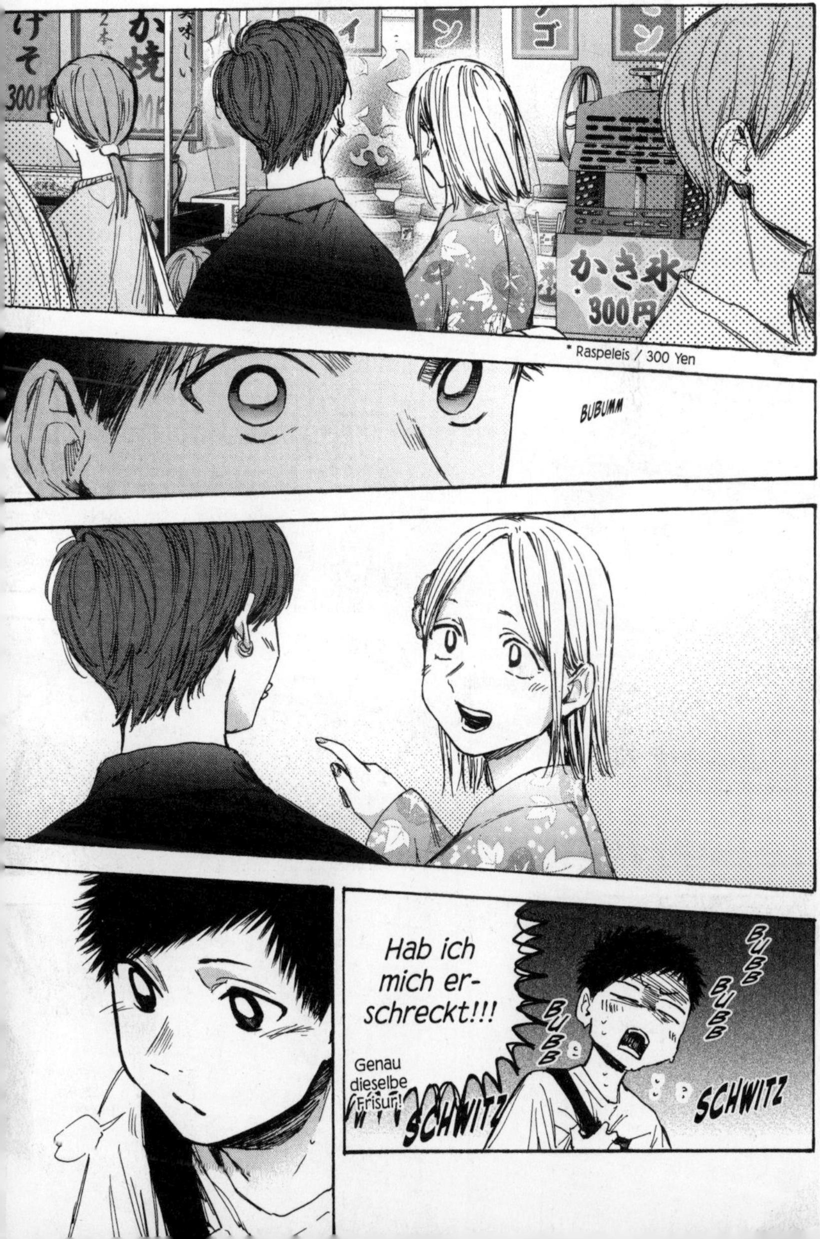
かき氷
300円
* Raspeleis / 300 Yen
BUBUMM
Hab ich mich er-
schreckt!!!
BUBB
BUBB
BUBB
SCHWITZ
Genau dieselbe Frisur!
SCHWITZ

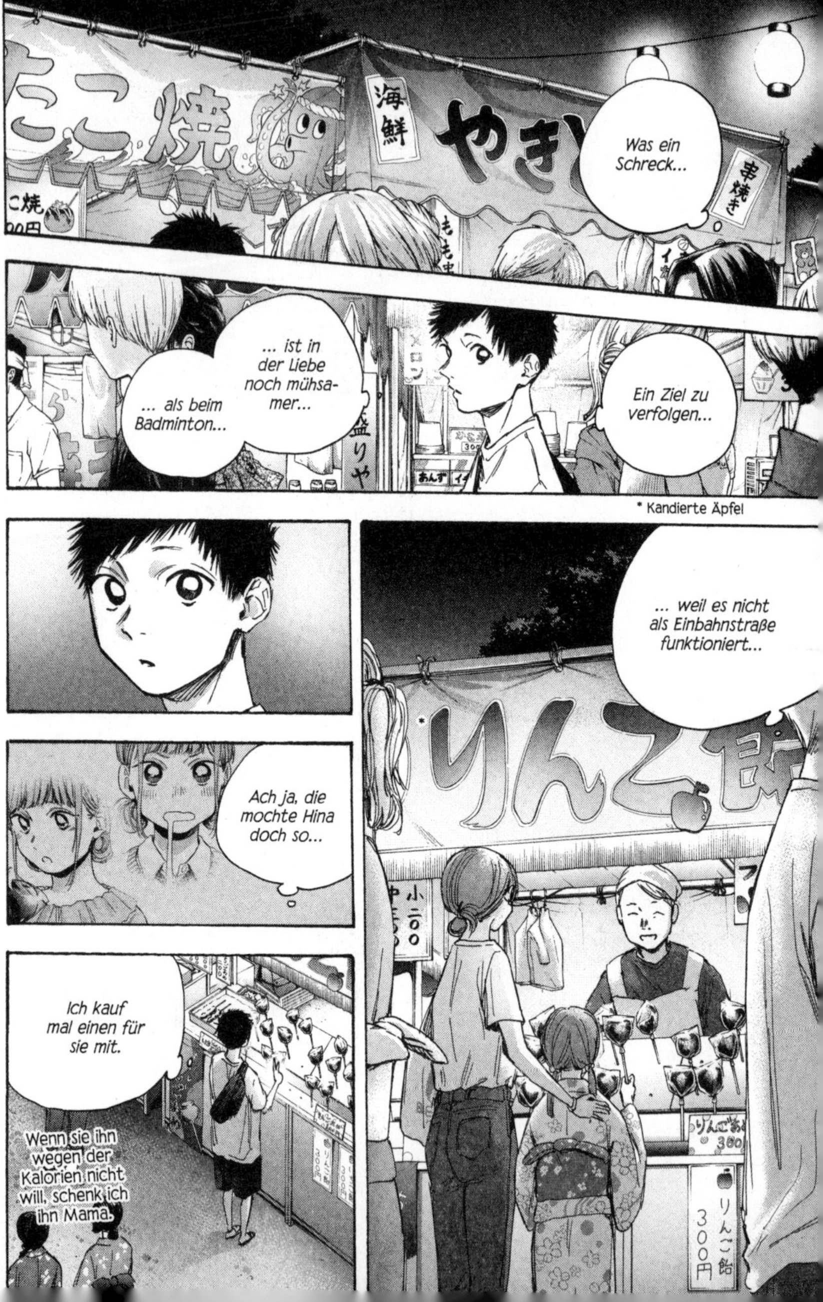

* Kandierte Äpfel

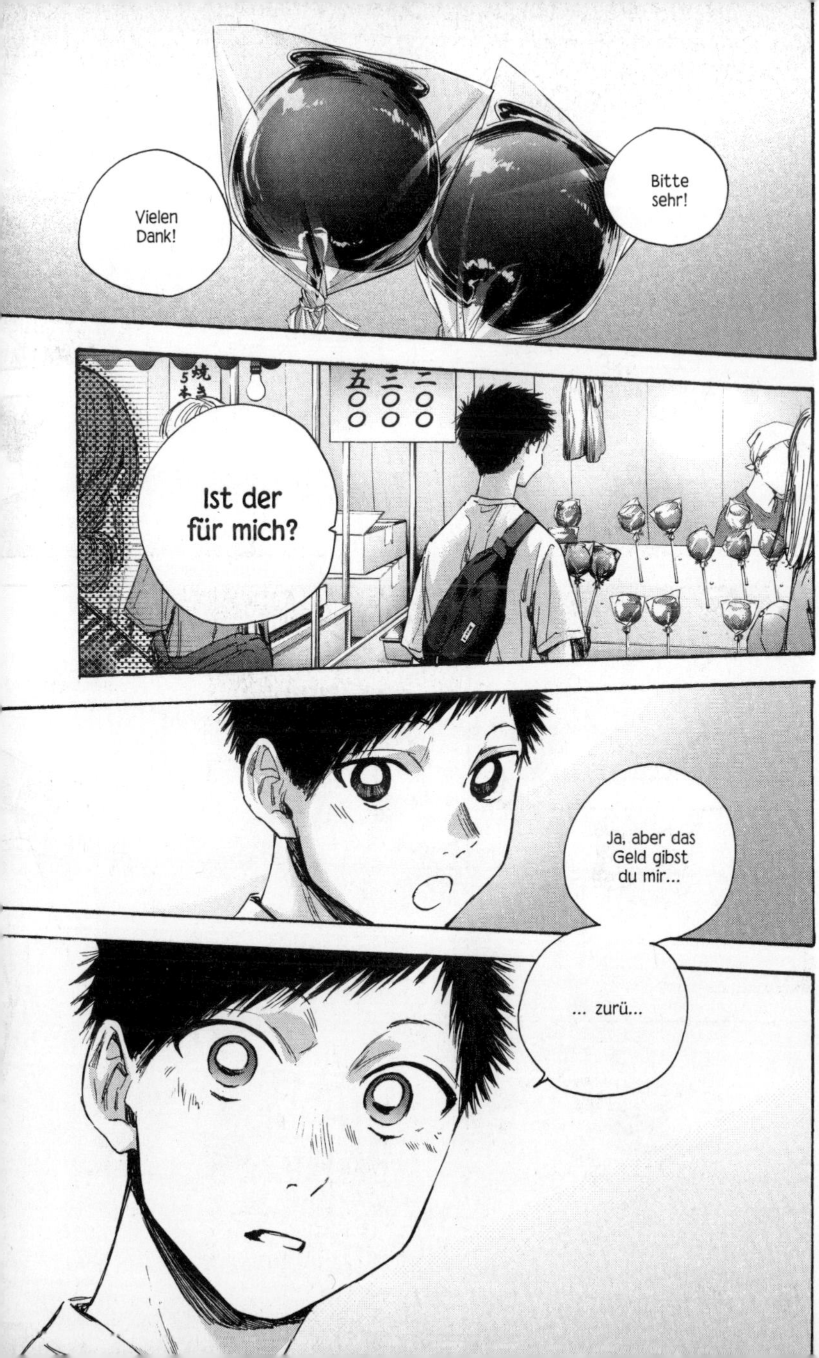
Bitte sehr!
Vielen Dank!
Ist der für mich?
Ja, aber das Geld gibst du mir...
... zurü...

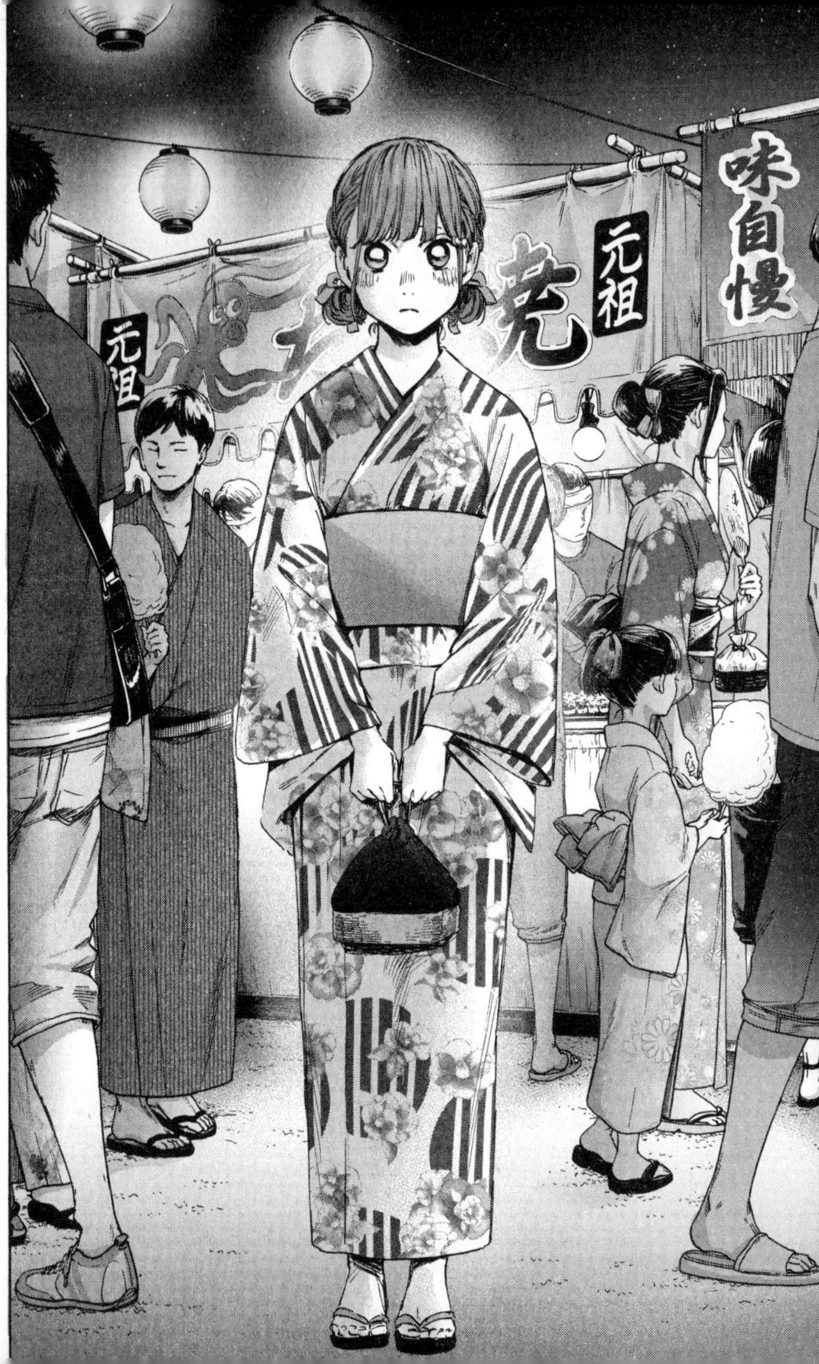
味自慢
元祖
元祖

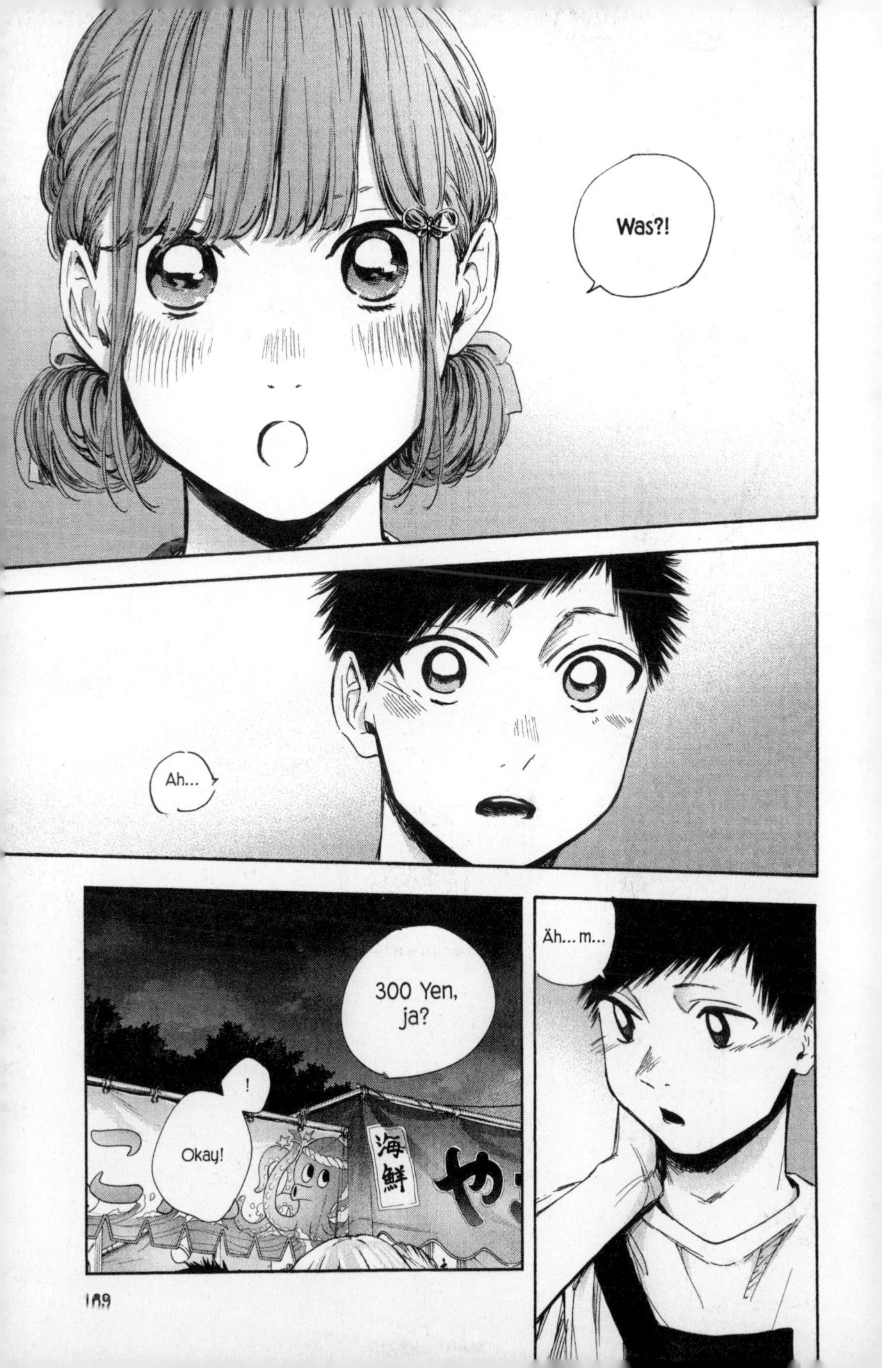
Was?!
Ah...
Äh... m...
300 Yen, ja?
!
Okay!
海鮮

Blue Box ④

Special thanks

Aragaki-san

Okino-san

Ono-san

Takeuchi-san

Hinohara-san

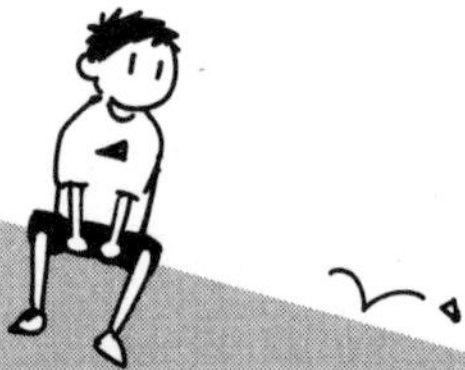

Tobita-san (Aushilfe)

Murakoshi-san

Chiba-san

Tsuji-san

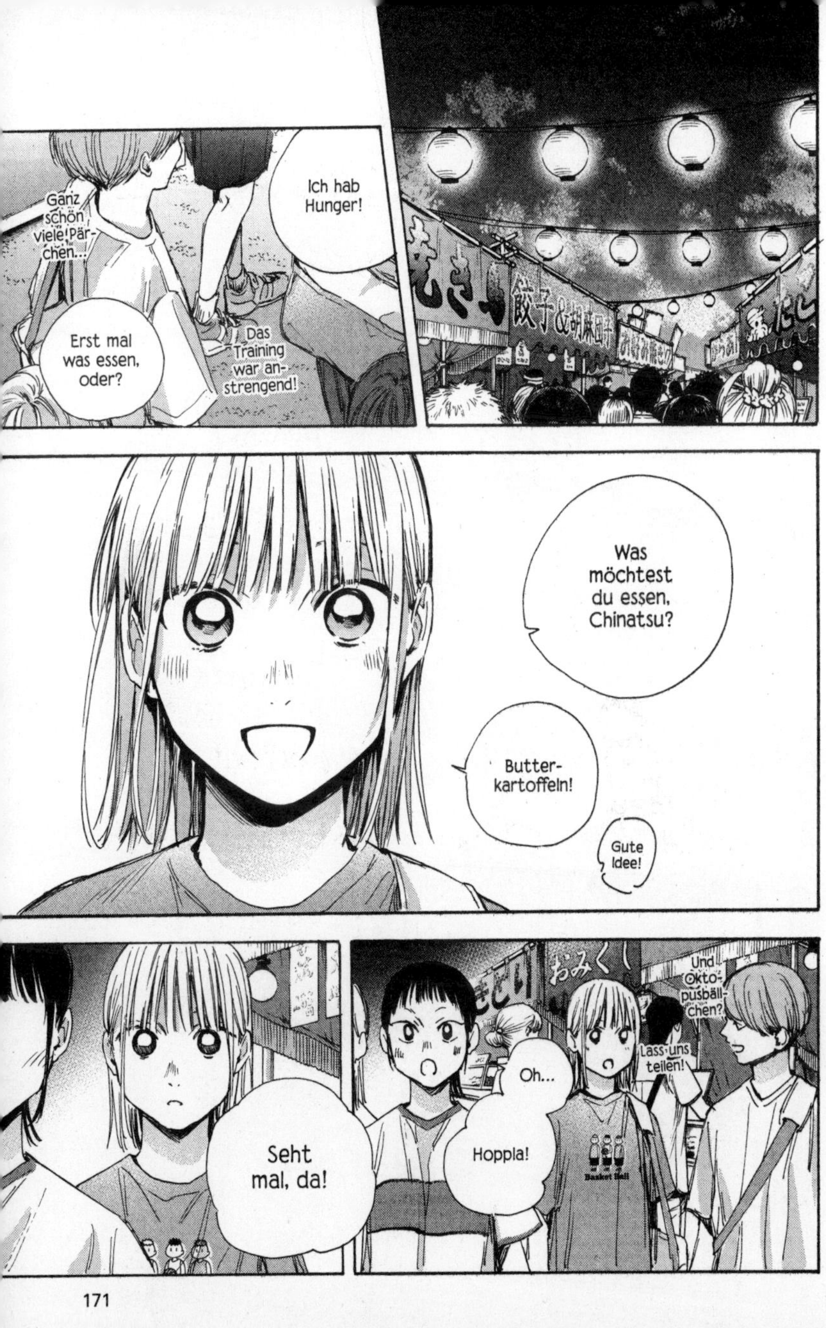
Ich hab Hunger!
Ganz schön viele Pärchen...
Das Training war anstrengend!
Erst mal was essen, oder?
Was möchtest du essen, Chinatsu?
Butterkartoffeln!
Gute Idee!
Und Oktopusbällchen?
Lass uns teilen!
Oh...
Hoppla!
Seht mal, da!

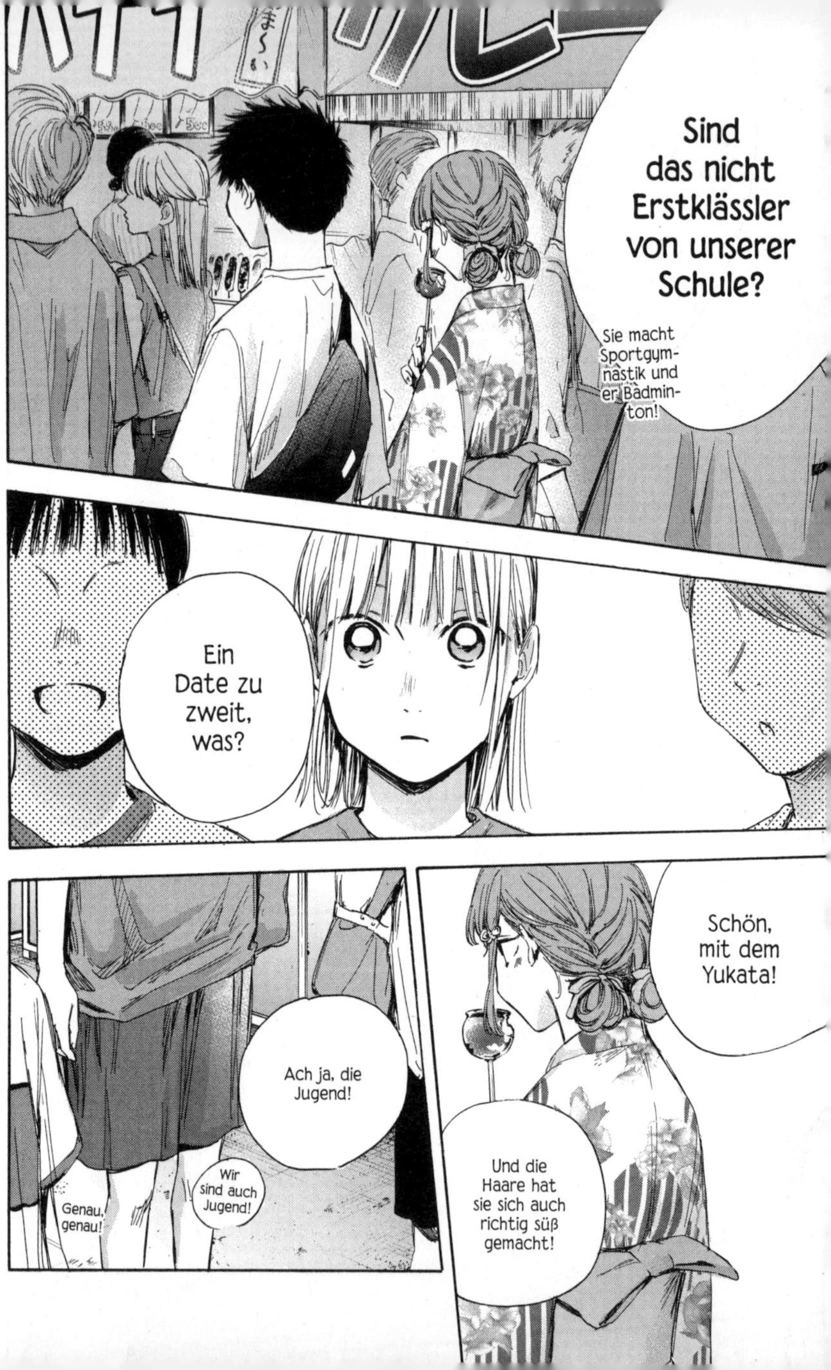
Sind das nicht Erstklässler von unserer Schule?
Sie macht Sportgymnastik und er Badminton!
Ein Date zu zweit, was?
Schön, mit dem Yukata!
Und die Haare hat sie sich auch richtig süß gemacht!
Ach ja, die Jugend!
Wir sind auch Jugend!
Genau, genau!

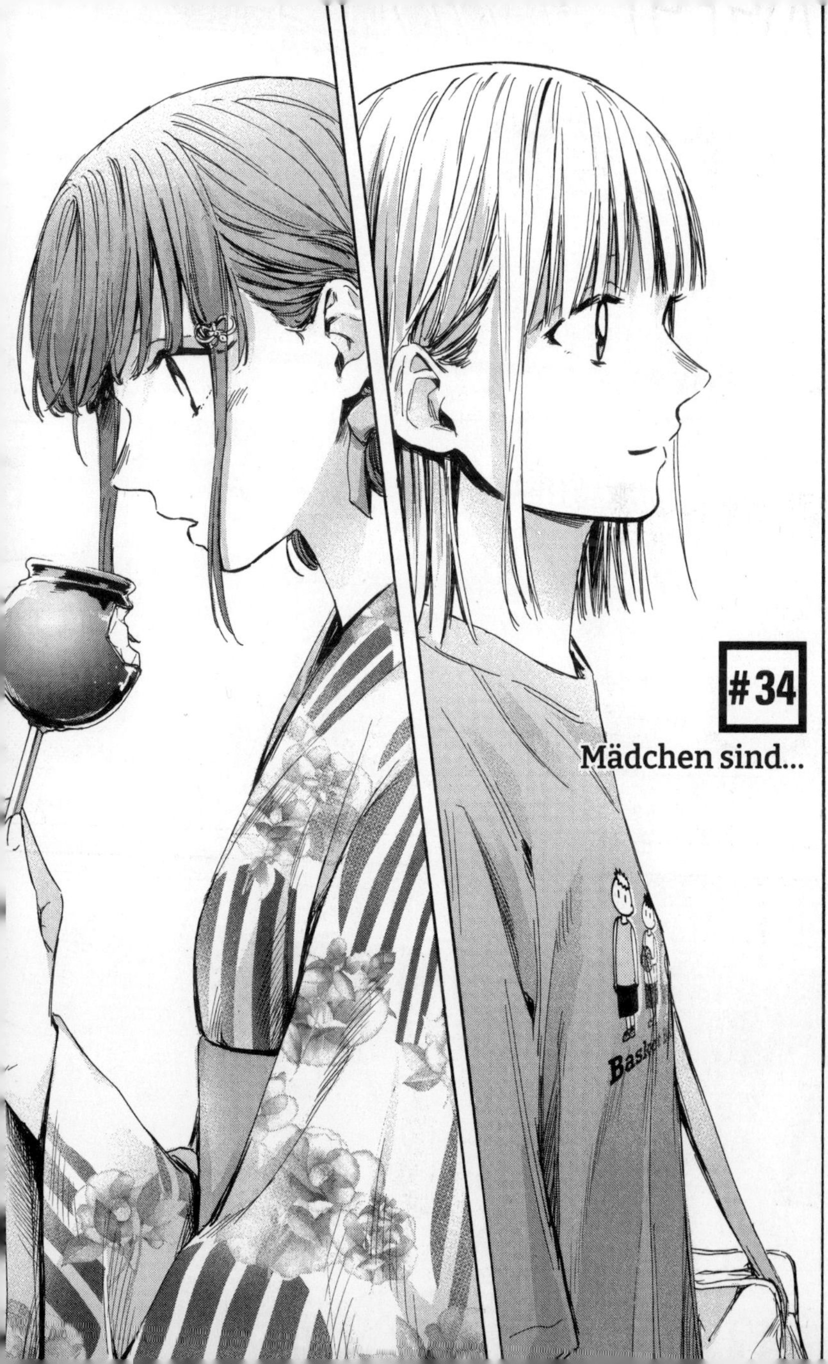

#34 Mädchen sind...

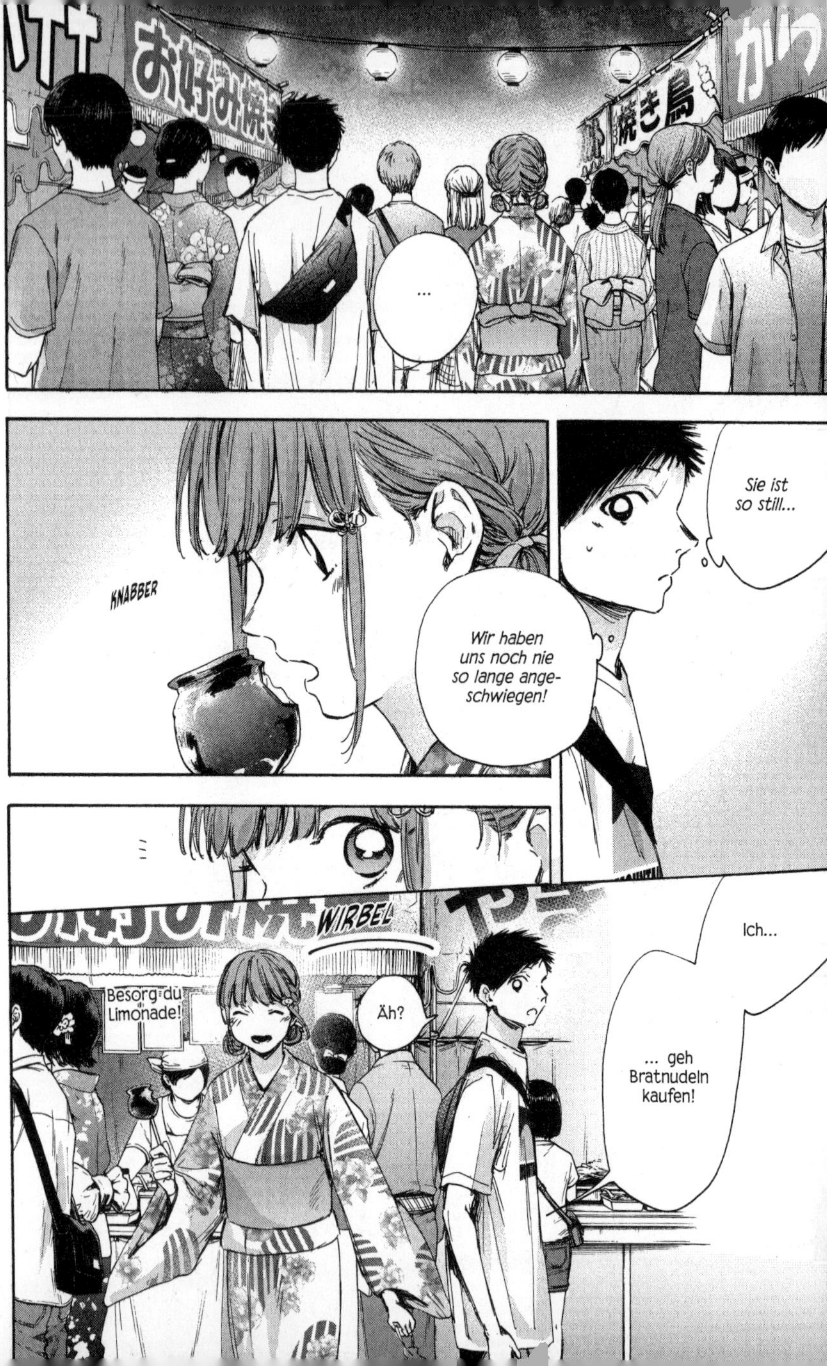
...
Sie ist so still...
Wir haben uns noch nie so lange ange-schwiegen!
KNABBER
Ich...
... geh Bratnudeln kaufen!
Äh?
WIRBEL
Besorg du Limonade!

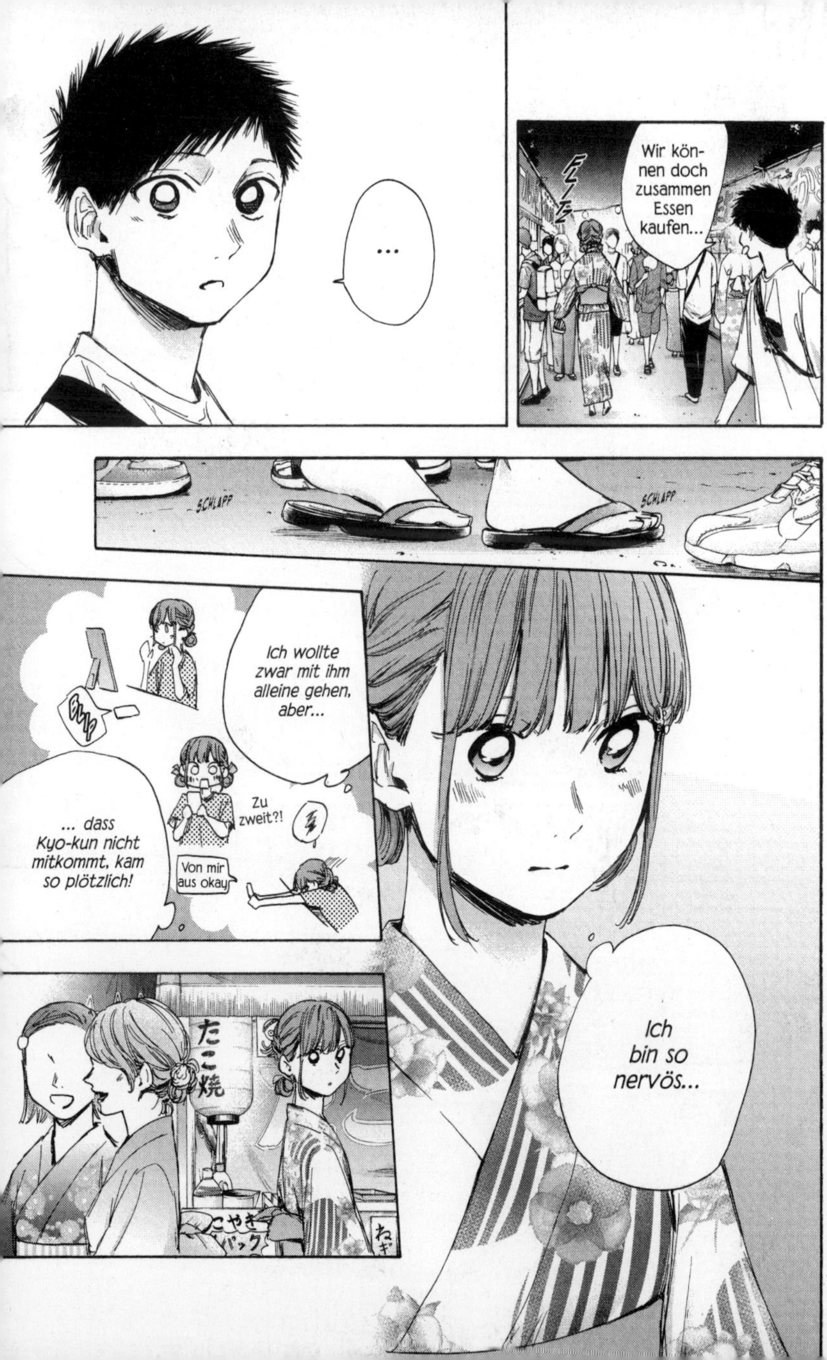

Wir kön-
nen doch
zusammen
Essen
kaufen...
...
SCHLAPP
SCHLAPP
Ich wollte
zwar mit ihm
alleine gehen,
aber...
Blip
Zu
zweit?!
Von mir
aus okay
... dass
Kyo-kun nicht
mitkommt, kam
so plötzlich!
Ich
bin so
nervös...
たこ焼

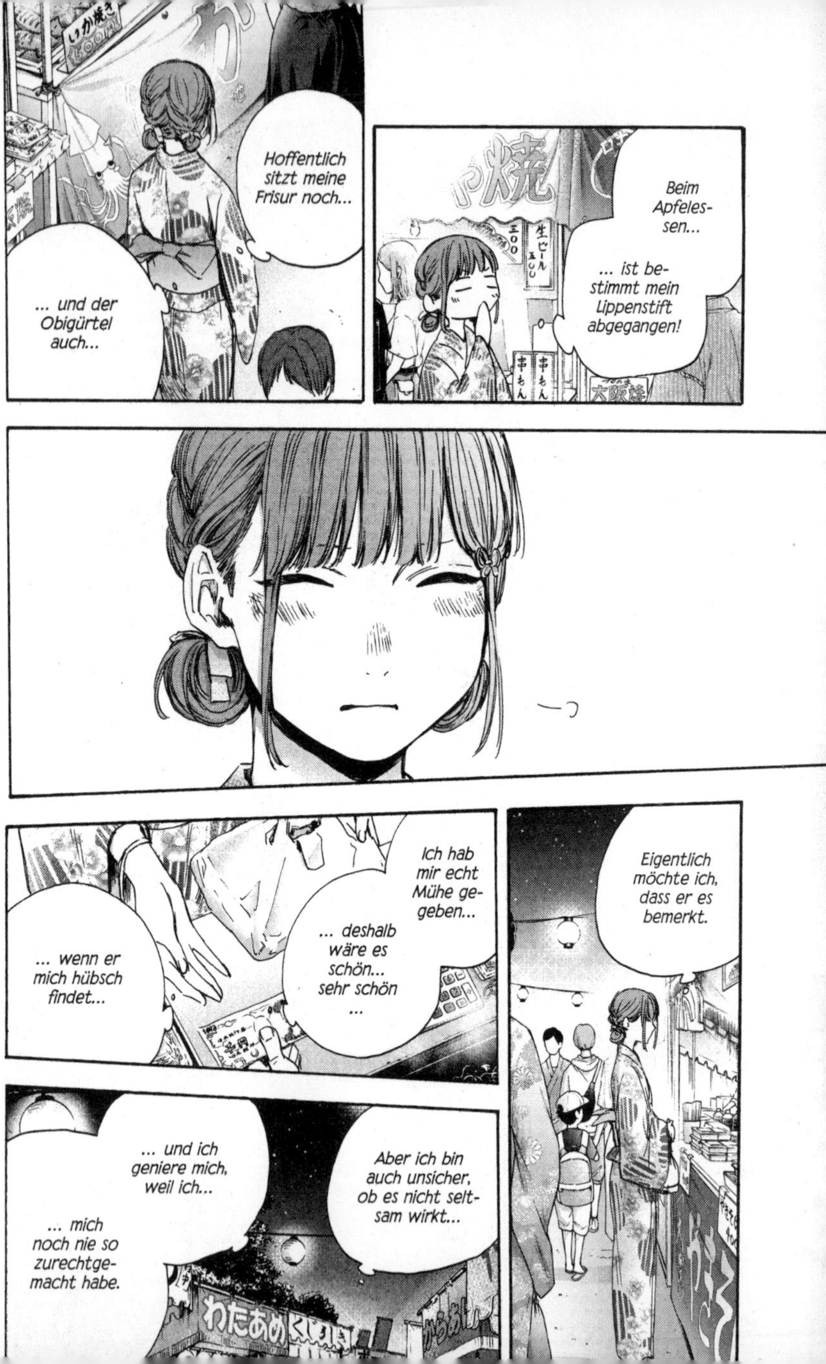
Beim Apfeles-sen...
... ist bestimmt mein Lippenstift abgegangen!
Hoffentlich sitzt meine Frisur noch...
... und der Obigürtel auch...
Eigentlich möchte ich, dass er es bemerkt.
Ich hab mir echt Mühe gegeben...
... deshalb wäre es schön... sehr schön ...
... wenn er mich hübsch findet...
Aber ich bin auch unsicher, ob es nicht seltsam wirkt...
... und ich geniere mich, weil ich...
... mich noch nie so zurechtgemacht habe.

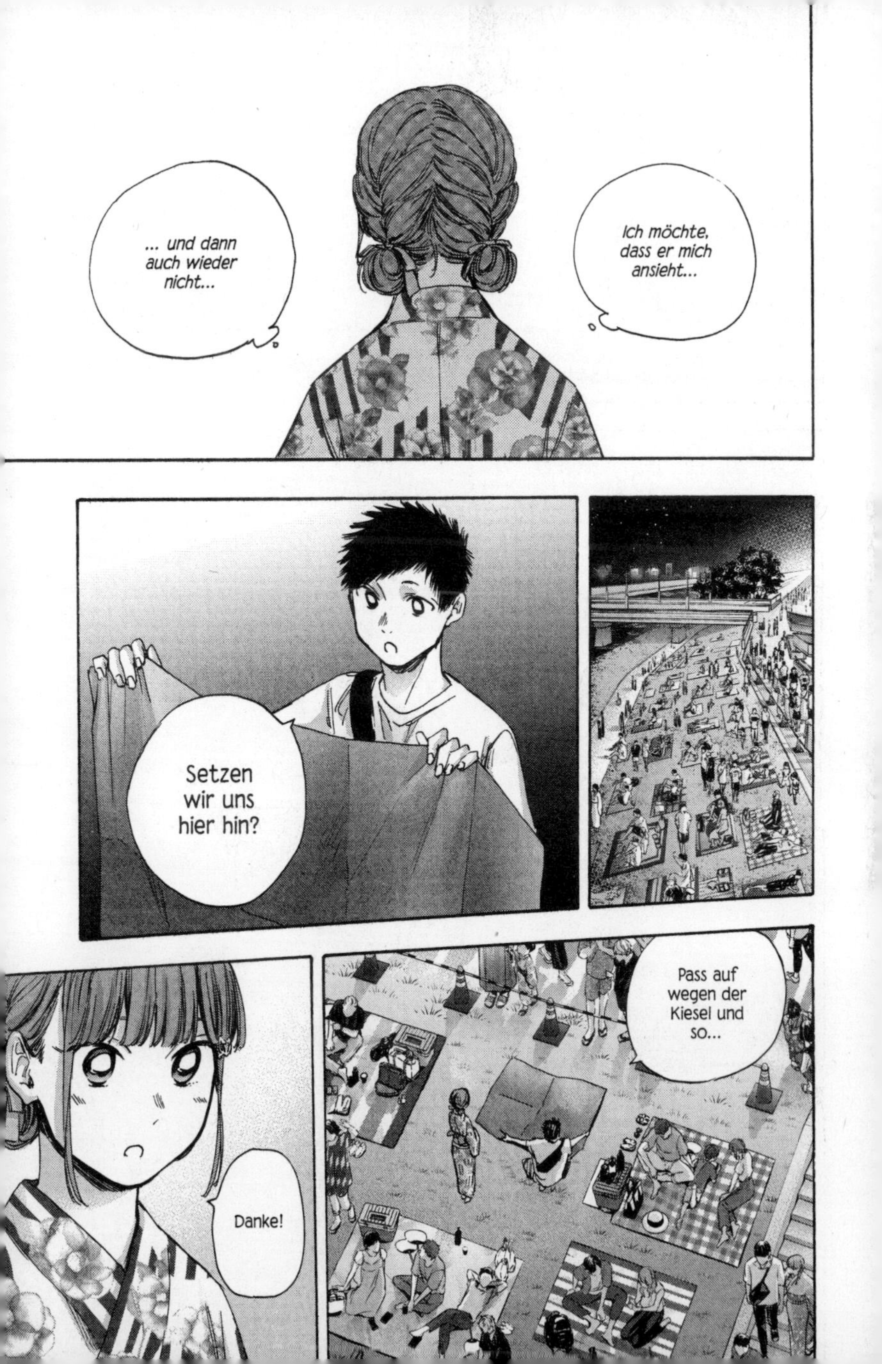
Ich möchte, dass er mich ansieht...
... und dann auch wieder nicht...
Setzen wir uns hier hin?
Pass auf wegen der Kiesel und so...
Danke!

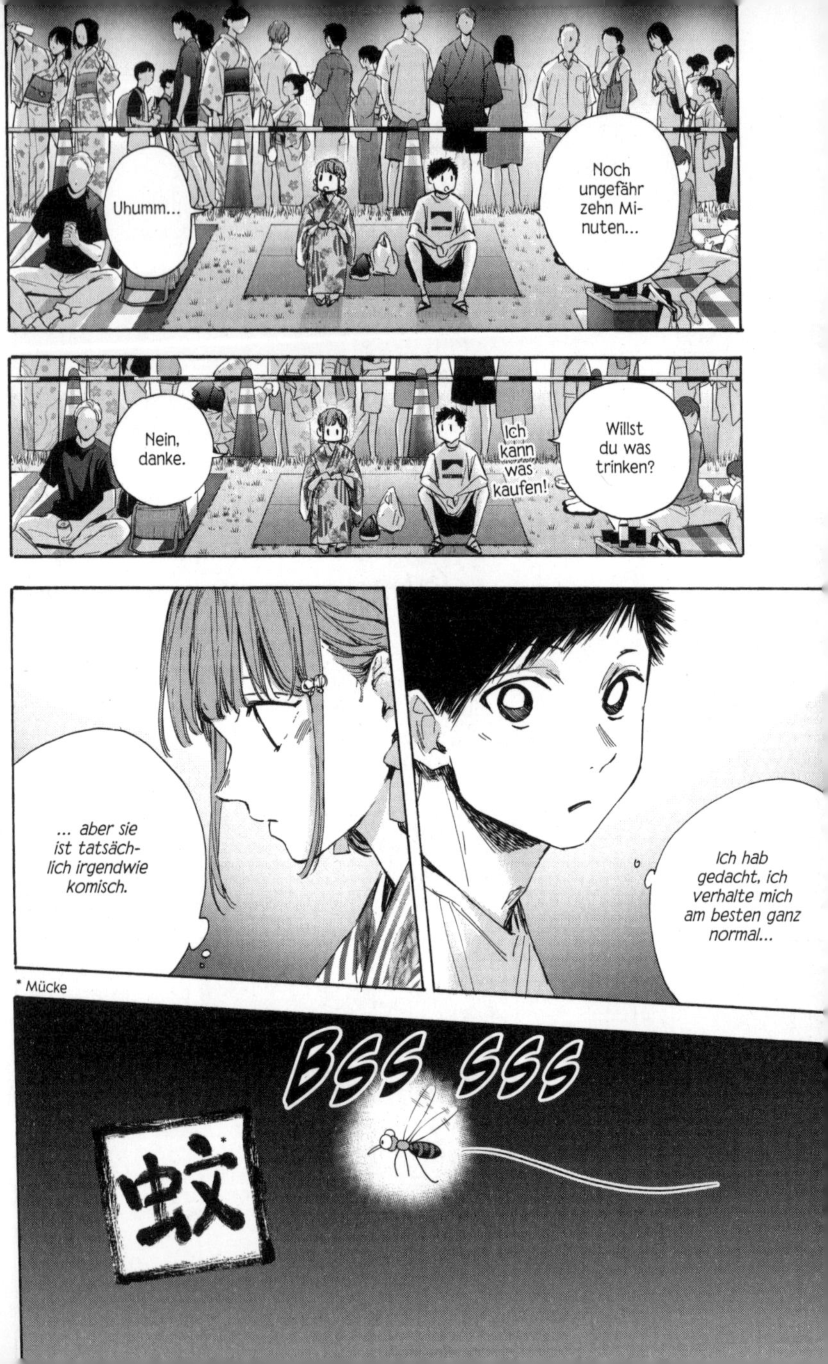
Noch ungefähr zehn Minuten...
Uhumm...
Willst du was trinken?
Ich kann was kaufen!
Nein, danke.
Ich hab gedacht, ich verhalte mich am besten ganz normal...
... aber sie ist tatsächlich irgendwie komisch.
BSS SSS
蚊*
* Mücke

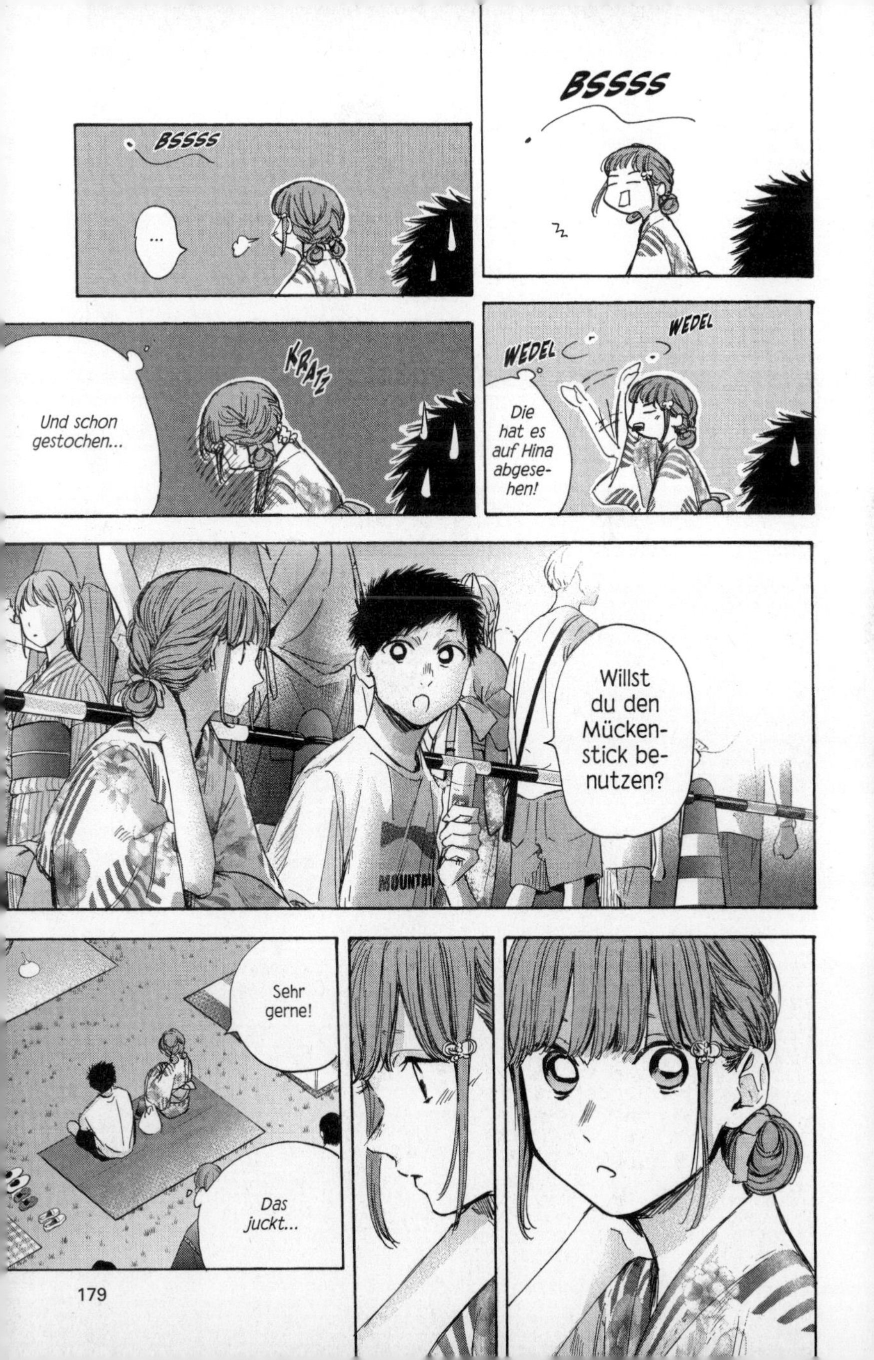
BSSSS
BSSSS
…
WEDEL
WEDEL
Die hat es auf Hina abgesehen!
KRATZ
Und schon gestochen...
Willst du den Mückenstick benutzen?
MOUNTAI
Sehr gerne!
Das juckt...

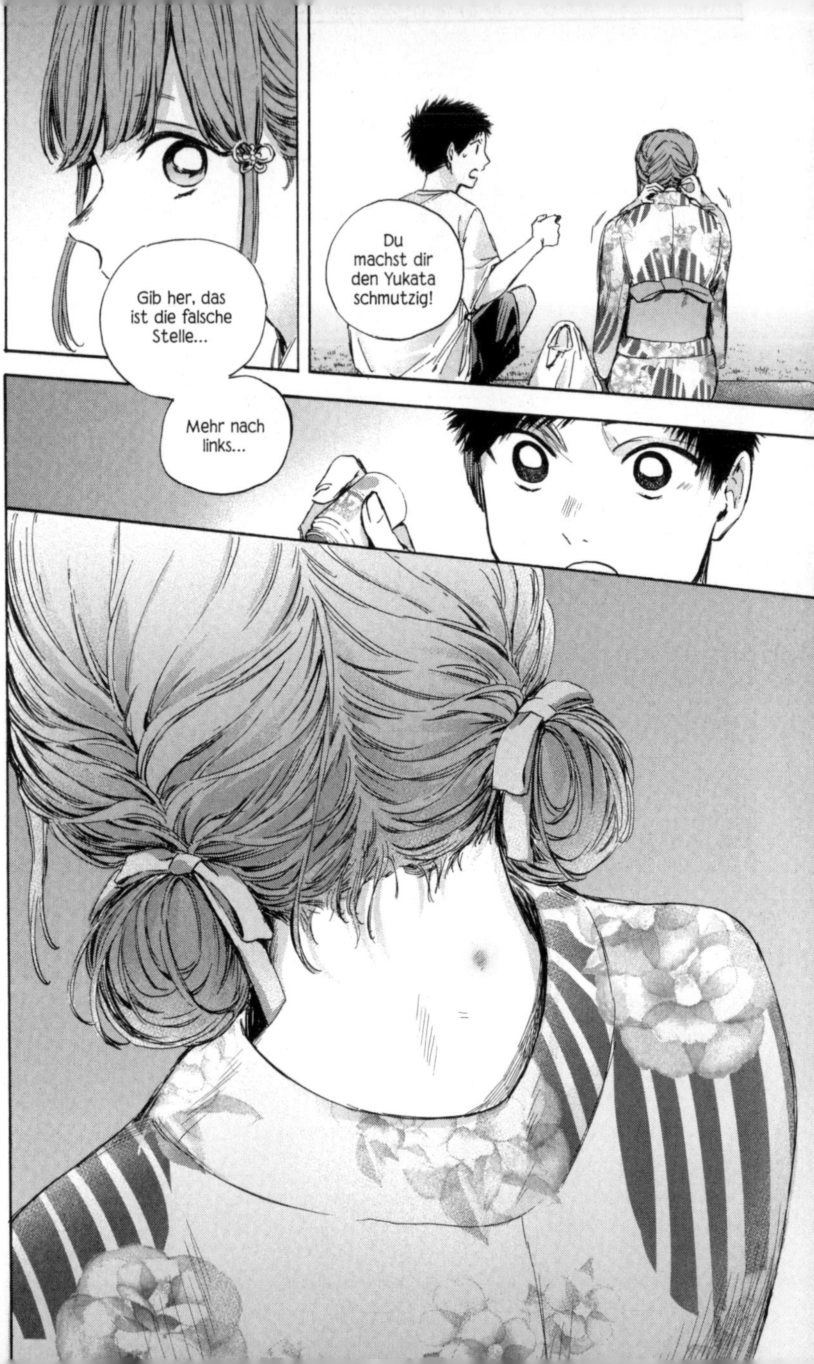
Du machst dir den Yukata schmutzig!
Gib her, das ist die falsche Stelle...
Mehr nach links...

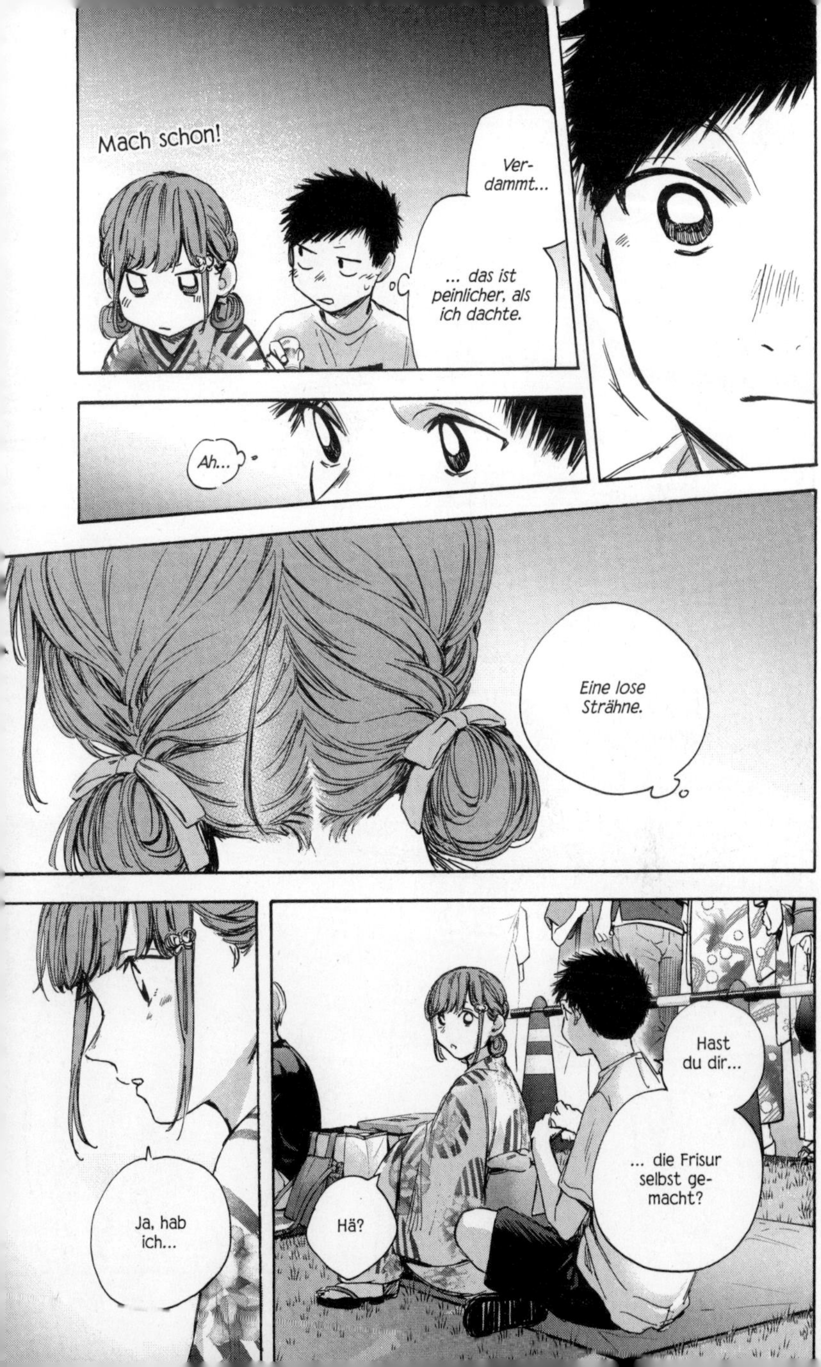
Verdammt...
... das ist peinlicher, als ich dachte.
Mach schon!
Ah...
Eine lose Strähne.
Hast du dir...
... die Frisur selbst gemacht?
Hä?
Ja, hab ich...

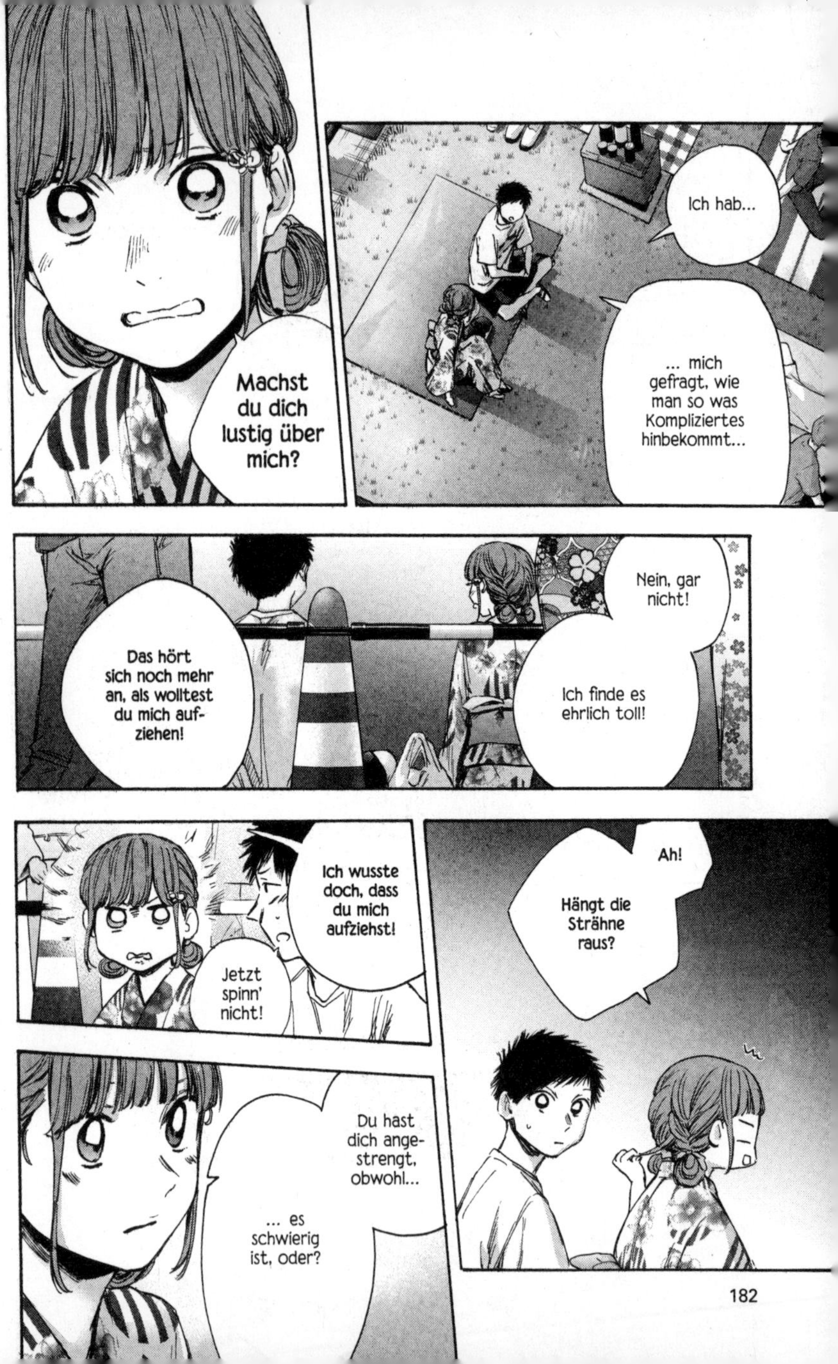

Ich hab...
... mich gefragt, wie man so was Kompliziertes hinbekommt...
Machst du dich lustig über mich?
Nein, gar nicht!
Ich finde es ehrlich toll!
Das hört sich noch mehr an, als wolltest du mich auf-ziehen!
Ah!
Hängt die Strähne raus?
Ich wusste doch, dass du mich aufziehst!
Jetzt spinn' nicht!
Du hast dich ange-strengt, obwohl...
... es schwierig ist, oder?

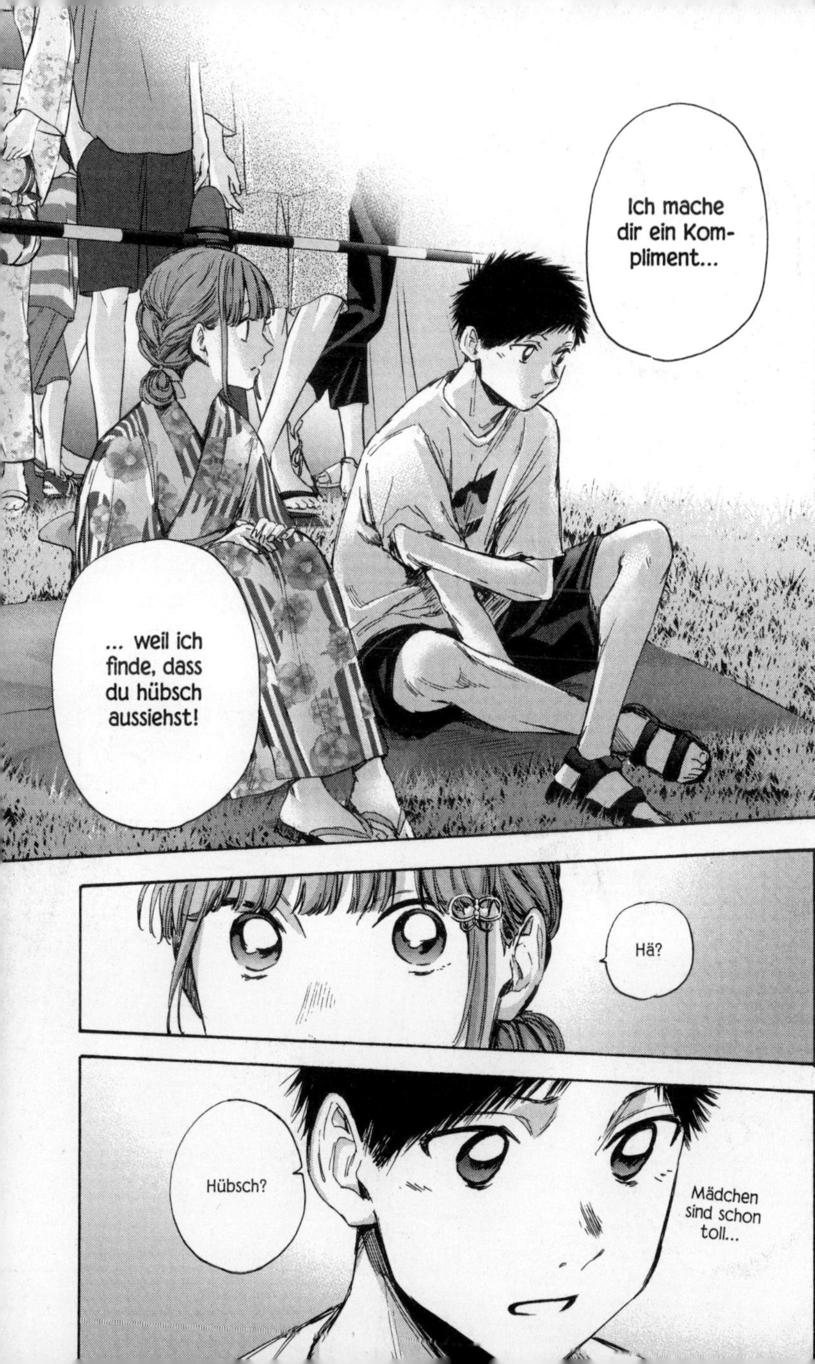
Ich mache dir ein Kompliment...
... weil ich finde, dass du hübsch aussiehst!
Hä?
Mädchen sind schon toll...
Hübsch?

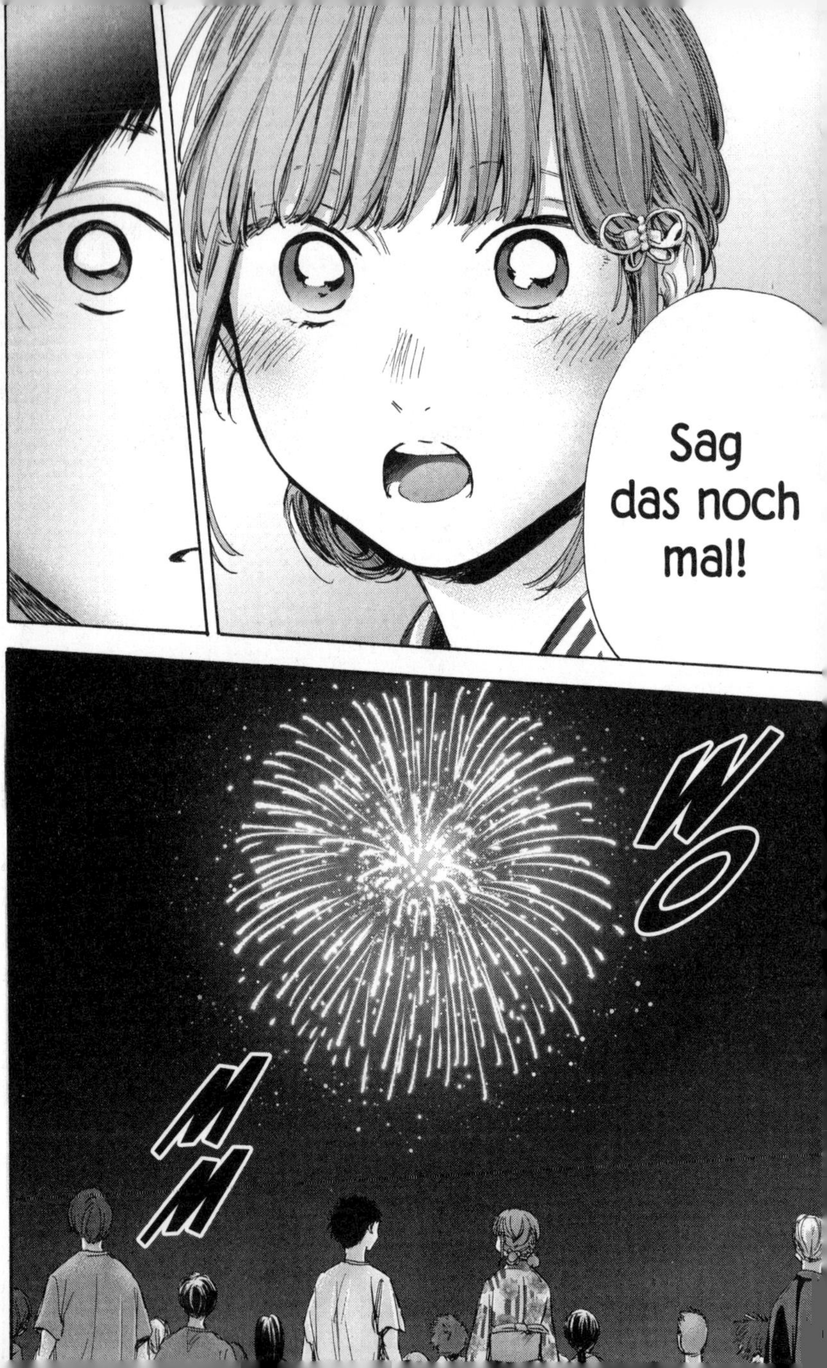
Sag das noch mal!
WO
MM

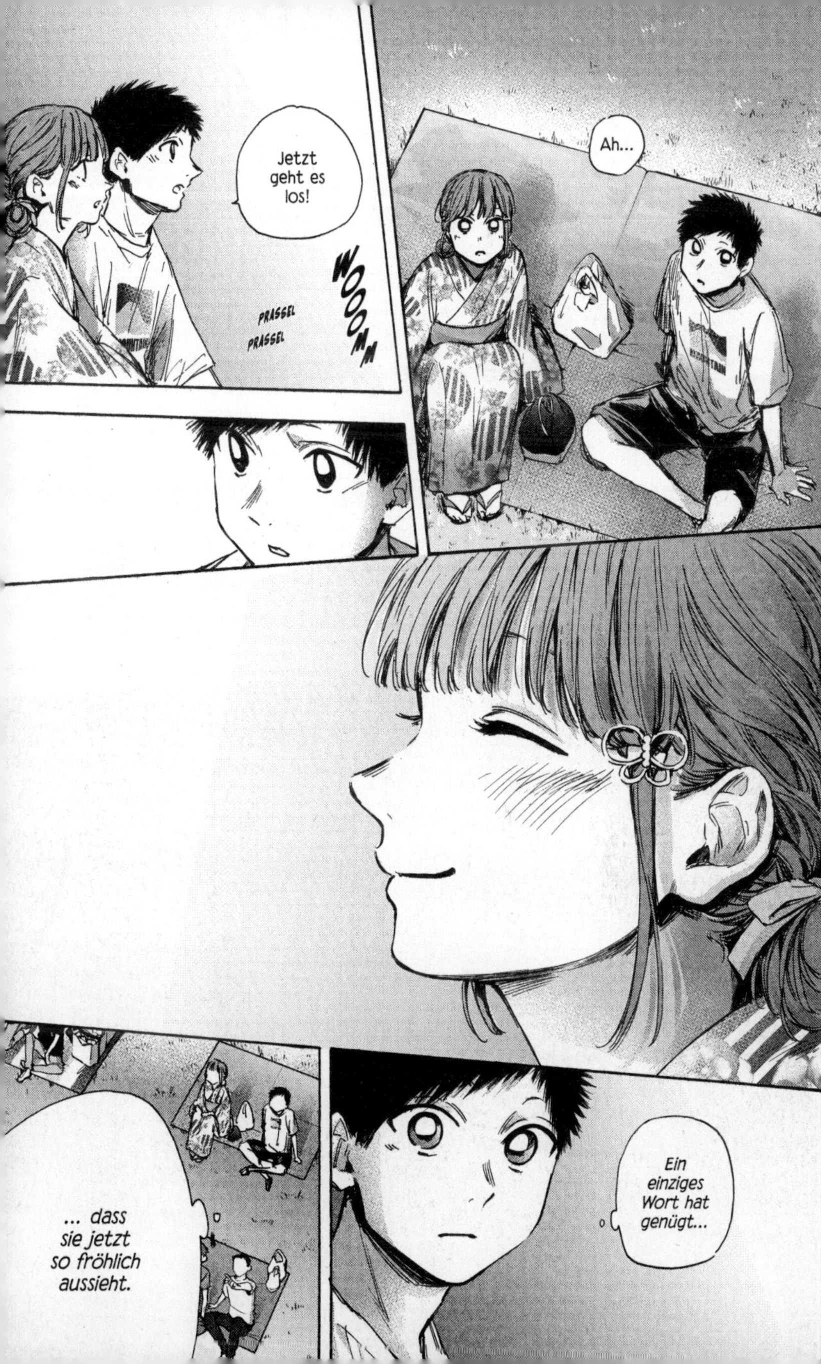

Ah...
Jetzt geht es los!
WOOOMM
PRASSEL PRASSEL
Ein einziges Wort hat genügt...
... dass sie jetzt so fröhlich aussieht.

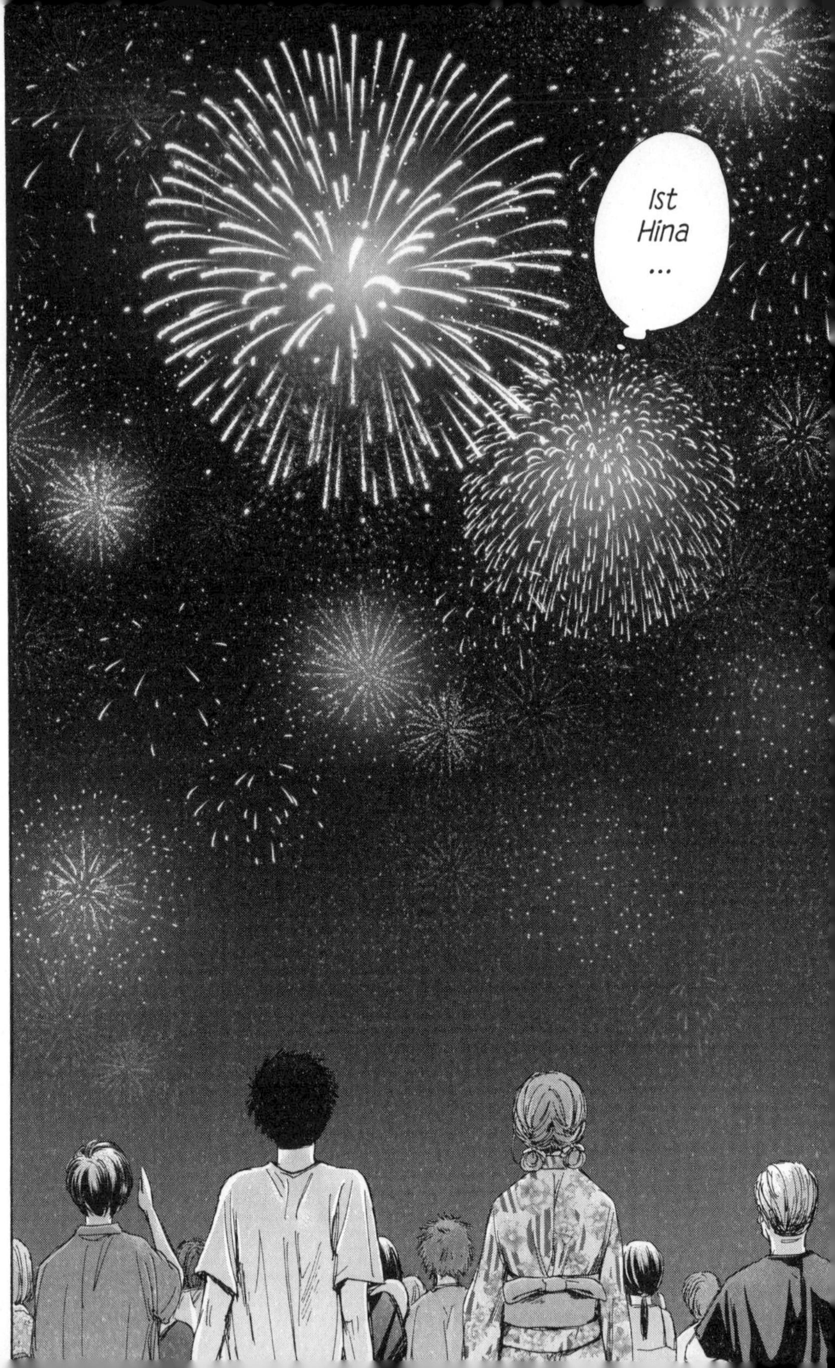
Ist Hina …

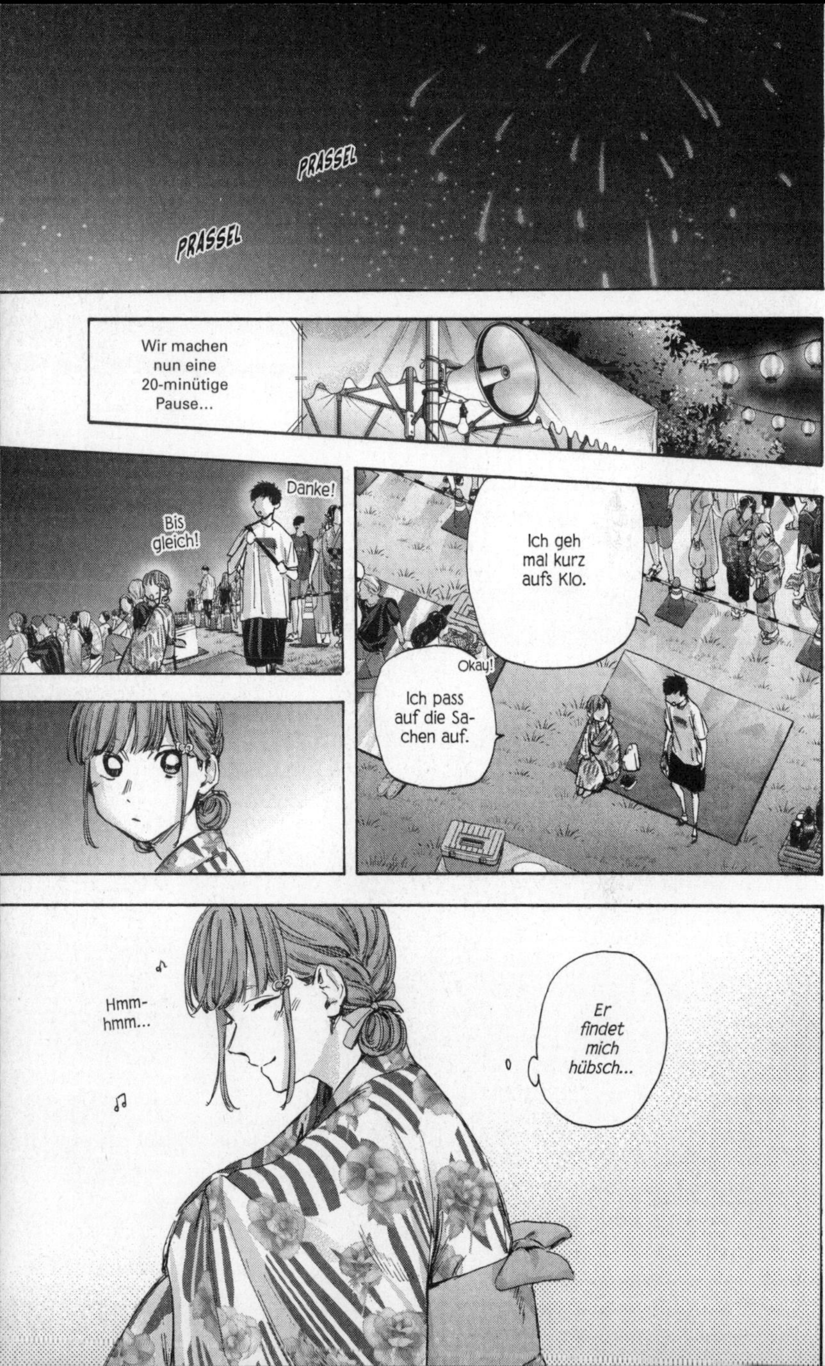
PRASSEL
PRASSEL
Wir machen nun eine 20-minütige Pause...
Danke!
Bis gleich!
Ich geh mal kurz aufs Klo.
Okay!
Ich pass auf die Sachen auf.
Er findet mich hübsch...
Hmm-hmm...

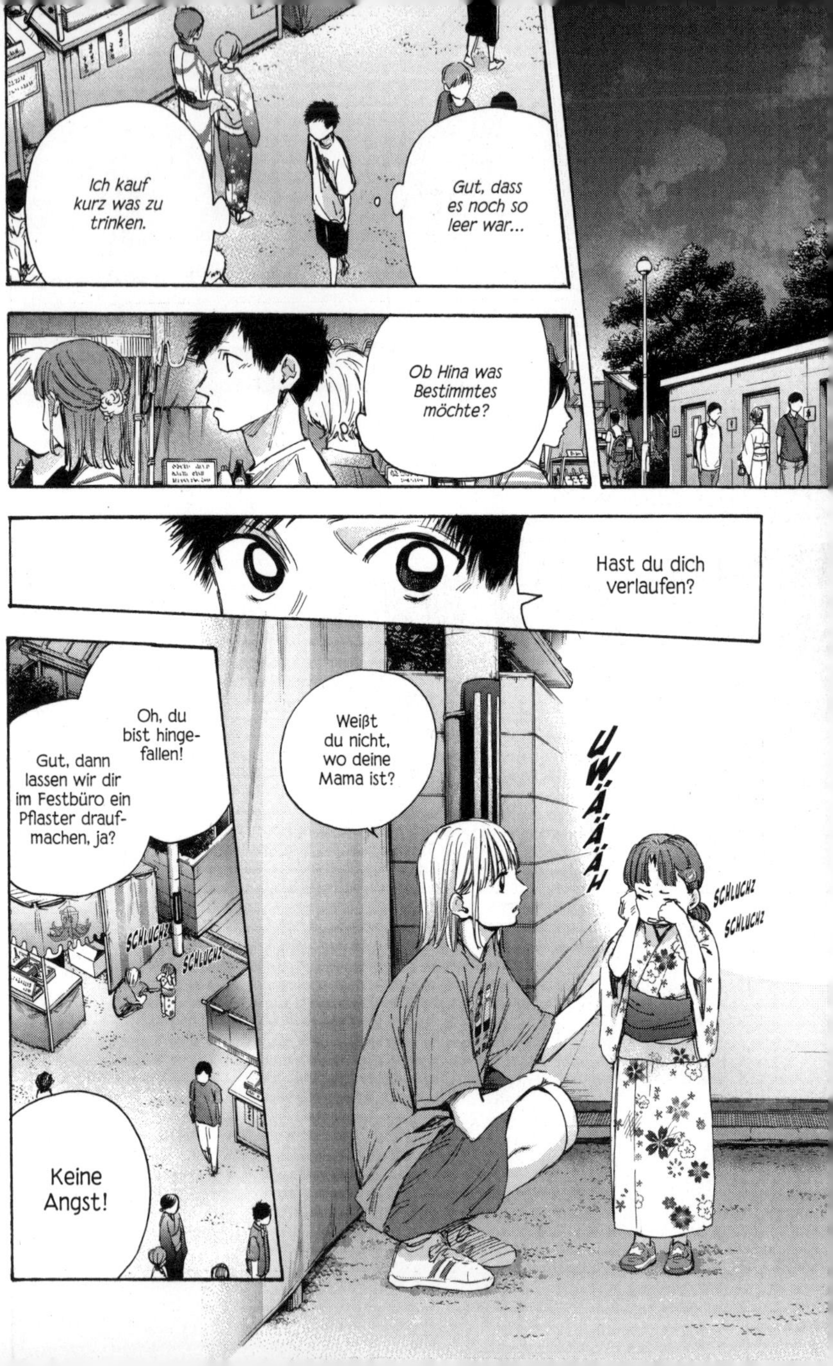
Gut, dass es noch so leer war...
Ich kauf kurz was zu trinken.
Ob Hina was Bestimmtes möchte?
Hast du dich verlaufen?
UWÄÄÄÄH
SCHLUCHZ SCHLUCHZ
Weißt du nicht, wo deine Mama ist?
Oh, du bist hingefallen!
Gut, dann lassen wir dir im Festbüro ein Pflaster draufmachen, ja?
SCHLUCHZ SCHLUCHZ
Keine Angst!

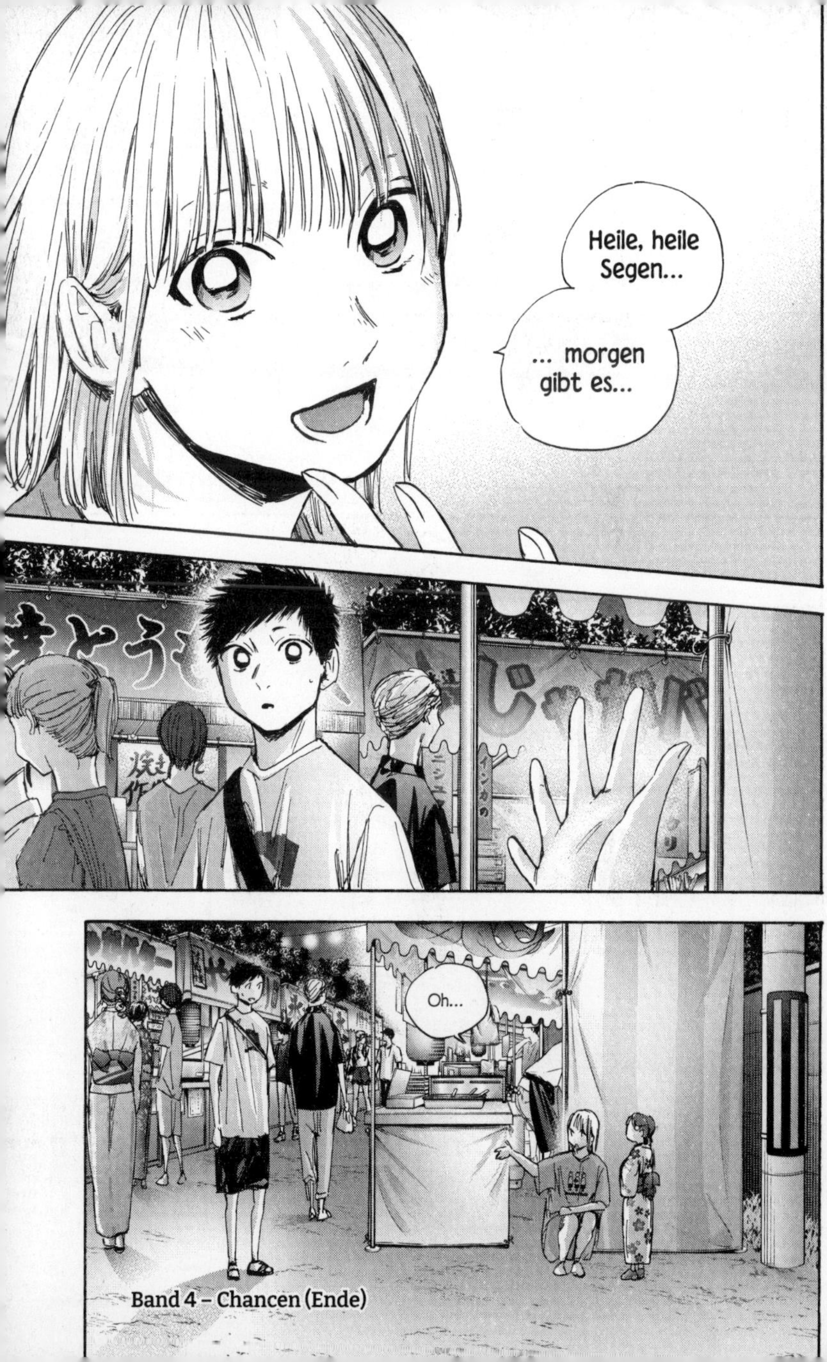

Band 4 – Chancen (Ende)

reiche Serien

Boruto

von Masashi Kishimoto, Ukyo Kodachi und Mikio Ikemoto

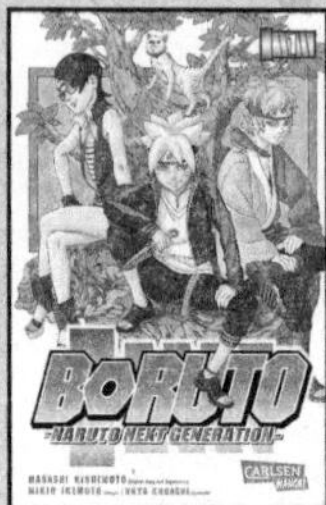

Narutos Sohn Boruto gilt als Wunderkind und ist genauso rebellisch wie einst sein Vater. Er bittet Sasuke ihn zu trainieren, um ein besserer Ninja als Naruto zu werden…

Naruto

von Masashi Kishimoto

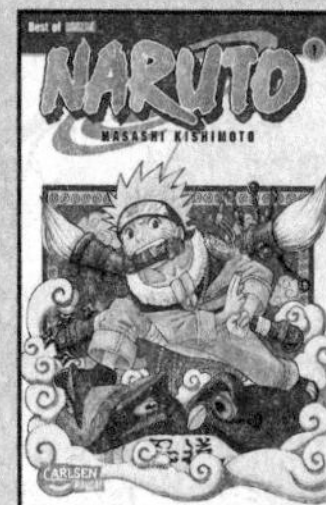

Naruto will der beste Ninja der Welt werden. Weil in ihm ein mächtiges Geheimnis schlummert, wird er von vielen bösen und gefährlichen Ninja verfolgt…

Fairy Tail

von Hiro Mashima

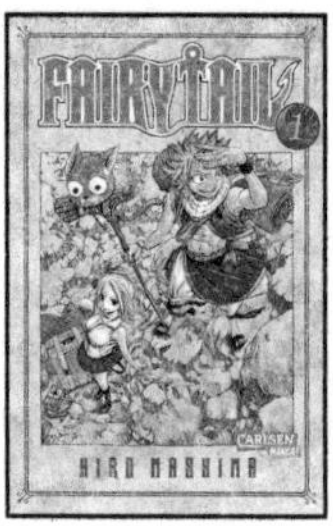

Verrückte Magier, geflügelte Katzen und gefährliche Monster – das ist die Welt von »Fairy Tail«. So nennt sich eine Gilde von sympathischen Outlaws, die mit ihren Zauberkünsten gegen das Böse in der Welt kämpfen, dabei aber mehr als einmal über das Ziel hinausschießen.

Edens Zero

von Hiro Mashima

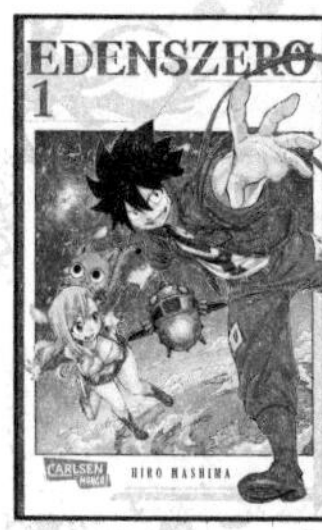

Im Reich der Träume, dem Vergnügungspark Granbell, lebt Shiki allein unter Robotern, doch dann treffen die ersten Gäste seit 100 Jahren ein: Rebecca und ihre blaue Katze Happy. Die drei verstehen sich auf Anhieb gut und werden Freunde… Allerdings birgt dieses kleine Aufeinandertreffen große Veränderungen für ihr Schicksal!

Assassination Classroom

von Yusei Matsui

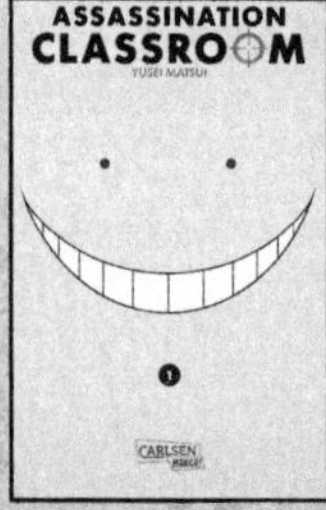

Ein übermächtiges Tentakelmonster mit Smileygesicht droht die Erde zu zerstören. Aber erst nächstes Jahr … Bis dahin unterrichtet das Monster die Klasse 9-E der Kunugigaoka Junior Highschool.

Soul Eater Massiv

von Atsushi Ohkubo

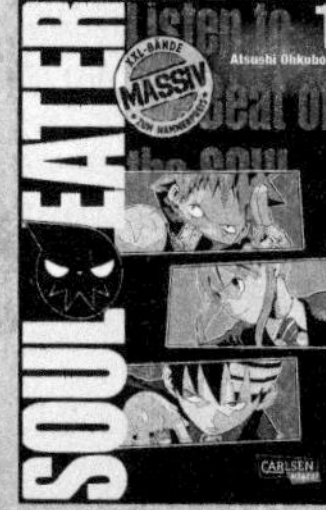

Maka ist Waffenschmiedin in einer spezieller Ausbildung. Ihre Sense namens Soul Eater hat ein Eigenleben und nimmt außerhalb des Kampfes die Gestalt eines ultracoolen Jungen an.

MANGA HEROES

Action

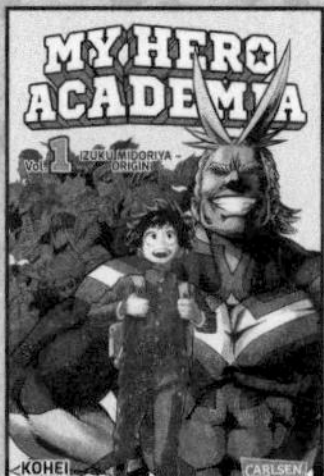

My Hero Academia

von Kohei Horikoshi

In der Welt von Izuku Midoriya besitzt 80% der Bevölkerung Superkräfte.
Doch wie und wo könnten die Helden lernen, ihre Fähigkeiten, die sogenannten »Macken« (jp. Kosei) effizienter zu nutzen? Natürlich an der MY HERO ACADEMIA!

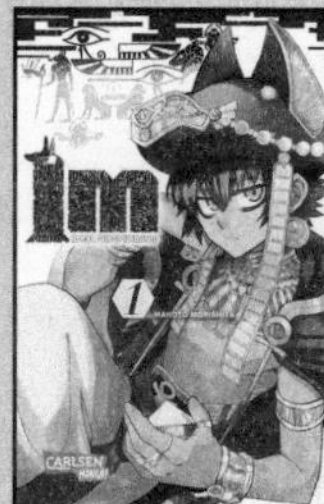

IM – Great Priest Imhotep

von Makoto Morishita

Der Hohepriester Imhotep aus dem antiken Ägypten weilt wieder unter den Lebenden. Im modernen Japan gestrandet, ist er ein Jäger, der die Menschen vor dem uralten Übel der Magai bewahren soll – gottgleichen Wesen, die nach der Vernichtung der Menschen trachten.

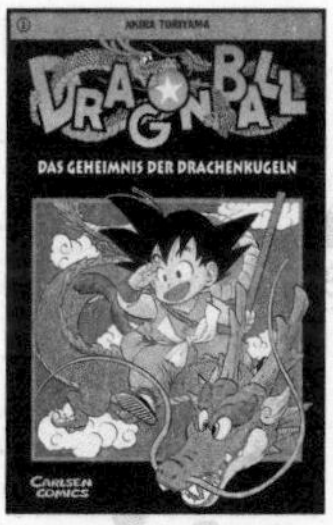

Dragon Ball

von Akira Toriyama

Der Legende nach gibt es sieben »Dragon Balls« auf der Welt. Bringt man allezusammen, so erscheint der mächtige Drache Shenlong und erfüllt einen Wunsch. Nicht auszudenken, was passiert, sollten die »Dragon Balls« in falsche Hände geraten ...

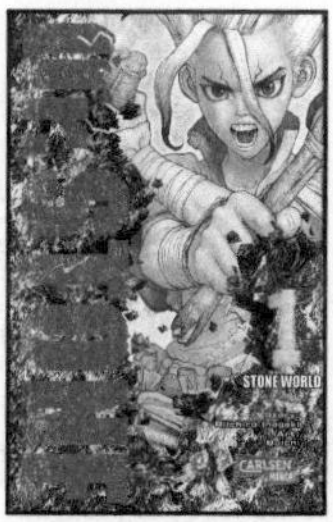

Dr. Stone

von Riichiro Inagaki und Boichi

Ein Augenblick, und die Menschheit erstarrt auf mysteriöse Weise zu Stein. Als die beiden Highschool-Schüler Senku und Taiju mehr als dreitausend Jahre später erwachen, beschließen sie, die menschliche Zivilisation im Alleingang neu aufzubauen!

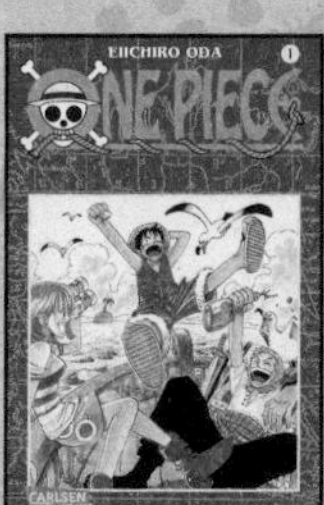

One Piece

von Eiichiro Oda

Monkey D. Ruffy und seine lustige Piraten-Crew sind auf der Suche nach dem größten Schatz der Welt: dem One Piece! Klar, dass sie da nicht die einzigen Piraten auf den Meeren sind...

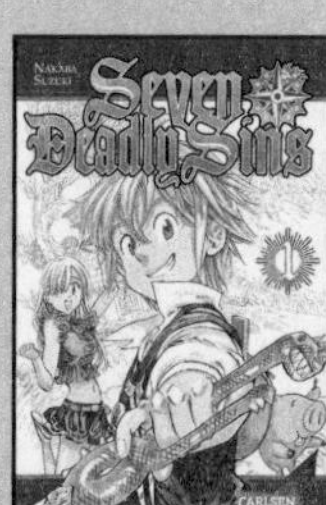

Seven Deadly Sins

von Nakaba Suzuki

Die »Seven Deadly Sins« gelten als die schlimmsten Verbrecher Britannias, Prinzessin Elisabeth macht sich dennoch auf die Suche nach ihnen, denn sie braucht dringend ihre Hilfe...

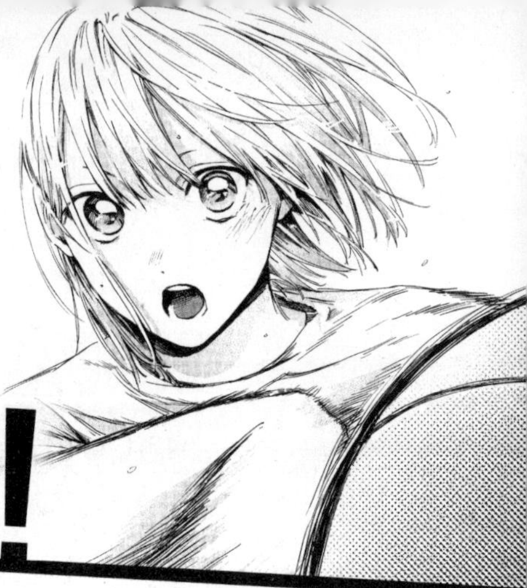

HALT!

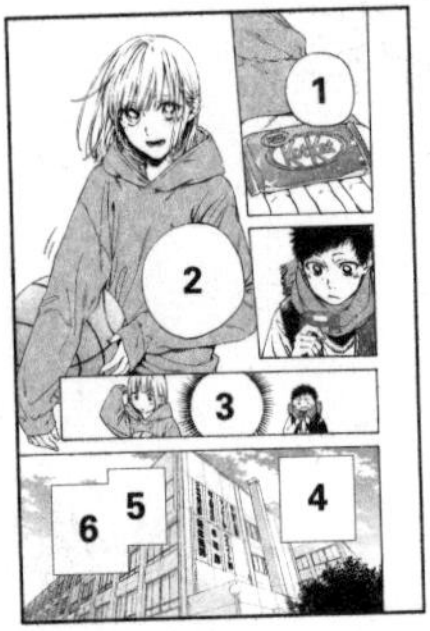

BLUE BOX ist ein japanischer Comic, und in Japan wird von »hinten« nach »vorn« und von rechts nach links gelesen. Man muss diesen Manga also »hinten« aufschlagen und Seite für Seite nach »vorn« weiterblättern. Auch die Bilder auf jeder Seite und die Sprechblasen innerhalb der Bilder werden von rechts oben nach links unten gelesen, so wie in der Grafik gezeigt.

Viel Spaß mit **BLUE BOX**!

Bei Fragen zum Produkt: carlsen.de/kontakt

Carlsen Manga! News – jeden Monat neu per E-Mail!
www.carlsenmanga.de
www.carlsen.de

CARLSEN MANGA
Deutsche Ausgabe/German Edition

Völckersstraße 14–20, 22765 Hamburg
Aus dem Japanischen von Antje Bockel

First published in Japan in 2021 by SHUEISHA Inc., Tokyo.
German translation rights in Germany, Austria, Luxembourg and German-speaking Switzerland arranged by SHUEISHA Inc. through VME PLB SAS, France.
Redaktion: Anne Berling, Patricia Janzen

ISBN: 978-3-551-01557-0